U1006906

世界城市研究精品译丛

主　编　张鸿雁　顾华明
副主编　王爱松

马克思主义与城市

Marxism and the City

[美] 艾拉·卡茨纳尔逊 著

王爱松 译

江苏教育出版社

JIANGSU EDUCATION PUBLISHING HOUSE

图书在版编目(CIP)数据

马克思主义与城市 / 张鸿雁、顾华明主编. —南京:江苏教育出版社,2013.11

(世界城市研究精品译丛)

ISBN 978-7-5499-3642-7

Ⅰ.①马… Ⅱ.①张… Ⅲ.①马克思主义—城市社会学—研究 Ⅳ.①C912.81

中国版本图书馆 CIP 数据核字(2013)第 278368 号

书　　名	马克思主义与城市
著　　者	[美]艾拉・卡茨纳尔逊
译　　者	王爱松
责任编辑	任　晖
出版发行	凤凰出版传媒股份有限公司 江苏教育出版社(南京市湖南路1号A楼　邮编210009)
苏教网址	http://www.1088.com.cn
照　　排	南京紫藤制版印务中心
印　　刷	江苏凤凰新华印务有限公司
厂　　址	江苏省南京市新港经济技术开发区尧新大道399号
开　　本	890毫米×1240毫米　1/32
印　　张	9.875
字　　数	240 000
版　　次	2013年12月第1版　2013年12月第1次印刷
书　　号	ISBN 978-7-5499-3642-7
定　　价	42.00元
网店地址	http://jsfhjy.taobao.com
新浪微博	http://e.weibo.com/jsfhjy
邮购电话	025-85406265,84500774　短信 02585420909
盗版举报	025-83658579

序

张鸿雁

“他山之石，可以攻玉。”人类城市化的发展既有共同规律，也有不同国家各自发展的特殊道路和独有特点。西格蒙德·弗洛伊德说：“当一个人已在一种独特的文明里生活了很长时间，并经常试图找到这种文明的源头及其所由发展的道路的时候，他有时也禁不住朝另一个方向侧瞥上一眼，询问一下该文明未来的命运以及它注定要经历什么样的变迁。”[①] 经典作家认为城市是社会发展的中心和动力，全球现代化发展的经验和历程证明，凡是实现现代化的国家和地区也基本是完成城市化的国家和地区，几乎没有例外。[②] 同样，中国以往的城市化历史经验也证明，要想使作为国家战略的中国新型城镇化能够健康发展并达到预期目标，就必须总结发达国家城市化发展的经验和教训，

① 西格蒙德·弗洛伊德，《论文明》，徐洋、何桂全等译。北京：国际文化出版社公司，2001.1。

② 张鸿雁、谢静，《城市进化论-中国城市化进程中的社会问题与治理创新》。南京：东南大学出版社，2011。

特别要择优汲取西方城市化的先进理论和经验以避免走弯路。[1] 我研究城市化和城市社会问题已经有近四十年的历史，借此机会把我以往积累的一些研究成果、观点和认识重新提出来供读者参考。

一、对西方城市化理论的反思与优化选择

2013 年中国城市化水平超过 52%，正在接近世界平均城市化水平，中国成为世界上城市人口最多的国家。关键是，在未来的二十多年里，中国将仍然处于继续城市化和城市现代化的过程之中，而且仍然处于典型的传统社会向现代社会的过渡转型的社会变迁期。这一典型的社会变迁——中国新型城镇化关乎中国现代化的发展方式和质量以及社会的公平问题。

西方城市化的理论与实践成果有很多值得中国学习和借鉴的方面，如城市空间正义理论、适度紧缩的城市发展理论、有机秩序理论、生态城市理论、拼贴城市理论、全球城市价值链理论、花园城市理论、智慧城市理论、城市群理论以及相关城市规划理论等，这些成就对人类城市化的理论有着巨大的贡献，在推进人类城市化的进化方面起到了直接的作用。中国城市化需要在对西方城市化理论充分研究的基础上，对西方城市化理论进行扬弃性的运用，从而最终能够建构中国本土化的城市化理论体系与范式。

我们看到在现代社会发展中，面对越来越多的社会问题，我们解决的手段却越来越少，甚至面对有些问题我们束手无策、无能为力。为什么会这样？即使在已经基本完成城市化的西方国家，在当代仍然存在着普遍的和多样化的社会问题[2]，而且在发达国家这些问题也都

---

① 张鸿雁，“中国新型城镇化理论与实践创新”，《社会学研究》，2013.3。

② 参见张鸿雁，《循环型城市社会发展模式——城市可持续创新战略》。南京：东南大学出版社，2007。

集中在城市，形成典型的“城市社会问题”。如城市贫困、城市就业、城市住房、城市老人社会、城市社会犯罪、富人社区与穷人社区的隔离、城市住区与就业空间的分离、城市中心区衰落以及城市蔓延化等问题，甚至有些在西方城市化进程中已经解决的社会问题，仍然在中国的城市化进程和城市社会中不断发生。这些现象的发生，与我们缺乏对西方城市化理论与模式的全面理解与择优运用有关。

在建构中国本土化城市理论的过程中，对外来城市化理论进行有比较地、批判性地筛选，这不失为一种谨慎的方式。西方城市化发展过程所表现的“集中与分散”的规律，在很大程度上是通过市场机制的创新形成的，可以描述为高度集中与高度分散的“双重地域结构效应”。① 美国纽约、芝加哥等城市的高度集中，与美国近80%左右的人居住在中小城镇里的高度分散，就是这种“双重地域结构效应”的反映。西方城市化理论是以多元化和多流派的方式构成并存在的，既有强调城市化“集中性”价值的一派，亦有强调城市化“分散化”价值的一派，还有强调集中与分散结构的流派。回顾以往，在某种情况下，中国的城市化则把西方城市人口集中的流派作为主要的理论核心模式，如果21世纪初的城市化仍然把城市高度人口集中作为主导，这不仅是对西方城市化理论的误读，更是对中国城市化发展道路的严重误导。而事实上，中国通过“制度型城市化”的创造，以西方城市化理论中的集中派理论模式为“模本”，形成了高速与高度集聚的畸形城市化——中国式“拉美经济陷阱”②。过度集中和过度集权的城市化成为导

---

① 张鸿雁，《城市化理论重构与城市发展战略研究》。北京：经济科学出版社，2013。

② “拉美陷阱”主要是指南美洲巴西等国家，人均GDP超过3 000美元，城市化率达到82%，但贫困人口却占国家人口总数的34%。一方面是经济较快增长，另一方面是社会发展趋缓；一方面是社会有所富裕，另一方面却是贫困人口增加……在其总人口中有相当规模的人口享受不到现代化的成果。参见：王建平，“避免‘拉美陷阱’”，《资料通讯》，2004(4).46。

致“都市病”深化发展的主要原因之一。如从基本国情的角度讲，仅适于美国等人少地多国家的“城市过度造美运动”以及大尺度、大规模占用土地资源的城市化，推行到土地资源十分紧缺的中国是基本不可行的，从长远利益角度来认识、分析这种现象，这是一种破坏性建设。

在西方的城市化理论中，还有些成果要么是戏剧化的，要么是过于理想化的——从乌托邦的视角提出城市化的理论，被喻为“要构建一个虚拟的理想世界”①，在学理性和科学性方面缺乏社会实践基础，在创造理想模式方面的价值大于实际应用价值。当然，霍华德的“田园城市”理论本身的价值就在于创造“理想类型”，给后人留下更多的空间来加以探讨和完善。西方城市化理论与世界任何理论一样，有其合理内核，亦有典型的历史与现实局限，必须认真选择，优化运用。

二、中西城市化发展的差异认知

与西方城市化“动力因”相似的是，中国城市化的外在形式也是以人口集聚为主要特征。但是，除此而外，中国城市化在发展“动力因”的构成与序列上，非但不同于西方，而且还有着强烈的本土化“制度型动力体系”构成特点，在改革开放的三十多年里，通过“政府制度型安排”形成高速的城市化。所谓“制度型城市化”主要表现为：一是城市化与城市战略的规划是政府管控的；二是城市化与城市建设的投资是以政府为主体的；三是城市化的人口发展模式是政府规划的；四是城市的土地是由政府掌握的，等等。这一动力模式具有强大的权力力量的优势，同时也具有典型的行政命令的弱点。中国城市化以三十多年的时间跃然走过了西方两百年的城市化路程，成就令世界瞩目，

① 尼格尔·泰勒，《1945年后西方城市规划理论的流变》，李白玉等译。北京：中国建筑工业出版社，2006.24～25。

但城市社会问题也越来越深化——这种现象充分说明了中国城市化原动力不足、动力结构不合理的事实，其主要症结在于中国没有本土化的科学的城市理论来引导。

东西方社会发展水平的差异，不仅表现在制度体系结构与个体价值观、人口总量与结构、教育水平与宗教文化传统等方面，表现在生产力发展的阶段性和发展水平方面，同时还表现在文化的总体价值取向方面。西方的资本主义承袭了古典时代思想，并且是从中世纪的土壤中“自然长入”资本主义社会的。“自然长入”的方式显现了西方社会的发展规律和历史逻辑，在这种“历史与逻辑的统一”机制内，使得在城市化中出现的社会结构转型、产业结构转型和文化结构转型，能够基本处于同步进化的结构变迁之中，没有出现典型的“社会堕距”与“文化堕距”。这些证明了西方城市化发展的市场规律运性表现。基于这一认识，我们可以看到，中世纪以来，中西方城市化走了两条不同的道路，两种城市化形态的社会前提、进程、节点和社会结构都是不同的。

西方城市化早期的历史是“双核动力发展模式”，即“城市经济”与“庄园经济”构成“双重动力”，城市工商业和庄园手工业并行发展，中世纪从庄园里逃亡出来的手工业者，较快地转入了工业化的大工业生产。西方城市化与工业化发展的动力来源也可以完整解释为“双核地域空间模式”。而中国是典型的集权的传统农业社会，可以解释为“单核地域空间模式”，城市在汪洋大海般的农业社会中生存，没有资产阶级法权意义上的土地关系和契约关系，由此产生的城市化“与传统农村有千丝万缕联系”，及至当代仍然是尚未与传统乡村“剪断脐带”的城市化。这一轮的新型城镇化必须在土地制度上有所突破，进行中国式的“第三次土地革命”①，只有这样才能融入世界城市化和全球一体化浪潮之中。

---

① 张鸿雁，“中国式城市文艺复兴与第六次城市革命”，《城市问题》，2008.1。

三、新型城镇化面临的问题与挑战

中国社会近代以来经历了多种形式的城市社会结构变迁过程①，这种变迁在总体上是一种社会进步型的发展。中国新型城镇化过程是这一变迁的继续，我们不难看到，在城市化的进化型变迁中，在解决传统社会矛盾和问题的同时，也在制造新的社会矛盾和问题，这是符合社会发展普遍规律的，没有不存在问题的社会，亦如发展本身就是问题，现代社会就是风险社会的命题一样，社会存在本身就是问题。因当代中国的城镇化具有历史的空前绝后性，其存在的问题也十分繁杂：有些是传统社会问题，即没有城镇化也存在；有些是城镇化引发和激化了的问题，要梳理出关键点加以解决。

“当我们渐近 20 世纪的尾声之时，世界上没有一个这样的地区：那里的国家对公共官僚和文官制度表示满意。”② 这是美国学者帕特里夏·英格拉姆在研究公共管理体制改革模式时的一段论述。正因为如此，从 20 世纪 60 年代以来，全世界几乎所有的国家都在进行制度改革，只是改革的方式和声势不同，特别是一些发达国家把改革与创新作为同一层次的认知方式，而不是把改革作为一种运动的方式。亨廷顿曾有针对性地对发展中国的现代化提出这样的分析：“现代化之中的国家”，面临着“政党与城乡差别”的社会现实，事实上中国的改革面临的社会现实正是“城乡差异”二元结构深刻的特殊社会历史时期，当代的许多社会问题的发生都与“城乡二元经济社会结构”有关。他认为：“农村人口占大多数和城市人口增长这两个条件结合在一起，就

---

① 张鸿雁等，《1949 中国城市：五千年的历史切面》。南京：东南大学出版社，2009。

② 《西方国家行政改革述评》，国家行政学院国际合作交流部编译。北京：国家行政学院出版社，1998.39。

给处于现代化之中的国家造成了一种特殊的政治格局。”中国城乡差别的现实充分证明了这一点，新型城镇化战略就是为了消灭城乡差别，建构一个相对公平合理的城市市民社会。

著名的历史学家斯宾格勒说：“一切伟大的文化都是市镇文化，这是一件结论性事实。”①人类伟大的文化总是属于城市的，这是城市区别于乡村的真正价值所在，也是人们对城市向往的原因所在。对于城市的“伟大”认知不止于斯宾格勒，早在中世纪，意大利著名的政治哲学家乔万尼·波特若在1588年出版的《论城市伟大至尊之因由》一书就提出了“城市伟大文化”的建构与认知。他对城市的评价是这样的：“何谓城市，及城市的伟大被认为是什么？城市被认为是人民的集合，他们团结起来在丰裕和繁荣中悠闲地共度更好的生活。城市的伟大则被认为并非其处所或围墙的宽广，而是民众和居民数量及其权力的伟大。人们现在出于各种因由和时机移向那里并聚集起来：其源，有的是权威，有的是强力，有的是快乐，有的是复兴。”② 我惊叹于四百多年前的学者能够对城市有如此独到而精辟的论述，虽然这种论述包含着对王权价值的认同，但论者能够从独立的视野中发现城市的价值实是难能可贵。而且，四百多年来人类社会的工业化、现代化和城市化过程也充分证实了这种美誉式的判断。同样，也是在四百多年前，乔万尼·波特若还提出了创造城市伟大文化的方式与入径：“要把一城市推向伟大，单靠自身土地的丰饶是不够的。”③ 城市的发展、建设和再创造，要靠城市公平、开放和创造自由。

《世界城市研究精品译丛》的出版目的十分明确：我国的城市埋论研究起步较晚，西方著名学者的研究成果，或是可以善加利用的工具，

① 奥斯瓦尔德·斯宾格勒，《西方的没落》，齐世荣等译。北京：商务印书馆，2001.199。

② 乔万尼·波特若，《论城市伟大至尊之因由》，刘晨光译。上海：华东师范大学出版社，2006.3。

③ 同上。

有助于形成并完善我们自己城市理论的系统建构。在科学理论的指导下，在新型的城镇化过程中，避免西方城市化进程中曾出现的失误。新型城镇化是在建立一种新城市文明生活方式，是改变传统农民生活的一种历史性的改变。“新的城镇，也会体现出同社会组织中的现代观念有关的原则，如合理性、秩序和效率等。在某种意义上，这个城镇本身就是现代性的一个学校。”①

该丛书引进西方城市理论研究的经典之作，大致涵盖了相关领域的重要主题，它以新角度和新方法所开启的新视野，所探讨的新问题，具有前沿性、实证性和并置性等特点，带给我们很多有意义的思考与启发。

学习发达国家的城市化理论模式和研究范式，借鉴发达国家成功的城市化实践经验，研究发达国家新的城市化管理体系，是这套丛书的主要功能。但是，由于能力有限，丛书一定会有很多问题，也借此请教大方之家。读者如果能够从中获取一二，也就达到我们的目的了。

张鸿雁：南京大学城市科学研究院　院长

中国城市社会学专业委员会　会长

（2013 年 11 月于慎独斋）

---

① 阿列克斯．英克尔斯、戴维·H. 史密斯，《从传统人到现代人——六个发展中国家中的个人变化》，顾昕译。北京：中国人民大学出版社，1992.319。

“从今往后，我将向你描述城市，”可汗说，“而你在你的旅途中，看看它们是否存在。”

但是马可·波罗到访过的城市总是不同于皇帝想出来的城市。

“然而我在我的头脑中建造出了一座样板城市，从中可以演绎出所有可能的城市，”可汗说，“它包含的每一事物都符合常规。因为现存的城市不同程度地偏离常规，所以我所需要的只是预见常规之外的例外，计算出最不可能的组合。”

“我也曾想过一个样板城市，从中演绎出所有其他城市，”马可回答说，“它是一座只由种种例外、排除、不一致、矛盾所构成的城市。如果这样一座城市是最不可能的，那么通过减少不合常规的元素，我们就可以提高这座城市真正存在的可能性。所以只要我从我的样板中减去一些例外，无论我向哪个方向走去，我都会到达一座总是作为一种例外而存在的城市。不过，我不能强迫我的运算超出一定的限度，否则我会获得种种过于可能而不能成为真实的城市。”

伟大的可汗拥有一本地图集，其中收集了所有城市的地图：那些城墙建筑在坚固的基础上的城市，那些城墙夷为废墟而被漫漫黄沙吞没的城市，那些现在只有野兔肆虐而有朝一日终将拔地而起的城市……

地图集拥有这样的品质：它显露出尚没有形式或名字的城市形态。有一座城市采取了阿姆斯特丹的形式，朝向北方的半圆形，拥有同心圆状的四通八达的运河——王子的，皇帝的，贵族的；有一座城市采取了约克的形式，坐落于高高的旷野之中，城墙环绕，高塔林立；有一座城市采取了新阿姆斯特丹又名纽约的形式，在两河之间的椭圆形岛屿上，玻璃和钢铁的高楼挤挤挨挨密密麻麻，街道就像深深的运河，除百老汇之外，所有街道都整齐笔直。

众多形式的目录永无穷尽：在每一种形式找到自己的城市之前，新的城市将会连绵不断地产生。当城市耗尽了它们的变化并走向瓦解之时，城市的末日就开始了。在地图集的最后几页，网络如水一样地倾泄开来，无始无终，城市的形状，是洛杉矶的形状，是京都-大阪的形状，是全无形状（without shape）。

伊塔洛·卡尔维诺（Italo Calvino），《看不见的城市》（*Invisible Cities*），New York：Harcourt Brace Jovanovich，1974，69，137～139.

目录

前言

由于在东欧失败，在西欧受损，并且缺乏博学或通俗的支持，马克思主义作为一种意识形态和一种统治指南已经衰落。为什么在20世纪90年代初出版一本有关马克思主义的书？虽然即使在资本主义和民主国家里，马克思主义仍然是一种重要的分析工具和批评资源，但为什么要探讨马克思主义与城市？作为社会和实践理论，在其整个发展的时间跨度中，马克思主义对城市谈论得相对较少。此外，在20世纪末，城市本身已经变得蔓延开来、模糊不清（像伟大的可汗地图集最后几页上的城市），甚至也许走到了根本没有构成一个有意义的范畴的一步。

我写作《马克思主义与城市》最重要的原因，集中在两个基于直觉的想法。第一个想法是，尽管作为一个认知和统治方式的整体有其所有深刻的、根基不牢的瑕疵，马克思主义依然是理解和质疑现代性关键方面的一个有用工具，此外，在自由公民权和自由市场在概念竞争上获得决定性胜利以后，马克思主义的分析和批判维度（虽然是以一种比马克思主义者一度所希望的远为谦逊的方式）现在可能还是找到了一种新的意义——作为思想和政治摩擦的一种资源。第二个想法是，通过迫使马克思主义认真地介入城市-空间议题（尤其是在处于所有有用的社会理论之核心的结构与能动性之间的关系方面），作为社会理论的马克思主义的某些关键弱点可以得到弥补。简言之，我认为这一有关马克思主义与城市的长篇大论、沉思默想的论文，能够有助于马克思主义对社会、政治、文化和政治生活的分析做出更有力量的

（即使是更有限的和谦逊的）贡献。

在一定程度上，我处理马克思主义与城市这一明显特殊的主题是出于个人和学术的原因。当开始思考本书时，我已经完成了一卷论述美国城市和工人阶级形成的书。我不满意《城市战壕：都市政治与美国阶级的模式化过程》（*City Trenches: Urban Politics and the Patterning of class in the United States*）潜在的、未加考察但不是很显著的亲马克思主义品质。那本书间接地对有关马克思主义与城市的学术著作做出了贡献，并且对那时流行的学者们在马克思主义框架内致力于城市的著作提出了具有同情理解的批评。然而，《城市战壕》的中心推动力，是关注美国的阶级、政治和集体行动问题——这些问题通常被浓缩到了"美国例外论"的标签之下——这样一个焦点让我奢侈地间接涉及到了马克思主义理论和城市研究的某些关键问题。

事实证明，受邀写作《马克思主义与城市》在这一时刻为我提供了一个处理这些问题的机会——此时马克思主义学术界正开始第一次在其思想和学术史中将城市认真地当作社会理论的一个构成要素加以研究。从马克思主义内部聚焦城市是由亨利·列斐伏尔（Henri Lefebvre）20世纪60年代的开拓性著作所发动的。他从对诸如此类城市领域的基础性批判开始，进而走向了对城市各种各样的理论和实证研究。在诸如曼纽尔·卡斯特尔（Manuel Castells）、戴维·哈维（David Harvey）、克里斯·皮克万斯（Chris Pickvance）、多琳·马西（Doreen Massey）、约翰·洛杰金（John Lojkine）、沙伦·祖金（Sharon Zukin）、克里斯蒂安·托帕洛夫（Christian Topalov）等天才的思想大师以及许多其他地质学家、社会学家、历史学家和政治科学家手中，新马克思主义者的研究成了城市领域改革的主要源泉。图书馆杂志收藏的相对新来者——《空间与社会》（*Space and Society*）、《国际城市与地域研究杂志》（*International Journal of Urban and Regional Research*）、《对跖地》（*Antipode*）——在了解城市研究的范式转变方面占据了主导地位（至少对年轻学者来说是如此）。今天，在经历了一个强烈的创造期之后，这种学术努力的活力已减退，或至少已变得更为散漫。尽管马克思主义的城市研究是否已到一个结束或停滞期还不完全清楚，但总之，这是一个盘货的好时间。

然而，《马克思主义与城市》主要不是一部评述著作。马克思主义与城市的主题-素材呈现出了其他承诺。城市总是其文明的浓缩。假如其密度变了，那么它也会暴露出某些东西。通过聚焦作为空间中的点、具有确定形式的地方、人类活动之场所，从这一视角有可能阐明历史的关键层面、可替代的社会理论适用性。我认为，通过聚焦马克思主义的种种，有助于对现代西方城市发展做出解释的方式；聚焦马克思主义如何可能将城市和城市空间整合到它自己的分析框架之中，可能有助于对马克思主义的分析能力做出评价。我试图表明：通过纳入一个城市-空间维度，马克思的主要分析工程是如何得到加强的，而且，反过来，城市研究的某些主题和我们对城市的理解，是如何经由它们与马克思主义的联姻而得到说明的。与此同时，马克思主义与城市的相遇有助于澄清马克思主义理论的某些中心问题。

《马克思主义与城市》的特征是由纽约社会研究新学院研究生部充满活力的学术气候塑造出来的，这里的同仁们提醒我学术工作就是私人行为和集体行为间的平衡。我要特别感谢詹奈特·阿布-卢古德(Janet Abu-Lughod)、杰弗里·戈德法布(Jeffrey Goldfarb)、戴维·古登(David Gordon)、诺曼·费恩斯坦(Norman Fainstein，现在在纽约城市大学)、阿旺·谢克(Anwar Shaikh)、查尔斯·蒂莉(Charles Tilly)，他们阅读了原稿的一个早期版本并提出了口头批评。我要感谢安德鲁·阿拉托(Andrew Arato)、杰罗米·布鲁纳(Jerome Bruner)、埃里克·霍布斯鲍姆(Eric Hobsbawm)、罗伯特·海尔布伦纳(Robert Heilbroner)、索尼亚·克鲁克斯(Sonia Kruks，现在Oberlin学院)、克劳斯·奥菲(Claus Offe)、罗斯·汤姆森(Ross Thomson)、路易斯·蒂莉(Louise Tilly)、阿里斯蒂德斯·佐尔伯格(Aristide Zolberg)，他们在社会变化研究中心研讨班和研究生部常规讲习会对各章的讨论中也提出了建议。

在社会研究新学院之外，史蒂文·卢克（Steven Lukes）富有价值的编辑评论促使我对原稿做出了完善。沙穆尔·艾森斯塔特（Shmuel Eisenstadtd）在罗素哲人基金会学术休假访问期间，慷慨地抽空对手稿各章进行了评论。事实证明，我在威斯康星大学社会结构与社会变化 A. E. 黑文斯（A. E. Havens）研究中心长达一周的逗留也尤有帮助，研究中心主任埃里克·奥林·赖特（Eric Olin Wright），还有戴维·沃德（David Ward）、伊凡·塞勒尼（Ivan Szelenyi）、罗杰斯·霍林斯沃思（Rogers Hollingsworth）、朱丽娅·亚当斯（Julia Adams）以及中心的其他成员给我提供了一个机会，在写作这本书时的一个特殊关键时刻去检验我的观点。

“马克思主义导引”丛书的两个编者之一雷蒙·威廉斯（Raymond Williams）在《马克思主义与城市》完稿之前仙逝。当 20 世纪 60 年代末在剑桥大学做学生时，我第一次读到他的著作并听过他的演讲。自那以后，像无数其他人一样，我对他怀有莫大的敬意，并受到他杰出著作的引导。我十分高兴有机会在刚开始时与他讨论我写作本书的计划，并为能跻身他共同主编的丛书之中而深感荣幸。

社会研究新学院研究生部　艾拉·卡茨纳尔逊

第一章　马克思主义与城市？

威尼斯、阿姆斯特丹、但泽（格但斯克）是建在海上或靠海的运河城市。卢塞恩、日内瓦、苏黎世坐落在湖的尽头，一条河从城中穿过，直抵湖中。在何种意义上所有这些城市是可堪比较的分析对象，这些三联体（这词是我从吕西安·费夫尔对城市的讨论中借来的①）中的每一组以什么样的方式构成了城市的意义丛？我们应当如何理解它们性格和气质的同与异？

只有当我们严格地将我们自己对城市的分类和分析限制在城市的自然场所方面时，可能的回答才是不言自明的。在 1898 年写到城市时，维达尔·德·拉·布朗肖提出，城市地理学的中心问题是双重的："自然准备了场地，而人以让自然满足人的欲望和需要的方式对自然进行组织。"费夫尔在引用这一公式的同时，急匆匆地发现，在最小的程

① Lucien Febvre, *A Geographical Introduction To History*. London: Kegan Paul, Trench, Trubner, 1932, 338～341. 费夫尔开始讨论城市时，激赏地理学家各种各样的类型学和分类，但随后很快地对他们的深度和意义提出了质疑："并不是每一种比较在本质上都是有价值的"，他说，"将法国国王归为胖或瘦、高或矮，对他们的统治或性格的知识不会有什么特别有效的贡献"（339）。

度上我们也需要将城镇的起源与城镇的进程区分开来，以弄清城镇的发展。因此，必须考虑城市的物理场所是对城市建立的一个贡献因素，但是，一旦它们形成，城镇就开始发展出分道扬镳的历史；对城镇来说，“在城市有机体的发展中，所讨论的物理特殊性必定使地方屈从于一种完全不同的自然因素和极为重要的因素：发展或……扩大的因素”①。

不对这样“一种完全不同的自然因素”进行持续和系统的思考，城市必定依然是一个不可捉摸的研究对象。假如我们像刘易斯·芒福德（Lewis Mumford）那样认为城市是“一个共同体的权力和文化的最大凝聚点”②，那么，城市研究就不亚于是对人类文明及其宏观进程的一种特殊研究（即使限定所思考的实证范围的时间和地点，情况也是如此。就像我这本书一样，侧重关注的主要是16世纪以后西欧和北美的城市③）。从这一观点看，“城市是普遍的社会力量的一种证明；

---

① Lucien Febvre, *A Geographical Introduction To History*. London: Kegan Paul, Trench, Trubner, 1932, 340～341. 也可参见费夫尔第348页对历史和政治诸因素的讨论。这种讨论中缺乏对作为一种技艺的城市设计的关注，以及对城市设计和宏观的社会进程间的联系的关注。显而易见，例如，不聚焦宗教的作用便不能弄清中世纪的城镇，不考虑以工厂为基础的工业，就不能弄清19世纪的城镇。

② Lewis Mumford, *the Culture of Cities*. New York: Harcourt Brace, 1938, 3. 无论城市是文明的希望还是文明的否定，都是各时代流行一时的辩论主题。这里的相互竞争的城市意象，都基于一个共同的看法：城市，无论是好是坏，都是人类文明的特殊种类的缩影。

③ 这种限定不是没有代价的。由于我略过了东欧、中欧和苏联的城市发展，《马克思主义与城市》重蹈了近年来马克思主义者论述城市的著作的覆辙，没能认真地、比较地处理非资本主义社会的城市化模式。我出于关注重点和专门知识的原因做出的这种决定，使得精确地参照其他原因准确地区分资本主义对封建社会之后的城市化造成的差异更为困难。正像默雷和塞勒尼所指出的：“新马克思主义者的立场的主要缺陷，是缺乏一种社会主义制度下的城市理论。只要新城市社会学不给我们提供一种对实际存在的社会主义制度下的城市化本质的全面理论解释，就总是可以怀疑它们在多大程度上有权力声称它们在西方城市中所发现的悖论可以实际上与这些社会的资本主义特征联系在一起。” Pearse Murray and Ivan Szelenyi, 'The City in the Transition to Socialism', *International Journal of Urban and Regional Research*, 8 (Mar. 1984), 93. 这是一个重要的观点，但它不像这一雄文所提出的那样是一种根本性的批评，因为它接受生（接下页）

但它的同一性来自是对社会力量的一种特殊调适”①。

鉴于城市研究的范围广阔无边，有一大批有关城市的定义和类型学、一系列有关城市研究对象的分类是一点也不足为奇的。城市是大范围内的人口集结、凝聚于空间的特殊功能、司法单元、有界限的飞地，或所有这些东西甚至更多的东西吗？即使是在芒福德这样杰出的城市研究者手里，其城市的工作定义也不过是一个有用的路标，他对城市的定义讨论布满了一系列超乎寻常的分析、暗示和隐喻性的说明：城市是“大地的产物”，是“时间的产物”，是“一个自然的事实，像一个洞穴，像一串鲭鱼，像一个蚁冢”，“一件有意识的艺术品”，“人的社会需要的”表达。②

然而，我再清楚不过的是，芒福德对“城市的社会学概念”的概括性讨论，提供了对这一主题的有用理解，甚至在他论证和要求城市研究是一个像对人类文明研究一样广阔的研究领域时，也是如此：

产方式是解释历史的基本工具，是比较分析的构成单元。一旦做出这种关键判断（当然，它本身也是欢迎质疑的），如何开展一个研究项目、使用何种比较策略的问题，就是虽然十分重要却是第二层次的问题。在许多人看来，也许最重要的是马克思主义与城市的联姻所提出的种种问题，与苏联和东欧经验的比较不是密切相关的；在另一些人看来，它们又是密切相关的。伊凡·塞勒尼既持之以恒地、又富有影响地拓宽了城市调查的范围，纳入了社会主义的经验。他在20世纪80年代初所发表的三篇论文，对确立他自己后来的著作及其他一些人的著作的议程尤为重要：Ivan Szelenyi，‘Structural Changes and Alternatives to Capitalist Development in the Contemporary Urban and Regional System’，*International Journal of Urban and Regional Research*，5（Mar. 1981）；Ivan Szelenyi，‘Urban Development and Regional Management in Eastern Europe’，*Theory and Society*，10（Mar. 1981）. and Murray and Szelenyi，‘The City in the Transition to Socialism’.

① Eric Lampard，‘The History of Cities in the Economically Advanced Areas’，*Economic Development and Cultural Change*，3（Jan. 1955），84. 马克思主义代表了对这一关系的构想。

② Mumford，*The Culture of Cities*，3～6.

> 一个城市存在的基本物理方式，是固定的地点，持久的居所，用于集结、交换和储存的永久设备；其基本的社会方式是劳动的社会分工，这种劳动分工不仅服务于经济生活，而且服务于文化进程。那么，城市按其全面的意义来讲，是一种地理的错综复杂组合，一种经济组织，一种制度进程，一个社会行动剧场，一种集体性审美象征。一方面，它是普通的家庭和经济活动的一个物理框架；另一方面，它是更有意义的行动和人类文化更崇高推动力的一个有意识的戏剧性背景。①

面对这样一个无所不包的、去中心化的主题，大部分城市研究将它划分为易处理的各部分，研究城市生活的这一方面或另一方面：其建筑、经济、政治、集体行动、生活风格、符号象征。实质上，对城市地理学、城市社会学、城市政治学和城市经济学的每一学术述评，都会哀叹这样的混沌无序和四分五裂。是的，它们应当哀叹。因为，正像我们马上会看到的，这种碎片化不仅根源于这一主题的广大无边，而且根源于大多数20世纪城市研究的理论基础基于一种强调现代工业社会真正的、令人困惑的复杂性之上的城市和社会模式。甚至自19世纪中叶西方城市大爆炸之后，试图不去片面地理解城市诸因素的社会理论家，也在按照一种分化看待现代性的方法之内展开研究。假如我们要理解马克思主义对城市研究的潜在贡献，我相信要同时理解和批

① Mumford，*The Culture of Cities*，第480页。

判我们要开始讨论的社会理论中这一传统。①

然而，在转向这种思考之前，还要优先提出一个问题。形形色色的城市主题、理论、分类和方法，是缺乏确定性的征候，不仅涉及社会科学是否拥有分析城市的必要工具，而且涉及既作为经验建构也作为理论建构的城市是否是一个可供研究的连贯一致的实体。②

菲利浦·艾布拉姆斯有力地提出，城市分析之所以经常沦为一种被误置的具体性的牺牲品，正是因为"城市不是一个社会实体"；因此，各种城市研究领域的实证研究"被证明是对城镇的实际总结的坟墓"，我们不应当大惊小怪。他坚持说，中心的问题是要像这样一样聚焦城市实体：

> 城镇是一种社会形式，在其中，社会关系更大系统的基本属性得到高度的凝聚和增强——达到了这样的地步：住房的规模、密度和多样性，城镇的形式特征，似乎本质上成了一种独特的社

---

① 学科意义上的城市研究的这种碎片化和与日俱增的子领域的专业化有增无减。在1985年的一篇述评文章中，地理学家J. W. R. 怀特黑德写道："在说英语的世界里，城市地理学正进一步地显示出分化为一系列专业的迹象：零售业，政府部门，居所的流动，公共服务的提供，形态学。"一年以后，他继续发现了甚至"越来越专业化的研究，同时伴随着殊为可贵的另辟蹊径、将个人的小股研究联系起来的尝试"。J. W. R. Whitehand, 'Urban Geography: The City as a Place', *Progress in Human Geography*, 9 (*Mar.* 1985), 85; Whitehand, 'Urban Geography: Within the City', *Progress in Human Geography*, 10 (*Mar.* 1986), 103. 同样，谢夫特注意到了政治科学内城市概念的多元性，城市被五花八门地理解为一个共同体、一种业务、一个竞争的市场、政治动乱的所在地。Martin Shefter, 'Images of the City in Political Science', in Robert M. Hollister (ed.), *Cities of the Mind*. New York: Plenum, 1984.

② 部分地，这种碎片化反映出各种学科的与日俱增的专业化和技术复杂性，但我认为这是一个次要的特征。假如有人阅读地理学的子学科的各种报告，比如刊登于《人文地理学进展》上的报告，就会马上意识到缺乏连贯性——不仅这些子学科（工业地理学、社会地理学、文化地理学，等等）的纯粹数字缺乏连贯性，而且对重要的东西在特定的子学科内有多重要的强调也缺乏连贯性，年与年之间、作者与作者之间多有不同。城市地理学尤其如此。

会秩序的构成属性。①

因此，有一种趋势：集中于城市形式，而不是集中于诸如赋予城市以形状和意义的国家建设或资本主义发展等关键社会进程的实质。②

在进一步发展这一观点时，皮特·桑德斯（Peter Saunders）有效地指出，尽管现代社会理论的关键奠基人——马克思、韦伯（Weber）、涂尔干（Durkheim）——已经就城市说了很多，但是：

> 他们没有一位认为发展一种特殊的城市理论是有用的或必要的……换言之，这三人似乎全都共有这样一种观点：城市问题必须被归到在作为一个整体的社会中起作用的各种因素更广泛的分析中。尽管城市可以提供对诸如道德凝聚力的整合（涂尔干）、计

---

① Philip Abrams, 'Towns and Economic Growth: Some Theories and Problems', in Philip Abrams and E. A. Wrigley (eds.), *Towns in Societies: Essays in Economic History and Historical Sociology*. Cambridge: Cambridge University Press, 1978, 9, 10. 发展了艾布拉姆斯观点的一篇学科述评是：R. E. Pahl, 'Concepts in Context: Pursuing the "Urban" of Urban Sociology', in Derek Fraser and Anthony Sutcliffe (eds.), *The Pursuit of Urban History*. London: Edward Arnold, 1983.

② 我们也许希望首先留意艾布拉姆斯的立场的两种变化。皮特·桑德斯以《论城市的独特性》一章给其著作《社会理论与城市问题》(*Social Theory and the Urban Question*. London: Hutchinson, 1981）作结。他发现，城市社会学一直在"为一种社会学现象"寻找"可能处于城市的物理实体之中的根源。这是一种体制化的子学科寻找主题的历史"。他得出结论说，城市构成了"历史学家……和政治学家的一个有效的分析对象……但是它对于社会学家的重要性仅限于其作为一个社会的微观宇宙的有用性……或道德密度对社会关系的影响方面的重要性"。他最后呼吁拒绝"将空间当作城市社会学的一个定义特征"，并且敦促我们发展"一种非空间的城市社会学"（249，250，257，258)。马克·戈特迪纳的《都市空间的社会生产》（*The Social Production of Urban Space*. Austin, Tex.: University of Texas Press, 1985）也提出修正空间在城市研究中的角色，当然，不是通过尝试这种修正，而是通过提出作为去中心化和大都市化的一个结果，都市化和都市主义已经胀破了城市的限制。我不同意空间可以从城市研究的中心移除，也不同意城市的界限不再有效的提法。在下文对戈特迪纳著作的更全面的思考中，我还会回到这些主题。

算理性的增长（韦伯）或资本主义生产发展所释放的破坏性力量（马克思）等基本进程的生动说明，但城市却绝不可能对这些做出解释。对这三位思想家来说，必需的不是一种城市理论，而是一种有关整个资本主义发展过程所带来的社会关系变动不居的基础理论，他们自己所致力的正是这后一项任务。①

桑德斯注释性的述评和艾布拉姆斯的劝告很大程度上有模棱两可之处：城市研究应当还原一种认识论地位吗？抑或它们应当系统地与对大范围社会进程的研究结合起来？城市——其人为环境（built-environment）和空间关系——只是这些社会进程进行表演的一个背景或一个舞台？抑或是这些社会进程的决定性表达？或者，极为有趣的是，它们的关系是多出来的一片鳞甲饰（imbrications）？

艾布拉姆斯的城市不是一个独立自足的实体的观点是很好的，尽管数代城市规划专家似乎错失了它。与此同时，正像具有独特的法律和社会地位的人、空间以及活动的形成一样，正如戴维·哈维敏锐指出的，城市，是一个有利的位置，从这一位置可以捕捉到某些“在作为一个整体社会中起作用的社会进程中的显著特征——它仿佛成了一面镜子，社会的其他层面在其中可以得到折射”②。

但是即使镜子也具有一种物质存在。假如城市集中和凝聚了普遍的进程，那么它也是以独特的方式做到这一点的。一旦完成，这种社

---

① Saunders, *Social Theory*, 12.

② David Harvey, *Social Justice and the City*. London: Edward Arnold, 1973, 16. 有关城市从封建制度到现在的法律地位的讨论，参见：Gerald Frug, “The City as a Legal Concept’, *Harvard Law Review*, 93 (Apr. 1980). 也许要注意的是，实际上人类历史上的每一种文明都将“城市”和“非城市”区分开来。这不意味着存在一种具有固定标准和内容的本质主义城市，而只意味着文化与经济、政治权力在城市的集中是人类存在的最持久的特征之一，而且的确是西方现代历史的最持久的特征之一；这在认识城市所嵌入的更大进程的探讨中，不必终成泡影或加以消除。当然，理解城市和这些进程的方式千差万别。例如，城市被视为代表美德和堕落两个极端。

会进程在城市空间中的集中和凝聚，也许本身会成为这些更大社会进程的一种构成因素。城市空间，一度并且同时也许是一种社会关系在其中得到整理的客观建构，是哈维所称的“关系空间”，也就是，“按莱布尼兹（Leibnitz）的方式，被认为是在这样一种意义上包含在众多客体之中的——只有当一个客体包含在与其他客体的关系之中，并且在这种关系中表现自己时，这一客体才可以说是存在的”①。艾布拉姆斯的话因此不可能是定论，但它的确指出了这一类空间概念之间以及城市空间和各种社会进程之间一种必要的和创造性的辩证法。这也就是伊塔洛·卡尔维诺在他写到城市是由“其空间的大小和它过去的事件之间的关系所组成”的时候以不同的术语告诉我们的东西。②

---

① David Harvey, *Social Justice*, 13. 城市空间，像更普遍的社会空间一样，既是一种物质又是一种社会物体。在一篇提纲挈领的文章中，詹斯·克里斯蒂安·汤博讨论了那些将这些空间视为社会结构的反映的人与那些将社会结构和进程视为物质和空间结构的产物的人之间的争论。通过征引丹麦的讨论，他鼓励我们不在两个极端立场之间选择：“空间与社会的东西间的联系，恰好与空间同物质的东西间的联系一样多。另一方面，空间不只是一种社会（‘反映论’）的（被动）反映。”他得出结论说：“空间，作为一种物质-地理结构，可以被人发现是产品、客体、中介物、资源、管制和象征，同时是许多社会政治进程和冲突中潜在的（‘被储藏起来的’）惰性力量。当然，它从来都不是活跃的，本质上从来都不是一种原动力。它只是被人类的行动创造和再创造，推动和调控，采用的是政治、经济和社会结构的同样方式。其（社会）意义和功能，只能从其处于一种特定的时空中的社会背景才能得到界定。”尽管我对从吉登斯处借来的专门术语持某些保留态度，这种空间观对我后面所写的还是有启示的。

② 卡尔维诺写道：“我可以告诉你高低起伏的街道由多少级台阶所组成，拱廊的弧度又是多少……但我已经知道这等于什么也没告诉你。城市不是由这些所组成，而是由其空间的大小和它过去的事件之间的关系所组成……当记忆的潮水涌入时，城市就像一块海绵一样浸满记忆的汁液而随之膨胀……当然，城市不会诉说自己的故事，只会像掌纹一样地秘而不宣，将其刻写在街道的转角、窗户的格栅、台阶的扶手、避雷针的天线、旗杆的顶端之上，城市的一肢一节依次留下了抓痕、刻痕和涡卷形的痕迹。”Italo Calvino, *Invisible Cities*, New York: Harcourt Brace Jovanovich, 1974, 10～11. 在这一陈述中，卡尔维诺向我们发出了挑战，不仅要建立艾布拉姆斯所鼓励的宏观进程与城市空间之间的联系，而且要建立两者与城市的微观层次的经验以及亦大亦小的模板的特征之间的联系。当然，卡尔维诺也很难穷尽与“城市”一词联系在一起的诸多定义上的问题。

马克思主义声称能给城市研究赋形和说明，准确地说就是由于利用马克思主义有关历史形式的概念和假设的大跨度与综合性，它拥有一种独特的方式去建立这种联系。在拒绝19世纪末、20世纪初发展起来的根源于分化大问题中更常见的城市研究方法的同时，马克思主义将基础建立在生产方式的转变和资本主义的发展为一方、各种特殊形式的城市增长为另一方的富有刺激性的历史关联之上。

让我们开始回到理解城市的马克思主义方法和与马克斯·韦伯的名字联系在一起的分化方法之间的差异。当将分化方法运用到城市分析时，韦伯拥有了某些人格分裂的东西。他对现代城市的直接反应是对其分形品质产生了令人困惑的惊奇，他逐渐按照分化来思考城市。相比之下，他的城市研究基于对作为城市发展之基础的大范围社会进程的分析。至少在大的轮廓上，他与马克思共同所拥有的正是这种对社会进程的关注，而这一点将他论述城市的著作与他绝大多数同代人的著作区别了开来。

一

1904年，韦伯访问美国。作为一位社会理论家，他很少谈到纽约、芝加哥、圣路易斯和其他他所看到过的大城市。但在他的日志里，他清楚地表明这些城市充当了资本主义现代性的一个隐喻：尽管有令人恐惧的四分五裂、“近乎疯狂的混乱不堪”、超乎寻常的不平等，但却富丽宏伟，其典型特征是“巨大的工作强度”，其领土内的民族性各自松散地整合在一起，组成了一幅马赛克式的镶嵌画，然而一种毫无同情心的个人性引人注目：“毫无疑问，你可以得病，死去，没有任何人关心！”他也被不平等的社会结构铭刻在空间之中的方式、工作场所和家之间的地理划分的程度弄得目瞪口呆：“当他们五点钟完成工作时，人们通常必须奔波数小时回到家……除非有更好的居住区，这整座巨大的城市——比伦敦还要大得多！——就像一个人，其皮肤已经被剥下，但其肠子还在蠕动，清晰可见。”[①]

就像其他强调城市不再拥有一系列连贯一致的社会、文化和政治标准的形象阐释一样，韦伯令人震惊的表述反映出了19世纪末、20世纪初大部分顶尖社会理论家共同的一种社会观，他对城市空间的描绘和解读也肯定了这样一种社会观。现代城市是新的，却也是令人恐惧的。

在诸如马克思、涂尔干、韦伯、滕尼斯（Toennies）、齐美尔（Simmel）等伟大的理论家那里，这样的城市既不在描述的意义上占据中心地位，也不是显而易见的主要主题。当然，他们每个人都涉及城市，但只是将它当成与工业的、资本主义的、国家为中心的现代性达成协议的更大工程的一个小部分。无独有偶，现代大城市是他们考虑现代世界的这些标志时一种不可避免的、必不可少的因素。

马克思等人都是以自己的方式来理解更近由雷蒙·威廉斯所提出的一个要点。威廉斯写道：“城市生活，直到我们自己的世纪，甚至在高度工业化的社会，也仍然是一种少数人的经验，但它却广泛地、准确地被视为一种决定性的经验，具有远超出其比例的对作为一个整体的社会影响。”[②] 大城市——作为现代性的一个中心舞台和象征，作为国家形成、资本主义发展等基本社会进程的产物和场所，并且作为构成集体认同和集体行为的场所——因此为19世纪和20世纪的社会理论提供了一个无可逃避的背景和主题，尽管这背景和主题是心照不宣的或隐而不彰的。

城市研究者建构这些分析和认知地图的主要方法，部分地要忍受对作为经济、社会和政治生活不可缺少的因素的空间的认识不足和扭

---

① 转引自 Marianne Weber, *Max Weber: A Biography*. New York: John Wiley, 1975, 285～287.

② Raymond Williams, *The Country and the City*. New York: Oxford University, 1973, 217.

曲。这种扭曲的主要根源，是19世纪、20世纪聚焦于社会分化和社会秩序间联系的社会理论的一个关键部分。其结果是按照一种断裂来描绘现代城市的历史：在以简单的、整合的、同质的空间组织为特征的前工业社会和以不融合的、异质的、欠组织的空间模式化过程为特征的工业、资本主义城市之间，存在一种断裂。

这样一种处理的例子，可以在斯蒂芬·克恩的《时间与空间的文化，1880～1918》中找到。用这两个公分母，他重构了19世纪末确定性的解体。克恩认为空间由三种因素所组成：形式（形状和面积的混合体）、距离和方向。在横跨世纪之交的四个十年里：距离收缩了，城市既扩张又凝聚其方向，而其形式以各种各样的方式发生了改变。克恩表明了人文科学和社会科学是如何试图应付所导致的空间多元性的。艺术中的立体主义堪称这一尝试的例证。立体主义将空间的异质性投注到一幅画上，而且否定“一幅画的主题……比背景更重要的传统观念”①。在城市内部，形式、距离、方向的重新组织，意味着阶级和政治的传统等级制度的消亡。

为了理解这种对城市的再现为何被证明如此迷人，了解19世纪的急剧变化本身对16世纪以后转型的更大故事的诸层面是不无裨益的。从11世纪到16世纪，城镇以相当缓慢但相当平稳的步伐增长。它们是封建制度被瓜分的统治权系统内部贸易和手工业生产的众多节点。每一城镇，就像封建制度的每一基础单元一样，是政治、经济和象征权力的一个合成品；按韦伯的术语来说，是“堡垒与市场的融合”。每一城镇都是一个管理中心，一个其经济活动基于市场交换原则之上的地方。韦伯对中世纪城市的考察提供了一条有益的底线。② 他表明，西方城市的典型特征是一种有序的品质，这种品质不可能在封建主义

---

① Stephen Kern, *The Culture of Time and Space*, 1880～1918. Cambridge, Mass.: Harvard University Press, 1983, 8.

② Max Weber, *The City*. New York: Free Press, 1958.

到资本主义的转变过程中经由重商主义而幸存下来。

最重要的巴洛克后-封建（post-feudal）城市是政治的都城、王朝的老巢：伦敦、巴黎、阿姆斯特丹、安特卫普、塞维利亚。它们的命运同绝对主义国家和一种商业的国际经济秩序紧密地结合在一起。它们所嵌入的社会典型特征，是财产和君权一种新的分离，以及财产和君权在爆炸性增长城市中心的集中。的确，正是这种特点，允许我们在（商业和工业）资本和政治权力的空间爆炸的意义上界定城市。我们会看到，16 世纪后西方世界这些最基本的社会进程，对现代城市的创造是必不可少的，而且这些城市是资本主义和现代国家再生产的关键因素。

在这些城市中，韦伯所描绘的城镇的内在统一性不只是受到了规模和密度变化的威胁（这种变化突破了古老的城墙，重组了古代的城区），也不只是受到当下的统治阶级内部更复杂关系的威胁（政治权威和财富追求者将这种更复杂关系的建立当作相互联系的但明显独立自主的活动）。同样挑战古老的统一性的还有与工作地和居住地相联系的空间新模式的崛起。由于加入了中世纪城市的作坊，对首府城市的政治和经济精英来说，工作场所和家开始分离。在世界范围内经商的商人开始在城郊建造房子；反过来，国家官员也开始越来越多地在城市中心的君主政体新部门办公。

第二组现代大城市，在 19 世纪建立在古老乡村（如曼彻斯特）的地盘上或空荡荡的大草原上（如芝加哥）的工业中心，甚至更急剧地改变了对都市空间的传统组织。按照资本积累的逻辑，工业城市被建成工作的地点。甚至在更老的商业中心和政治首都——伦敦、巴黎、纽约、柏林——变化的步伐和特点也堪称惊人。

19 世纪的新城市是什么样子的呢？让我们想一想美国的领头城市纽约，一个令人困惑地改变了根深蒂固的生活方式和社会关系模式的城市。该城市爆炸性地成长起来，从 1800 年的仅有 6 万居民发展到美国内战前夕的超过 110 万人。纽约开始了作为一个主要的商业和贸易中心的时期，并且一直维持着这一地位。然而，除此之外，它还变成了一个主要的迅速增长的制造、使用新的工业技术的场所。工作和劳动过程的性质急剧改变，其典型特征是手工业的衰落，技术的重组，现代的、工薪工人阶级的发展。由于外来移民的比例居高不下，刺激了对非熟练劳动力的需求，所以到 1860 年，纽约主要是一个由外来者构成的城市。另外，纽约还是与日俱增的、戏剧性的不平等的场所，具有一种新的职业结构——这一结构折射出了一种新的阶级和文化的劳动分工。①

城市的这类急剧变化嵌于城市形式的一种基本重组之中，并从中表现出来，其最具标志性的转换是工薪工作以加速度基本脱离家庭，并转而脱离居民区。这种分化至少组成了三个相互联系、相互重叠的历史进程。首先，家庭不再是生产的主要单元或地点。第二，大城镇和城市的整个区域逐渐地或用于居住，或用于工厂生产。第三，城市的居住区既在马克思主义的阶级意义，也在韦伯的阶级意义上，变得越来越同质化。随着城市空间被划分为按其功能来区分的相互独立的区域，并且随着居住区的同质化与日俱增，城市逐渐被划定，并且对其居民进行划定，划分的标准依据是他们与当下日益自主的劳动力市场和住房市场之间的联系。工作和住房成了按照货币和市场-土地的规

① 有关 19 世纪纽约转型的讨论，参见：Ira Katznelson, *City Trenches: Urban Politics and the Patterning of Class in the United States*. New York: Pantheon Books, 1981, 尤其是第三章；Amy Bridges, *A City in the Republic: Antebellum New York and the Origins of Machine Politics*. New York: Cambridge University Press, 1984; and Elizabeth Blackmar, ‘Re-walking the "Walking City": Housing and Property Relations in New York City, 1780～1840’, *Radical History Review*, 21 (Mar. 1980).

则和逻辑进行买卖的独特商品。①

在城市的建设-形式内部，日常生活模式是由新的交通技术和上下班的新路线构成的；是由一种中心化和跨阶级的公共空间的区划定义构成的；的确也是由阶级（在马克思和韦伯的阶级一词的意义上）在工场和住宅区的出现构成的——阶级的出现，有如城市的高楼大厦、工业和资本主义社会结构的兴起一样。

在接受这些变化的过程中，物理意义上的城市开始界定活动的模式和地域以及自由在其中的范围。对上班族来说，工作场所和家的分离，使他们在自己的城市街区发展一种空间上封闭、体制上丰富独立的工人阶级文化成为可能，而与此同时，他们迫使文化的生产者创造出新的商业文化形式，这些文化形式能够诉诸工业城市中形形色色的新的社会群体和阶级。这是一种拼凑的文化，它将城市生活的各种节拍戏剧化了，并且有能力以各种不同方式诉诸城市多元人群中的每一阶级和每一阶层。

对这种新的大众文化的消费，与支离破碎的、地域化的群体文化和阶级文化的发展密切相关。因为如果劳动人民摆脱了财产，一旦他们离开了工场，他们现在也就可以自由地去创造一种自主文化的某些东西。正像城市在空间中得到重组一样，人们所生活的地方变得越来越大同小异。人们购买或租赁真正的不动产的能力，决定了他们可能

---

① 有大量的文献论述工作场所和家的分离，在下面的第五章我还会回到这一主题，进行详细论述。眼下，我只希望提一下两篇影响深远的文章：James E. Vance：'Housing the Worker：The Employment Linkage as a Force in Urban Structure'，*Economic Geography*，42（Oct. 1966）；and 'Housing the Worker：Determinative and Contingent Ties in Nineteenth Century Birmingham'，*Economic Geography*，43（Apr. 1967）. 工作场所和家的分离派生出了一个地理学的子专业——对上班旅程的研究。这一分析模式的基本数据库是，上班旅程的矩阵基于三种信息：有关活跃的劳动力大军中人口成员的家庭的布局、工作场所的布局、在这两个单元之间来往的次数。19 世纪和 20 世纪城市化的一个关键特征，是这类行程的距离越来越长，频率越来越高。一篇十分有用的述评，参见：Kevin O'Connor，'The Analysis of Journey to Work Patterns in Human Geography'，*Progress in Human Geography*，4（Dec. 1980）.

生活在什么地方。其结果之一，是城市的各部分成了人们的定居点，定居同一地方的人在韦伯有能力消费市场-土地所提供的商品和服务的意义上享有共同的阶级特征。当然，从作为一个整体的城市更宏观的视角来看，城区现在比它们从前远为多种多样。①

不应当感到吃惊，对各种各样的社会群体和阶级来说，对社会理论家来说，将城市形式和社会地理学的巨大变化放到一起，证明是一个谜。同样不应当让我们吃惊的是，更完整的城市的崩解刺激许多理论家去创造新的秩序、群体团结、社会控制的原则。这种探索的主要结果是分化范式，它成了19世纪末、20世纪初社会理论的许多主要著作的核心部分。这种世界观念（world-view）远不只是一种新的宇宙学：它为表现新的城市及其新的社会空间模式提供了最重要的语法和词汇。

让这类观察者如此震惊的19世纪城市巨大变化的结果，激发出了这样的解释：社会分化是“社会变化不可避免的产物”和标志。根据查尔斯·蒂莉所概括但不主张的看法：“社会秩序的状态依赖于分化过程和整合与控制过程之间的力量平衡；急速或过度的分化带来混乱。”② 居高临下地看，急速的社会变化及其变幻莫测的可能性是现代性关键的普遍进程。这种观点被浓缩在梅因（Maine）的地位与契约、涂尔干的机械团结和有机团结、滕尼斯的“共同体”（Gemeinschaft）和“社会”（Gesellschaft）的两分法的对子中。

可以肯定，这些对立并不是相等的。举一例来说，滕尼斯强调市

---

① 一种引人入胜的思考，参见：David Ward，'Social Structure and Social Geography in Large Cities of the U. S. Urban-Industrial Heartland'，*Historical Geography Research series*，12（Dec. 1983）. 也可参见：Richard Dennis，*English Industrial Cities of the Nineteenth Century*：*A Social Geography*. Cambridge：Cambridge University Press，1984.

② Charles Tilly，*Big Structures*，*Large Processes*，*Huge Comparisons*. New York：Russell Sage Foundation，1984，50.

场对城市分化新的重要性。在他看来，前资本主义城市和资本主义城市间的对比，基于新的无处不在的社会，他认为社会是一种：

> 对一个人类聚合体的人工建构，在个人一起和平生活与共处的范围内，社会表面上像共同体。然而，在共同体中，他们尽管有所有分离的因素，但本质上依然是团结的，而在社会中，他们尽管有所有团结的因素，但本质上依然是分离的……每个人都是独立的和孤独的，这里存在一种与其他所有人敌对的前提……没有人想向另一个个人授予或生产任何东西，他也不会倾向于慷慨地向另一个个人付出，假如不是在互换礼物或互换劳动中对等（也就是他认为至少等于他所付出的）的话。①

相比之下，涂尔干涉及新的秩序，他所依照的是从强制的关系（“机械团结”）到产生在新分化城市小范围背景下的本真合作形式的关系（“有机团结”）的运动。这种团结不是基于共同的价值观，而是基于差异的凝聚。

当然，这些立场，不必是相互矛盾的。19世纪城市新的都市邻里街区，是由如经常撕裂社会纽带的不动产中的市场力量深刻地塑造出来的。与此同时，作为本地的不动产市场运作的结果，所创造出的许多同质的邻里街区，成了人们的家，这些人共有这么多的特点，以至社会组织紧密团结的网络发展加快了。

滕尼斯和涂尔干对分化的论述，描述了利益共同体联合的两分。无论在滕尼斯的共同体中，还是在涂尔干的“有机团结”的情境中，所用的方式都使团结过于自主了。卡尔霍恩（Calhoun）很好地抓住了

① Ferdinand Toennies, *Community and Association*. London: Routledge and Kegan Paul, 1955, 64～65, 33～34; Emile Durkheim, *The Division of Labor in Society*. New York: Free press, 1964.

这一点，他发现滕尼斯"'内部'关系的主观共同体……往往使将共同体团结在一起并使它们运转的社会纽带和政治机制的重要性打了折扣"①。

从一种分析的视角看，最引人注目的是，无论是社会的分化还是有机团结的分化，都共有一种广泛的世界看法，一种对资本主义、国家、城市内巨大变化意味着什么的阐释。蒂莉列举了这一视角的关键原则：

1. "社会"是一种分离物体，作为一个整体的世界分离为不同"社会"，每一社会都有自己或多或少的自主的文化、管理、经济和团结。

2. 社会行为来自个人的心灵事件，这种心灵事件以社会生活为存在前提。对社会行为的解释因此涉及社会对个人心灵的影响。

3. "社会变化"是一种连贯一致的普遍现象，总体是可说明的。

4. 大范围社会变化的主要进程出自不同的社会，经由一系列标准阶段，每一阶段比前一阶段更高级。

5. 分化构成大范围社会变化占主导地位的、不可避免的逻辑；分化导致进步。

6. 社会秩序的状态依赖于分化过程和整合或控制过程之间的平衡；急剧或过度的分化带来混乱。

7. 形形色色不被人们赞成的行为，包括疯狂、杀人、酗酒、违

① "这种打折，"滕尼斯发现，"也允许理想化的共同体的赞扬者时常低估真实的共同体所必需的限制，所要求的牺牲，以及加给它们的恐惧"。相反，他以一种和我的处理一致的方式，提出我们将共同体"视为是由社会关系以及它们的宏观社会组织所造成的，共同体也许是这种社会关系和社会组织的一个或大或小的部分"。Craig Calhoun, 'History, Anthropology, and the Study of Communities: Some Problems In Macfarlane's Proposal', *Social History*, 3 (Oct. 1978), 369～371.

法、自杀、暴乱，都来自过度的、急剧的社会变化所产生的紧张。①

城市所经历的变化赋予这种取向以最大的可信度，这种可信度似乎与对现实的元描述（meta-description）相合。毕竟，城市的社会分化和空间分化是显而易见的，新的城市分析努力要做的，就是根据一种貌似有理的对工业资本主义社会基本动力的陈述解读这种分化，通过刚才蒂莉所批评的这种简化所做的就是如此，不过在这么做时，有些分析（特别是格奥尔格·齐美尔）创造了对城市丰富多彩的、富有洞察力的解读。齐美尔的著作，在将分化方法用于都市研究的发展过程中，尤其是在美国的芝加哥学派中，被证明异乎寻常的重要，而之所以重要是因为，简单地说，基于他的贡献。

齐美尔的著作部分是一种对柏林大都市文化的尝试。他最著名的一篇文章，发表于1903年的《大都市与精神生活》（The Metropolis and Mental Life），处理的就是诸如柏林这样的城市的影响；通过他自己的证明，他的主要著作，包括第一本书《社会分化》（*Social Diffentiation*，1890）和《货币哲学》（*The Philosophy of Money*，1900），被城市生活特征的变化赋予了生气。“柏林在世纪之交及以后这些年由城市向大都市的发展”，齐美尔发现，“与我自己最强有力的、最宽宏的发展一致”②。与同时代的韦伯、桑巴特、滕尼斯相比，齐美尔更多地集中于当代的体验，包括大城市的顾客和居民的体验。他的中心问

① Tilly，*Big Structures*，11.

② 转引自 David Frisby，*Georg Simmel*. London：Tavistock Publications，1984，34。格奥尔格·齐美尔的书和文章的一个全面系统的目录，可以在以下这本书中找到：Nicholas J. Spykman，*The social Theory of Georg Simmel*. New York：Atherton Press，1966，274～286。” Die Grosstadt und das Geistesleben’（《大都市与精神生活》）的一个英文版本可以在以下这本书中找到：Donald L. Levine（ed.），*Georg Simmel*：*On individuality and Social Forms*. Chicago：University of Chicago Press，1971，324～339。莱文的导言包含了对齐美尔与芝加哥学派之间的个人关系和思想关系的出色分析。尤其要参见：pp. xlix-lvi.

题涉及阐明分化了的城市中的市场关系，以及它们对社会关系的影响。

在齐美尔的第一本书中，他强调由于与日俱增的分化，个人分解成了众多元素；结果是与共有部分特性和关系的人们建立起了更为复杂多变的人类纽带。其结果，新的群体关系成为可能，而新形式的社会相互作用加速增长。十年以后，在《货币哲学》中，齐美尔延续了这一观点，并且在一个重要的补充中，将它明显地与都市社会中的交换关系联系起来，在齐美尔《社会学》(1908) 的倒数第二章“空间与社会的空间结构”中，这一观点甚至更全面地发展为一种都市分析。在《大都市与精神生活》中，也采用了这一章的主题。在这些著作中，空间分化社会学的关键因素得到了详细说明。这些因素包括非个人性、超然、孤独、支离破碎的友谊、关系的商品化，最重要的，还有边界的意义。也许最出色的贡献，在于齐美尔运用这些因素去讨论社会关系可能在空间中得到固定的可替代方式。他比较了难以离开的中世纪城市和 20 世纪城市居所的移动性。尽管存在这种自由，齐美尔发现，特殊的社会群体还是固定在不同的区域中。这些空间往往得到命名，因此被个人化为分离的；每一区域往往有一个或更多的特殊地点或建筑（一座教堂，一个市集，一所学校，一个交通中心）——这些地点和建筑给这一区域以一个焦点，一个活动的中心，一种同一性，一种边界。

齐美尔论城市的著作因此将其兴趣集中到了数字和规模、劳动分工、货币与理性的关系之上，以及他对资本主义不断变化的文化形式的兴趣之上。他显示出了对资本主义发展重塑这每一种社会因素及其关系的诸种方式的敏锐理解；然而，他的著作作为一种描述和一种对问题的激励，比作为对创造这一新的多元现实的进程分析更为强劲有力。

在路易斯·沃思的政治社会学中，齐美尔的主题在它们对以都市为基础的现代文明的潜在意义方面得到了最清晰的发展。沃思和他的芝加哥社会学学派的同仁们一起，受到了齐美尔的深刻影响。沃思明白，齐美尔看待都市空间的方式对思考社会中的社会秩序和政治秩序具有深刻的潜在意义。因为社会是内在分化的，那么现在就必须直面社会控制的基本新问题。一个整合的社会可能是自调节的，而一个分化的社会也许可能分解为互不关联的碎片。当沃思给罗伯特·帕克1915年论城市的著名文章的修订版写前言时，他拈出了齐美尔的《大都市与精神生活》作为“从社会学视角论城市的最重要的单篇文章”，沃思1938年的文章《作为一种生活方式的城市主义》与齐美尔的主题异曲同工。[①] 齐美尔在城市主义和工业资本主义之间游刃有余地游走，通常不做精心的描绘，因为他将城市看成是资本主义文化的中心。与齐美尔不同，沃思所寻求的是将两者严格区分开来。他这么做，目的是使一种基于芝加哥学派的人类-生态视角的城市研究的自主领域成为可能，但这样一种区分，对任何努力想详述城市和资本主义发展之间关系特征的尝试（他没有这么做）也是持批评态度的。

如果沃思对资本主义和城市主义的区分详细阐明了齐美尔对二者的合并（虽然有代价），那么，沃思对城市的批评则不幸地忽略了齐美尔的洞见——通过创造新的、相对同质的、自由的社会领域，大都市的分化使无与伦比的个人和群体的自我发展成为可能。相反，沃思强调分化给社会凝聚所带来的诸种问题。在他看来，城市不只是一种四分五裂的社会秩序；它也是一种分化的和无组织的道德秩序。按照这种社会学的分析，沃思突出了一种更古老的保守的哀叹。例如，卡莱尔（Carlyle）在1831年便将工业城市居民描绘为“陌生人……它是小系统的一个大聚合体，每个小系统又是一个小的无政府主义王国，其成员不是在一起工作，而是在互相抢夺”[②]。

---

① Louis Wirth, 'Urbanism as a Way of Life', *American Journal of Sociology*, 44 (July 1938)。沃思对齐美尔的意义的评价，在他为下面一本书所准备的一篇文献性论文中可以找到：Robert E. Park, Ernest W. Burgess, and R. D. MacKenzie, *The City*. Chicago: University of Chicago Press, 1925, 219.

② 转引自：Williams, *The Country and the City*, 215.

沃思更多地与滕尼斯站在一边，而不是与涂尔干站在一边。原初的整合的纽带被人为的、次要的纽带所取代。共同的价值观已经四分五裂。城市生活碎裂的和片面的常规特征难以维持社会控制（在作为一个整体的社会有能力参照共同目标自我调控的意义上）。其结果可以在政治的无组织和诸如人格失范、犯罪、家庭生活衰弱等病态行为中看到。在这种分析中，沃思以折射的（refracted）方式再现了精英担心与新的移民劳工大众接触，这种担心最经常地以健康和疾病的隐喻表现出来。

沃思认为，城市分化及其负面后果有可能随时间的流逝变得更坏，因为空间的碎片化和一个完整的标准系统的崩溃，受到了新城市的基本特征的驱使：其密度和相应的对狭小空间的竞争，这样一种竞争将带来与日俱增的同质化区域、社会界限，以及追求对不想要的东西的社会逃避。

沃思的反应是通过市政的政策，为社会整合的首要机制的丧失寻找次要的、机械的替代品。他代表理性、规划和社会科学提出了一个强有力的常规诉求，将其当作在次要层次取得社会和谐的载体，这种社会和谐在碎片化、分化的城市里不再可能获得。

在保守主义者手里，这种愿景是一种如有必要则通过命令手段强加秩序的诉求。然而，这种分化观不只是一种反动的立场；它同样还是左翼对资本主义批评的常识。① 事实上，这种分化观较少是左右翼

① 举一例来说，恩格斯便预告了齐美尔和沃思的某些主题。他写道："所有这些人愈是聚集在一个小小的空间里，每一个人在追逐私人利益时的这种可怕的冷淡、这种不近人情的孤僻就愈是使人难堪，愈是可恨。虽然我们也知道，每一个人的这种孤僻、这种目光短浅的利己主义是我们现代社会的基本的和普通的原则，可是，这些特点在任何一个地方也不像在这里，在这个大城市的纷扰里表现得这样露骨，这样无耻，这样被人们有意识地运用着。人类分散成各个分子，每一个分子都有自己的特殊生活原则，都有自己的特殊目的，这种一盘散沙的世界在这里是发展到顶点了。"转引自：Williams, *The Country and the City*, 216.（译者注：本段中译引自《英国工人阶级状况》，见《马克思恩格斯全集》第 2 卷，人民出版社 1957 年版，第 304 页。）

之间论争的一个主题，而是对都市生活的常识看法，这种看法曾得到地理学家和社会学家、政治学家和抗议运动领导人、小说家和艺术家的详细阐释。与秩序相对的分化的肖像，提供了对城市生活的常备想象。

这种表征模式往往混淆了描述和原因。芝加哥学派及其生成的生态学传统将城市的扩张当作都市发展的一个特有的自然过程，没有处理形成城市空间生产方式的种种因素、进程和利害关系。通过将人类生态学嵌入到毫不满足的结构功能主义之中，是能够做到这一点的。①

尽管有所有这些东西，分化的分析传统及其对城市及其空间的描绘依然证明是极有吸引力的，部分是因为它们似乎如此便捷地弄清了社会现实。但是，这一表象基于这样一种颇有缺陷的假设：社会分析的基本单元应当是个人和社会；而社会和个人相互塑造和限制的方式，应当给社会科学研究提供主要对象。②

从分化的视角审视社会-个人的相互作用，首先是认为社会本身是一个有意义的、独立的实体；其次是认为其成员将社会的标准内在化了。人类的认知、性情的形成、行动的模式是以社会为条件的。作为社会模式和价值观载体的个人，是处于社会之中并以社会为背景的。因此，可以通过分析个人的行为取向以及他们的实际行动来理解社会。

这些假设也许看似显而易见。它们不仅在我们的社会科学而且在我们的文化中根深蒂固。但它们是不现实的。只有在想到一个完整的、紧密的、限于空间之中的“社会”中时才讲得通，假如将它们放到一起，其不同的层面才构成一个系统。然而，作为一种经验事实，在单一的、大范围的、相互作用的群体意义上，社会从来不会出现。世界的大部分被划分为具有可辨认边界的民族国家，但是，像家庭生活、

---

① 这种批评在蒂莉的《大结构》中得到了粗略的发展。

② 相关的批评，参见：Saunders，*Social Theory*，第二、三章；Gottdiener，*Social Production*，第二章。

生产和通信这一类的进程和活动，则或者发生在比公民权一类的单元小得多的社会场域，或者发生在大得多的、有时是全球的范围内。“当不同种类的行为不一致时”，蒂莉写道：“社会是一个自主的、有组织的、相互依赖的系统的看法就丧失了其可信性。”作为将社会的物化当作分析的核心单元的另一种选择，他提议采用不同范围的“多元社会关系的观念”①。在与社会分离的连续统的另一端，是不能简化的社会分析单元——个人。只有在人与人相互作用的范围内，人作为社会行动者才是有意义的。当沃思借鉴齐美尔时，他所忽略的正是齐美尔的这种基本洞见。以显而易见的方式，个人是行为的基数，但只有当加入网络和关系之中时才是。此外，从这种韦伯和马克思共有的关系分析的观点看，更大的行为框架不是由社会所提供的，而是由诸如资本主义的发展、国家建设等更大范围的社会进程提供的——其模式以决定性的方式将人与人紧密地结合到了一起。

从社会-个人二律背反的观点看，分化问题看似社会秩序问题，正是因为个人在一个分化的世界里要将社会价值内在化已变得更为困难；分化带来了价值的四分五裂。从关系和社会进程的视角看，对分化的大问题所呈现出的现代性的描述性的描绘，本身是无可救药的，有缺陷的。无论现代的民族国家还是现代的资本主义的生产的典型特征，都被描绘为主权和资本的日益集中（不是分化或四分五裂）。② 的确，从这种可替代的观点看，我们不只是按照一种新的四分五裂的文化的集中来看待现代城市的历史，而且按照它们发展成资本和政治权力的

---

① 我认为，我所认同的这一立场，在是否更深层次上存在着一个结构一类的东西将不同的网络和社会关系结合到某些更大的系统之中这一点上，是不可知论的。当然，至少某些版本的马克思主义需要这种假设。

② 对去分化（de-differentiation）的有益讨论，参见：Charles Tilly，‘Reflections on the History of European State-Making’，in Tilly（ed.），*The Formation of National States in Western Europe*. Princeton，NJ：Princeton University Press，1975。

集中地来看待其历史。[1] 关于城市，简言之，分化视角提供了一种貌似有理的社会和空间表现，不过付出了巨大的代价——堵塞了种种问题，这些问题关系到影响和塑造城市生活的关键社会进程，关系到以其形形色色的变化对城市属性做出限定的关系网络，关系到各种各样的另类空间关系、阶级和群体的构成模式，以及构成现代城市典型特征的集体行动。

韦伯的《城市》提供了分化方法的可替代选择的一个佳例。尽管他没有写到一种 19 世纪和 20 世纪城市可堪比较的分析，但他处理中世纪城镇的方式表明：社会进程网络的可替代选择的优点更为突出。[2] 他研究的中心主题，是西方和东方城市的比较，以及西方古代城市和中世纪城市的比较。前者所依据的是相互作用的群体性质的关键差异：西方的行业和地区联合；东方的宗族和种姓。后者所依据的是古代城市中军事行业的相对重要，而中世纪城市是行会。此外，韦伯还确定了这些群体和网络所处的位置，所依据的是理性的经济活动的发展和政治权威的自主基础的兴起一类基本社会进程。最终将中世纪城市和古代城市区分开来的是这些群体政治上的获胜——这些群体是理性的、以市场为中心的、资本主义的经济活动的承担者。因此，对韦伯来说，城市分析的社会学和历史学的维度，以一种比分化-秩序视角的单纯二

---

① 这种阐释为它们的关系的特征及它们紧密联系的程度留下了议论的余地。

② 我的这一分析部分地借用了：Martin E. Spencer，'History and Sociology：An Analysis of Weber's *The City*'，*Sociology*，3 (Sept. 1977) .

分法可能允许的更丰富、更有质感的方式融合在了一起。①

我的意思不是认为产生并给予社会理论的各种分化方法以力量的种种问题不再伴随我们了。它们依然是我们的问题：匿名和异化；城市如何迂回地潜入亲密的关系和市民社会；物质商品和意象的流通；人群如没头苍蝇地乱转；人类纽带的崩解和建构。我们依然想问，城市是否是一种统一的经验或仅仅是一种分离和无序因素的集结，是否这些东西独立地或合在一起构成了一种野蛮主义，或是一种诱人的奇观，或者更有可能，是这两者的混合体？②

---

① 在对韦伯的共同体理论的一种有趣的处理中，格特鲁德·纽沃思正好表明了韦伯是如何与分化视角和一种生态框架分道扬镳的。“生态”变量对韦伯来说，纽沃思写道：“假设只有当例如共同体成员对居住区的选择是其社会力量的表达时才是重要的。共同体是按照其成员所共有的团结来界定的，这种团结构成了他们共同的社会行动取向。团结不被视为生态住宅的一种功能，而是被视为对‘外部’压力的一种回应。显而易见的是，这些关系和共同体的行动与成员在更大的社会中的地位有关，或是相对其他共同体而言的。” Gertrud Neuwirth，‘A Weberian outline of a Theory of Community：Its Application to the “Dark Ghetto”’，*British Journal of Sociology*，20（June.1969），148～149. 在强调力量而不是生态学是韦伯的共同体方法的核心的过程中，纽沃思将韦伯定位于分化方法的社会过程-社会关系的另类选择，并以这种方式将韦伯与马克思联系起来，作为同一个分析家族的成员，尽管他们存在着差异。对于韦伯是如何成功地和没有成功地在问题重重的主题和问题多多的对大范围结构性进程的分析之间往返游走的分析，参见：Bryan Turner，‘The Structuralist Critique of Weber's Sociology’，*British Journal of Sociology*，28（Mar.1977）. 特纳对仅将韦伯与基于“理解”的一种社会学划等号提出了异议（正如我潜在地提出了异议一样）。特纳指出，这么做，是要将注意力集中到韦伯的早期著作而忽视《经济与社会》，《经济与社会》中包含了他对中世纪城市的处理。在《经济与社会》中，对意义和个人行动者的强调是通过对社会结构和社会关系的分析来补足的（或取代的，依赖于个人的解读）。Max Weber，*Economy and Society：An Outline of Interpretive Sociology*（3 vols.）. New York：Bedminister Press，196.

② 我自己对这些问题的思考受到1984年维根斯堡瑞德城市学术研讨会上提交的两篇论文的启发。在第一篇论文中，乌尔夫·汉内兹用瑞典式自助餐来隐喻一种几乎势不可挡的多样性、一种挑拣和选择的机会。城市也被赋予缘分、“不可预料的发现的经验”的典型特征。Ulf Hannerz，‘Smorgasbord and Serendipity：On Urban Cultural Process’，未刊稿，1984。在第二篇文章中，阿尔伯·亨特将吉尔兹的阐释吸收到了芝加哥学派的生态和文化传统之中。‘The Physics and Psychics of Community：Symbolic Ecology and the Chicago School’，未刊稿，1984。

假如这些依然是不错的问题，它们就不能通过分化这样的大问题的直接的、常识性的方法去面对。当我们考察城市空间时，我们必须追索带给我们所见到的风景的社会进程，追问各种在工厂、办公室、邻里街区、公园以及城市生活的其他领域将人们联系到一起的社会关系。在做这样的探索时，我们最好回想韦伯作为中世纪城镇的分析者时所使用的方法和视角，而不是他身为新世界的观光者时在惊恐不安中匆匆记下的东西。

二

假如因为强调社会进程和社会关系，马克思主义传统的著作像韦伯的著作一样与分化问题截然对立，那么，是什么将马克思主义与其他可替代选择、包括韦伯的选择区分开来的呢？答案就在马克思主义社会分析的独特内容中，它提供了一系列系统的、连贯的有关自然与社会的看法，有关社会进程很重要和应当如何研究社会进程的看法。

在一个有关激进历史之未来的学术讨论会上，佩里·安德森发现，“主要的历史问题总是涉及两种思想难题：首先是有待查明的和它们有关的变量的纯粹多样性和复杂性；其次是辨明它们的相互关联网络内的可防卫的因果层级关系”。大部分历史学家和社会科学家以*特别的*方式来处理这些问题。安德森提出，马克思主义享有理论优势（有人也许可能补充说，一种道德的致命伤），因为“它拥有一系列全面系统的、详细阐明的关于作为一个整体历史发展主要道路的概念和假设”①。当然，马克思主义的理论核心，是主张现代史的核心组织元素是生产方式。运用这种概念工具，马克思主义的目的，不只是要按照生产方式的过去、现在和未来的大格局系统地理解现代史的基本元素，因为它所寻求的是找到塑造世界未来进程的道路。

不过，如果说，在有关人类历史最显著的趋势方面，马克思主义确凿无疑地提出了足以自傲的观点，那么它在界定和塑造城市研究的最初一百年中所起的作用却微乎其微。城市现象不是为马克思主义理论而生的，马克思主义理论也不习惯解释问题重重的城市现象。我相信弥补这种双重沉默是值得的，不仅因为正像我试图表明的，通过关注城市，马克思主义理论将会得到完善，而且因为，通过深思熟虑地运用马克思主义的问题和视角，可以巩固我们对城市如何运作的理解。

当接近城市时，马克思主义处在一个相对安全的领域。其更大的理论优势被一种刺激性的关联凸现出来——这种关联表现在：按时间说明各种生产方式，对西方城市的发展做出时间上的排序，这种排序被纳入到了司空见惯的对城市发展各阶段的分类之中。出于不错的理由，在许多其他方面迥然不同的分析者们在区分封建的、商业的、资本主义的城市方面却大同小异。有关这种区分，许多文献完全是直觉的，但是这种分期方面的直觉已经带领城市研究走过了一条漫长的道路。

同样，最晚近对城市发展的实证学术研究，强化了这样一种感觉：按马克思所追求的对时代变化的理解而提出的术语来思考城市历史，将有强有力的保障。我在第五章将会谈到的让·德·弗里耶对 16 到 19

---

① Perry Anderson, in Margaret C. Jacob, Ira Katzneson et al., 'Agendas for Radical History', *Radical History Review*, 36 (1986), 33～34. 后来在他的评论中，安德森注意到了当代马克思主义的中心悖论：“激进的或社会主义者的著作（包括主要的与日俱增的马克思主义者的历史编撰学的著作），从来不像过去 25 年来一样，按一种对过去的常识理解青睐这样的权威。但激进分子或社会主义者也从来不会像他们现在极为普遍的一样，对现在的走向更不确定，对未来的形态更为胆怯甚至沮丧。”(37)

世纪欧洲城市化的重要研究，表明了马克思主义对世界看法的恰当性和启示性，并且转而对马克思主义对生产方式的处理发起了挑战，通过创造一种丰富的更具有质感的分析对象，成为了更富有精细纹理的研究。[①] 他证明，早在16世纪，就存在一种国际性的城镇和城市网络。随后的三百年不只是封建城市和19世纪富有活力的工业城市化之间的一个空白期。宽泛地说，这一时期划分为三段。在最早的150年，从1500年到1650年，大多数城市增长发生在较小的城市，而城镇的总数目没有增加至超过封建主义高峰期的数目。在接下来的一百年，两个里程碑式的变化出现了。城市的增长在地方和规模上发生了变化，离开了地中海转向了西欧和北欧，离开了趋向于停滞的小城镇而转向了少量大港口和政治首都。这种极其不平衡的增长模式在1750年以后急剧改变。因此，直到19世纪中叶，极大城市的发展走向了停滞，充满活力的城市发展又一次发生在较小的城市和城镇中。

这些描绘和分期具有那类传统城市化观的巨大优点——传统城市化观与或隐含了线性的城市化、或隐含了传统城市和现代城市的单纯断裂的现代化理论联系在一起。它也支持了这样的观点：城市的发展遵循了一种超越了国家和地方界线、走向了与极大范围的进程联系在一起的步伐和逻辑的模式，至少在时间上与从封建到商业到原型工业资本主义（proto-industrial capitalist）的发展步调一致。

马克思主义也建立在安全的基础之上，因为作为一种试图回答某些最重要现象的工具，马克思主义具有显而易见的适用性，对城市的任何好的说明，必须尝试解释这些最重要的现象：自19世纪20年代以来世界的广泛城市化、资本主义和非资本主义城市之间的差异、土地使用和社会格局的转型、城市衰败和复兴的循环。因此，马克思主义对城市理解的一个明显话题，可能是一种系统尝试——将资本的固定过程和集中与19世纪城市的工业爆炸联系起来，使之成为一条现成

① Jan de Vries, *European Urbanization*, 1500～1800. London: Methuen, 1984.

的通道，强化对马克思主义的中心主题——资本积累——的分析。

因此，在其发展的整个过程中，马克思主义对空间和城市保持极大的沉默是不无反讽的。这绝不是在谈论城市空间是否和何时是间接的和琐碎的，尽管马克思主义的沉默隐含了后者。在恩格斯对英国工人阶级的早期形成中对城市的思考于 1845 年出版之后，城市在马克思主义理论发展中实际上被忽视了一百多年。① 到 20 世纪 60 年代，主要的例外是第二和第三国际中对有关城市和乡村在向社会主义转变中关系的论争。这些富有活力的理论和实践讨论，基于马克思和恩格斯在与特殊生产方式的特征的联系中对劳动分工的各种思考，具有一种反城市的色调，而且它们为基于对马克思主义原则的一种理解的政体实践创造了指导方针（想想 60 年之前苏联农村的残酷动乱，波尔布特政权所实施的从城镇被迫疏散，或者东欧大多数共产主义政府的反城市规划决策），这些指导方针肯定会让马克思和恩格斯大吃一惊。除了这种理论和政治趋势，20 世纪一半以上的时间，马克思主义者都没有捡起对城市研究至关重要的大量问题，其中包括那些涉及城市空间形式及其与大范围社会进程纽带之间的关联问题。相反，马克思主义依然卡在了劳动分工概念受限的道路上。②

正是这种局限，在很大程度上说明了马克思主义内部对城市的忽略，并且为某些马克思主义政体的反城市政策提供了理论上的保证。

---

① Friedrich Engels, *The condition of the Working Class in England*. Stanford, Calif.: Stanford University Press, 1968.

② 此外，马克思无视城市是一个恰当的分析对象，也是在他将工厂和城市当作一个生产场所而可被称为技术决定论的一个结果。城市不配他们独立处理，因为城市被马克思更多地看作应由自由主义经济学家来思考，被看成是组织资本主义的最有效的、利益最大化的方式。我们应当将这种把城市的经济地位简化为劳动的技术分工的一个层面当成是对将城市归到劳动的社会分工（城乡分裂）之下的一种补充——劳动的社会分工是晚期马克思对资本主义城市化的研究中的一个重复出现的元素。在这一点上我受惠于戴维·古登，他在自己的文章中提出了这一观点：David Gordon, 'Capitalist Development and the History of American Cities', in William Tabb and Larry Sawyers, *Marxism and the Metropolis*. New York: Oxford University Press, 2nd edn. 1984.

索亚和哈德吉姆查利斯是极少数试图解释马克思主义非空间特征的马克思主义城市学者中的两位。他们提出，漫长的沉默的传统是一种不幸的差错，是忽视《大纲》中空间讨论的一个结果，起因是《大纲》迟到的出版、马克思没有完成《资本论》，所以我们被留在了一种封闭的民族经济无空间的资本主义简化模式之中，以及第二国际的经济论之中。① 我不认为将偶然事件和19世纪末马克思主义者的还原主义综合起来作为一种解释行得通，因为这种解释忽略了一点：鉴于马克思在《大纲》和他著作的其他地方将城乡分裂当作劳动分工的一个层面来思考这一特点，马克思正好没有讨论空间和城市是相当合乎逻辑的。②

当然，我们应当认识到，马克思将城市的发展和劳动分工的历史轨迹结合起来，标志着19世纪末地理学研究趋势上的一种重要进步——当它们发展为一种有机的学科，通过一种生态决定论将殖民主义合法化时。正像一位地理学家所发现的，在地理学的这一主流模式中，

> 假如一个地区在经济上高度发达，这一事实就被归于一种有利的地理环境和其居民的特征。假如，一方面，一个地区表现出欠发达的特征，就被归因于一种贫瘠的环境和其原住民的能力不足或努力不够。典型经济景观理论与这些观点联袂而行。这给每一空间指派了一种特殊的经济景观（古巴的甘蔗、巴西的咖啡等

① Edward W. Soja and Costis Hadjimchalis, 'Between Geographical Materialism and Spatial Fetishism: Some Observations on the Development of Marxist Spatial Analysis', *Antipode*, 11/3 (1979).

② 我承认做出这一行解释相当不安，因为在解释马克思主义的沉默时，我认识到我没有说明众多马克思主义运动和知识分子所聚焦的是什么。的确，极有可能，马克思主义的历史很少受到马克思的实际写作的框范。

等），试图通过地理决定论将殖民规则所强加的空间模式神秘化。[1]

正如他们矫正了古典政治经济学劳动分工概念的反无神论特征和中立特征一样，在国际劳动分工方面也是如此，马克思和恩格斯将空间置于社会组织之中，这为批判作为权力奴婢的社会科学提供了一个重要基础。[2]

可以肯定，尽管马克思和恩格斯没有明确地将城市当作一个理论上的关键分析对象，但是在劳动分工的大问题之内，有关城市化和城市问题对他们思考生产方式的转型还是相当重要。马克思在《劳动分工与制造》一章中写道："得到极大发展并由商品的交换所带来的每一劳动分工的基础，是城镇与乡村的分离。也许可以说，整个的社会经济史是在这种对立的运动中积累起来的。"他很快补充道，"我们现在将其放在一边"，可是实际上却永远也没有回来。[3]

在这里，马克思认为城镇与乡村之间的空间分化具有中心性，然而又少有篇幅致力于这一主题，这完全不像表面那样看上去是一个悖论。对马克思和恩格斯两人来说，城镇和乡村的对立是边缘性的，城市或空间的力量在他们对劳动分工的处理中没有任何独立的地位，因为城镇和乡村之间的分裂是劳动分工势在必行的、直接的、未加调节的结果，应在生产方式的层次上加以理解。

于是，不同种类空间和活动的分离浓缩了一个更大的故事，但其本身却并没有任何吸引力。这一"更大的故事"既将一个特定的乡村

---

① Mario Rui Martins, 'The Theory of Social Space in the Work of Henri Lefebvre', in Ray Forrest, Jeff Henderson, and Peter Williams (eds.), *Urban Political Economy and social Theory*. Aldershot: Gower Publishing, 1982, 163～164.

② Karl Marx, *Capital* 3 vols., New York: International Publishers, 1967, i. 72. Friedrich Engels, *The Housing Question*. Moscow: Progress Publishers, 1979.

③ Karl Marx, *Capital* 3 vols., 352.

内部劳动分工纳入到了种种经济区，也将一种新的国际劳动分工纳入了现代资本主义的特征之中。“相互作用的分离的领域〔国家〕越是扩大到〔劳动分工的〕这一发展过程之中，自然形成的分离的民族的相互隔绝就越是受到发展了的生产方式的破坏……历史也就越是成为世界历史。”① 不像斯密和李嘉图——马克思从他们那里借来了劳动分工的概念，他没有将其进一步解释为对逐渐工业化的资本主义社会的所有人都是有利的。恰恰相反，无论是内部的还是外部的劳动分工都是以一种无情的不平等和与日俱增的阶级分化为特征。从这样的观点看，一种反城市的偏见，例如在恩格斯的《论住宅问题》中所表现出来的（在《论住宅问题》中，他提出住宅供应的危机，不可能通过社会向善论者的改革来有效地处理，而只能通过生产方式的改变来解决，这种改变要允许摧毁大的资本主义城市，以及将甚至更多的人口分散到整个乡村地区），在去城市化的实践、零城市增长策略以及默雷和塞勒尼所称的由各种执政的共产主义政党所追求的低城市化（借这种城市化，工业就业的增长率超过城市化就业的增长率）所表现出来的，与马克思、恩格斯对劳动分工的理论的强调是一以贯之的。②

假如马克思在《资本论》中忽视了对城镇的讨论，回想一下仍是值得的：这对他不是一个新的主题。和恩格斯一起，他在《德意志的意识形态》中写道：“城市和乡村的对立始于从野蛮向文明的转变，并贯穿了直至今日的整个文明史。”在这一文章中，城市被描绘为根源于劳动分工的阶级分化的基础。在每一生产方式中，都有一种不同的、独特的城市与社会的关系。在《共产党宣言》中，他们写道，在资本主义制度下，“资产阶级已经使乡村屈服于城市的规则”。在《大纲》

---

① Karl Marx, *The German Ideology*, in Robert Tucker (ed.), *The Marx-Engels Reader*. New York: Norton, 1972, 136.

② Engels, *The Housing Question*; Murray and Szelenyi, 'The City in the Transition to Socialism', 93～100.

的另一个但同样没有展开的段落中，马克思提出：

> 古典古代的历史是城市的历史，不过这是以土地财产和农业为基础的城市；亚细亚的历史是城市和乡村的无差别的统一（真正的大城市在这里只能干脆看作王公的营垒，看作真正的经济结构上的赘疣）；中世纪（日尔曼时代）是从乡村这个历史舞台上出发的，然后，它的进一步发展是在城市和乡村的对立中进行的；现代的历史是乡村城市化，而不像古代那样，是城市乡村化。①（本段文字的译文引自：《马克思恩格斯全集》第46卷，第480页）

尽管在这段话中有一种丰富的、刺激性的理论-历史建构，但却不是马克思所持久关注的，因为在这一文本中，他迅速地从中世纪城市（他将其描绘为“一种独立的有机体”）转向对新的劳动分工和诸如此类的资本主义劳动市场特征的讨论。作为这种改变的一个结果，马克思主义不得不在对它的议题至关重要的领域付出一种巨大的代价，其原因仅仅只是恩格斯在其早期论英国的写作中所暗含的原因。在早期的写作中，恩格斯将新型的工业城市的兴起当作他处理工人阶级形成的第一焦点，因为那是可以找到新的工人阶级的地方，是工人阶级作

---

① Marx, *German Ideology*, 140; Karl Marx and Friedrich Engels, *Manifesto of Communist Party*, in Robert Tucker (ed.), *The Marx-Engels Reader*, 336. Karl Marx, *Grundrisse*, London: Penguin Books, 1973, 479. 尽管在马克思主义的传统中有这些资源，并且正像戴维·哈维所发现的，“尽管有其显而易见的理论的、政治的和历史的重要性（例如，在资本主义制度下，世界越来越多比例的人口已涌入城市中心和城市行业，并且因此暴露于一种独特的城市政治与城市文化之下），对城市化的研究还是没有处于马克思主义议题的前列。自许多革命运动的城市基础无可否认之后（从1848年的巴黎公社到20世纪60年代美国的贫民区暴动、对巴黎1968年5月做出贡献的城市社会运动），这种忽视更为令人吃惊。” David Harvey, ‘Urbanization’, in Tom Bottomore, et al. (eds.), *A Dictionary of Marxist Thought*. Cambridge, Mass.: Harvard University Press, 1983, 503.

为普通阶级的成员其性情得到铸造的地方。

对城市的忽略在其他领域同样也损害了马克思主义。许多马克思主义经济学拥有潜在的空间因素：

> 在通过空间之上的原材料、劳动力和固定资本的不均衡价值确定产品价格的过程中；在通过运输系统的作用稳定市场价格的过程中；在通过市场的空间组织确定平均利润率的过程中。基于价值和价值形式之间的差异，甚至有可能声称，劳动价值理论要求全面认识到引入空间思考。①

由于没有将这些问题放在资本主义内部的城市空间组织框架之中，马克思（及马克思主义）错失了良机，没有在他所理解的生产方式的关键经济特性和城市空间的组织结构之间建立起一种独特联系。

相比之下，作为其更大的主张——对大的社会进程的关注应当与城市空间问题剥离开来——之一部分，桑德斯提出，一旦资本主义建立起来，城市问题就不再是马克思和恩格斯的一个关注点，因为生产渗透到了社会，其关系无关乎城市和乡村的边界。我认为这是对马克思主义传统中长期对城市保持沉默的一种相当无力的辩护，首先因为它颂扬了没有详细说明资本主义独特的城市特性，其次是因为正像桑德斯所承认的，马克思和恩格斯将城市工人阶级当作了他们社会转型希望的中心。总之，错失了城市分析的机会使马克思主义的社会理论置身一个比内在于这种分析更疲软的境地。相比一个去空间化的马克思主义，我将提出一个重新空间化的马克思主义的优点——虽然也不无局限。

事实上，本书的主要目的之一，是要通过提议一种较少总体化的马克思主义，通过探讨马克思主义对理解城市所提供的可能性和疏忽，

---

① Martins，'The Theory of Social space'，162～163.

创造马克思主义与城市之间的一种更大平衡。它也寻求为马克思主义重新捕获城市空间的某些主题与分析——将城市空间理解为客观的建构与关系的空间，这样的主题与分析由恩格斯在《英国工人阶级状况》中开辟先河，并在《共产党宣言》中安营扎寨——《宣言》密集地讨论了19世纪巨大的、爆炸性增长的城市中生产资本的集中和工人阶级所具有的意义。① 我提出，以这种方式，马克思主义的三个主要分析工程——对划时代变化的思考，对资本主义经济内部积累过程的分析，对能够处理特定的资本主义社会的全部复杂性的社会理论的发展——可以获得推进。②

与仅仅25年之前司空见惯的那样一种状况不同，现在在马克思主义的传统之内有大量有关城市的著作。马克思主义内部有关城市的对话重新焕发活力，首先大部分要归功于亨利·列斐伏尔一系列重要著作在20世纪60年代末、70年代初的出版，其中包括《城市权力》《城市革命》和《马克思主义的城市思想》，③以及曼纽尔·卡斯特尔和戴维·哈维的标志性系列著作在20世纪70年代初的出版，他俩的著作写于这一时期坚定的城市社会运动向当局、积极分子和学者提出了种

---

① 马克思和恩格斯都将城市看成是资本主义矛盾的一个集中和凝聚之所，而且，正像他们在《宣言》中所写的，通过将工人从乡村生活中拯救出来，城市工人现在拥有了作为一个阶级的集体行动的条件。

② 在评论本文稿的一个更早版本时，戴维·古登向我提出，马克思还有另一个独特的工程，那就是方法的工程。然而，我倾向于认为，马克思的方法论目标是如此深入地与我所列举的三个实质性的工程重叠交织在一起，以至于将它们分离出来便是一种错误。当然，这是一个可以争论的问题。

③ Henri Lefebvre, *Le Droit à La ville*. Paris: Anthropos, 1968; *La Révolution urbaine*. Paris: Gallimard, 1971; *La Pensée marxiste et la ville*. Paris: Casterman, 1972.

种挑战的语境中。① 卡斯特尔的《城市问题》(1972) 在结构主义马克思主义城市"学派"的发展中起了带头作用，与路易斯·阿尔都塞联系了起来，重新发现了城市是马克思主义关注的一个对象。在其中，卡斯特尔批判地吸收了列斐伏尔关于空间和城市对现代资本主义的中心性的洞见，但在理论上反对列斐伏尔将自己研究的基础放在从早期"人文主义"马克思那里拿来的异化主题之上。同样，列斐伏尔的学术研究是戴维·哈维的《社会正义与城市》(1973) 的灵感的一个主要源泉。已经是一位声名赫赫的地理学家的哈维，按照他与自由主义地理学间的分裂的断层线组织了这一组文章。"社会主义的构想"一辑将城市空间整合到了资本主义积累模式的分析之中，并且将分析的马克思主义 (analytical Marxism) 与城市的关系放到了他关注的中心位置。②

《马克思主义与城市》的任务之一是"新城市社会学"，列斐伏尔、卡斯特尔和哈维的著作为它提供了出发点，而其中卡斯特尔和哈维被证明是整个 20 世纪 70 年代和 80 年代最持久的形象。③ 特别是，我想弄清当两者被带入相互关联的关系之中时，马克思主义和城市分析发生了什么。在赞赏这种相互关联的结果之时，戴维·哈维对关键的主题和成就做了这样的概括：

---

① 我不希望说这些文本只是始于文本。我愿意强调，20 世纪 60 年代这么多运动的城市特征及它们对诸如美国的种族问题、西方实际上无所不在的国家服务机构对地方的控制问题的关注，将有左翼倾向的学者包括马克思主义的智慧集中了起来。有些人，例如法国的卡斯特尔和图海纳 (Touraine)，在一系列基金中找到了支助。其他地方在欧洲研究委员会 1974 至 1976 年间的赞助下，城市学者的网络像一个整体一样迅速成长，将例如罗伯特·阿尔福德 (Robert Alford)、弗兰西斯·福克斯·皮旺 (Frances Fox Piven)、克劳斯·奥弗 (Claus Offe)、曼纽尔·卡斯特尔 (随后到了伯克莱)、罗杰·弗里兰德 (Roger Friedland) 和戴维·古登等人联系到了一起。与此同时，我强调在以城市为中心的马克思主义著作的发展中各种关键书籍之间的联系，因为真正的思想对话的展开，不需要个人的接近或直接介入第一线的运动。

② Manuel Castells, *La Question urbaine*. Paris: Maspero, 1972; 英文版即: *The Urban Question*. Cambridge, Mass.: MIT Press, 1977; Harvey, *Social Justice*.

③ 沙伦·祖金的一个有用的述评，强调了卡斯特尔和哈维的贡献的重要性: 'A Decade of the New Urban Sociology', *Theory and Society*, 9 (1980).

> 受到种种事件的刺激，马克思主义者在20世纪60年代转向了对城市问题的直接研究。他们设法理解城市、以共同体为基础的社会运动以及它们与以劳动为基础的运动间的联系（也就是传统的关注点）的经济和政治意义。当城市受到各种各样的研究时，生产和再生产的关系受到了集中的审视，被当作劳动力生产、实现（通过消费的有效需求，有时引人注目）、再生产（在其中，受到物理和社会的基础结构——住房、保健、教育、文化生活——所支持的家庭和共同体的制度起到了关键作用，并受到地方政权的怂恿）的场所。城市也被当作一个加速生产、交换和消费的人为环境，一种空间的社会组织形式（用于生产和再生产），一种资本主义制度下劳动分工和功能（金融资本对生产，等等）的一种特殊证明加以研究。所出现的综合概念就是作为资本主义所有这些层面的矛盾统一体的城市化。①

在评价所有这些著作时，哈维赞赏有加。尽管在以下的章节中我不无批评，但我还是认同这种评价。这是一种令人震惊的逆转：假如不是就马克思主义城市学者最近的贡献来说，城市研究领域就会少有定义或理论的推动力。

当马克思主义者开始尽力按《城市问题》和《社会正义与城市》处理城市时，他们发现城市对他们来说成了实证概括的坟墓，正如城市对他们持分化模式的前辈一样。② 此外，许多新的城市研究逐渐对

---

① Harvey, 'Urbanization', 503～504.

② 参见例如：卡斯特尔《城市问题》中个案研究与理论讨论的极不相合，以及他在《城市与草根：城市社会运动的跨文化理论》(Berkeley, Calif.: University of California Press, 1983) 中有关其实证工作与马克思主义理论的回顾讨论。“我们的思想矩阵，马克思主义的传统，”他写道，“从我们进入城市社会运动的不确定的话题那一刻起，就少有帮助”(296)。

卡斯特尔和哈维开拓性著作中的观点的范围发起了挑战，并且以这种方式，刺激起其他人去质疑马克思主义理论的某些基本信条。

卡斯特尔和哈维 20 世纪 80 年代初的著作，是这种对马克思主义城市研究项目、其空白以及它所暴露出的理论和实证问题复杂多变的反应的一种征候，放到一起阅读的话，这些著作对我们发出了挑战，让我们去思考马克思主义与城市联姻的成果，而这种再思考也许会刺激我们走出不同的道路。

在他的第二本标志性的著作——出版于 1983 年的《城市与草根》中，卡斯特尔将他注意力的中心转向了城市社会运动的历史和斗争中的人的能动性问题。《城市与草根》（*The City and the Grassroots*）在组织、分析对象、叙述风格、理论野心上明显不同于《城市问题》。后者经由对城市社会学的批判道路进而发展一种对城市结构的概念图绘，这种图绘旨在创造一种宏大的马克思主义城市理论。该书的实证材料被用来详细说明各种理论主张。这些材料将城市研究的领域详述为“集体消费”的领域，并且提供了这一领域的一种形式结构理论。相比之下，《城市与草根》只是在再现了对过去的城市运动（包括巴黎公社和格拉斯哥 1915 年的租金罢工）的丰富多彩、富有质感的个案研究和对巴黎、旧金山、利马、圣地亚哥、马德里的当代研究之后，才走向一种理论综合的。重点是在语境、偶然性、文化、可变性和社会意义上，问题差不多都是前一本著作所缺乏的。阶级斗争不再是社会冲突和社会变化的唯一轴心。此外，理论性的结论是审慎地甚至是试探性地陈述出来的。在这本书中，“理论是当作一种木工活来建造的，他是边建边调整标准”，而在前一本著作中，“理论是当作一种设计活来建造的，先画后建”①。

假如卡斯特尔扩展了自己分析的界限因而其马克思主义不再占据

① Arthur L. Stinchcombe, *Theoretical Methods in Social History*. New York: Academic, 1978, 122.

理论的特权地位，那么戴维·哈维则继续肯定马克思主义的中心性。“我在20世纪70年代初转向马克思主义的范畴，并且我在这里重申我对它们的信仰，”他在1985年写道，“马克思主义的范畴是唯一一种适合积极地建构对像资本主义制度下城市进程的历史格局一样复杂丰富事物的严密、全面、科学的理解的范畴”。他近年的许多尝试致力于“将空间的生产和空间的塑形整合为马克思主义者理论化过程的核心之中的积极因素”①。阶级斗争和资本积累依然处于哈维著作的最中心。

然而，像卡斯特尔一样，哈维开始谈论新的主题，正好超出了过去十年他对空间和生产的关注，这些新的主题很少直接以经典的马克思主义文本或政治经济作为其坚实的基础。他的《资本主义城市化的历史与理论研究》的第二卷致力于城市景观生产和形成意识与经验的诸种方式，并且经由对这些主题在19世纪后半叶巴黎的历史个案研究进入到了城市意识和经验的核心。这一著作是以一种不同的语调写的，更为深思熟虑，更为随物赋形，有时甚至戏谑调皮。②

卡斯特尔和哈维的早期著作与后来著作之间的差异，以及他俩全部著作之间的差异，也许可以获得各种各样的理解：理解为界定了主张除非是真实的否则一无所指（因此行动者是从结构中推论出来的）的马克思主义与主张除非是有所指否则便没有什么是真实（因此集中于意义的生产）的马克思主义之间的一个张力领域；或理解为界定了一种封闭的、严丝合缝的、滴水不漏的马克思主义与一种更为开放的马克思主义之间的差异，或者，更为极端地，理解为界定了一种马克思主义分析与一种后马克思主义甚至非马克思主义分析之间的差异。我们应当填满马克思主义空空的理论屋子，或者必须建造一座所有差

---

① David Harvey, *The Urbanization of Capital: Studies in the History and Theory of Capitalist Urbanization*. Baltimore: Johns Hopkins University Press, 1985, pp. x, xi.

② David Harvey, *Consciousness and the Urban Experience: Studies in the History and Theory of Capitalist Urbanization*. Baltimore: Johns Hopkins University Press, 1985.

异济济一堂的房子吗？

我希望探讨与城市的物质性和意义、城市主义、空间有关的问题。我试图表明马克思主义与城市空间维度的联姻、地理空间得以内在于马克思主义理论的种种特殊方式，是如何显著地强化了马克思主义的分析能力，有助于解决其最紧迫最显眼的某些问题，并且与此同时，十分清晰地揭示马克思主义理论的某些局限。在第三章，我将借助恩格斯、列斐伏尔、哈维和卡斯特尔的帮助开始走向这一旅程。但在此之前，我想走一段虽然迂回曲折但却必不可少的弯路去考察马克思主义社会理论的某些关键层面，当我们到达城市的门口时，将证明它们至关重要。

第二章　马克思主义社会理论的主题

由于受到列泽克·科拉科夫斯基（Leszek Kolakowski）在其从马克思主义的人道主义向反马克思主义的转变中抵达了一种“否定的观点”的伤害并感到受了背叛，爱德华·汤普森（Edward Thompson）在20世纪70年代初给科拉科夫斯基写了一封公开信，信中包含了对马克思主义的精神焕发的辩护，辩称马克思主义是“一种多元化的相互冲突的声音，然而，这些声音又是在一种共同的传统中争论不休”。汤普森提出，这样一种传统观，通过将马克思主义传统的所有部分拿来考察，不将马克思主义分解为所有当代社会理论和社会科学的共同传统之一部分，拥有了允许多样性的优点。[①]

① 汤普森谴责科拉科夫斯基步出了马克思主义传统的边界，这种传统被描绘为马克思著作的“真正才质、普遍性、独创性和力量；他所掌控和重塑的原则；他典型的方法和前见；他逝世以来加诸这一传统之上的许多声音；以及当代马克思主义话语的广阔无边。这种传统存在着。它将自身界定在马克思的著作和其观念的衍变（这仿佛是矛盾的）之中。关键的是（如果有人承认这一传统就是他自己的传统），少去界定传统，多去界定自己站在传统之内的何种地方。”在这里，我暂时更关心界定这一传统的众多元素、挑战和问题，而不是界定我处于与之相关的什么地方。E. p. Thompson，‘A Open Letter to Leszek Kolakowski’，in Ralph Miliband and John Saville（eds），*The Socialist Register* 1974. London：Merlin Press，1974，24～25。这篇文章重印于现在也许更容易获得的资料中：E. P. Thompson，*The Poverty of Theory and Other Essays*. London：Merlin Press，1978，92～192。这封信中，有汤普森对诸如“矛盾”“法则”“系统的逻辑”和马克思主义内部的“改革”一类概念性问题的某些绝佳讨论。

在他的论战中，汤普森比较了从文学批评中借来的传统观，用其他方式，马克思主义所提供的种种观念（尤其是一种自闭自足的、声称是适合现代世界研究唯一理论的马克思主义的诱惑），也许可以得到澄清。[①] 与此同时，汤普森警告我们将马克思主义简化为一种毫无内容的方法，或者过快地将马克思主义吸收到西方思想的共同遗产之中，这种警告最好由支持者和反对者同样照单全收。充其量，马克思主义是一种松散的研究方法，是所有现代社会理论和社会科学共享遗产无可非议的一部分；“我们将我们的赌注押在一个脚注中，而所有的债务则都两清了”。假如这就是马克思主义的全部，汤普森问道，那么为什么随后“我们自己要进一步关心在其光线不足的工场里，在其手中第

① 我稍后将提出，马克思主义传统的这些层面之所以引人注目，正是因为它们自身没有闭关自守，而是对其他理论传统保持开放。假如这种联姻要成为事实（正如韦伯和马克思主义者对政治的处理之间的联姻，或马克思主义与选择理论之间的联姻），那么，理所当然，要考虑的不是这些配对在原则上是多么令人满意，而是它们臻于圆满的条件。在任何事件中，我们应当往最坏里谨防马克思主义主义：成为一种封闭的学说，基于被认可的文本，受到意识形态祭司的保护，而且对马克思主义往往是单一因果的、还原论的、机械的、反历史的、非实证的、无能做出因果推断的普通抱怨一概持怀疑态度。到了这样的地步，这些司空见惯的指控坚持马克思主义骨子里是妥协的。我不认为它们成立，或者，至少它们不需要成立。

存在着对马克思和马克思主义的次要批评，往往将这一传统独一无二的东西与困境混淆起来，与许多不可调和、对其他的理论传统来说司空见惯的东西混淆了起来。其中包括：唯意志论对结构性限制，阶级对人类动力的其他基础，理论研究与历史研究的张力，创造普通的人类社会理论的企图对旨在解释特殊的社会构成的理论。

在不同的时间，以不同的紧张度，马克思处于所有这些问题的不同侧面。也许更重要的是，他的著作包含着对它们关系的不同解决方案。在任何事件中，其结果之一，的确不只存在一个单一的马克思，或者拈出一个更时尚的数字；也不存在两个马克思。由于有良好的文本保证，完全有可能建构个人自己所偏爱的马克思（我自己稍后就会有点儿沉溺于此）和马克思主义。尽管如此，应当断然地说，不存在任何“真正的”马克思，也不存在一种单一的“真正的”马克思主义。而且即使有，除了作为一个思想精确度的问题，我们应当在乎吗？在对米歇尔·哈林顿《资本主义的黄昏》的一篇公正的尖锐评论中，丹尼尔·贝尔对这些问题进行了讨论。Daniel Bell，‘Review Essay：The Once and Future Marx’，*American Journal of Sociology*，83（July 1977），189. 持这种批评的一个更早的片断，也是贝尔所写的：‘the “Rediscovery” of Alienation：Some Notes Along the Quest for the Historical Marx’，*Journal of Philosophy*，56（Nov. 1959）.

一个制成这一产品的工匠的热情和技能呢?"①

真的，为什么？马克思主义的传统是由什么因素组成的呢？

一

马克思有一个单一指向的、无所不包的目标，他从未动摇过这一目标。这一目标与认识西方历史的整个推进一样（连同关注其生成和与非西方经验的比较），具有影响其过程以产生一个可期望的后资本主义世界的目的。②

马克思力图通过详细说明三个独特的、相互联系的工程以实现这

---

① Thomposon, 'An open Letter', 22. 在对《马克思主义与社会学》的一个有用评述中，米歇尔·比拉沃正好提出我认为我们必须加以避免的选择，他对这一选择做了下列描述："马克思被认为是塑造了社会学的发展但其思想却被吸收到社会理论的主体之中的一位大师吗？……或者，作为二选一的选择，马克思是一种不能和涂尔干和韦伯一起不加扭曲地吸收到社会理论的主体之中的独立传统的奠基人吗?" Michael Burawoy, 'Marxism and Sociology', *Contemporary Sociology*, 6 (Jan. 1977), 9. 在我看来，要求我们选择是否"赞成马克思"或"赞成社会学"，比拉沃是潜在地要求我们要么选择一种封闭的马克思主义，连同其自身的必须寄生于马克思主义的天生局限之内的完全不搭界的研究项目（我在下文还将更多地谈到），要么选择一种变得如此具有渗透性以致丧失了其所有哲学家的、理论的和方法论的独特性的马克思主义。相反，我提出一种介入策略，在其中，非马克思主义的著作被吸收到马克思主义的框架之中，而马克思主义的学术研究则吸收到社会科学之中，以追求一种对大范围的社会进程的现代性特征的理解。

② 没有一种历史哲学，是根本不可能攻克西方历史的这种推进与特征的，而马克思有一种集中在认识和克服异化之上的历史哲学。人类的历史是"通过自己的劳动征服人"的历史，"这假定了独立事物的外衣"。对异化的超越要求以捣毁生成异化的秩序为前提。不像更早的生产方式，资本主义在无产阶级中提供了指导，这种指导能够达成这一最基本的向非异化的人类关系的转变。

假如资本主义的发展及其命运组成了马克思主义事业的核心，他的著作就必须承担起理论与历史的不可分离，以及一种抽象的结构与逻辑分析和特定的情境研究之间的运动。Leszek Kolakowski, *Main Currents of Marxism*, vol. i: The Founders. Oxford: Oxford University Press, 1978, 178. 这段文字随意地引自他在第八、九章对《德意志的意识形态》的研究。也可参见：Bertell Ollman, *Alienation: Marx's Conception of Man in Capitalist Society*. Cambridge: Cambridge University Press, 1971; and Shlomo Avineri, *The Political and Social Thought of Karl Marx*. Cambridge: Cambridge University Press, 1971.

种对西方历史的宏大建构。① 首先，他力图建构一种历史理论，以说明最大可能规模的时代之间的变化。在区分出前阶级社会，前资本主义阶级社会，资本主义社会，后阶级、社会主义和共产主义社会的同时，马克思通过聚焦于社会阶级之间的斗争，对这种人类历史的广泛推进进行了解释——这些社会阶级处于生产力技术特征（他称之为生产力）的发展和将人们结合到生产过程的社会特点的关系（生产关系）性质的双重框架之中（生产过程尤其表现为直接的生产者与他们自己的劳动方式、与他们自己的再生产方式的逐渐分离）。这一工程分析的关键单元是生产方式，关键的问题是内在于特定的生产方式基本动力中的规律，这些规律主宰着从一种生产方式转向另一种生产方式的划时代转变。

生产方式的核心观念是社会的组织、技术、财产关系、阶级结构的长期塑形的观念，以及经济、政治和社会之间关系独特的逐渐模式化的观念。皮埃尔·维拉尔注意到生产方式这一概念的独创性基于：

> 它是第一个表达了社会整体的理论对象，在这里，人文科学中理论的更早尝试局限于经济，并且认为社会关系要么是不可改变的（像重农主义者的土地所有权观念），否则就是有待达到的理想（像自由主义思想的司法自由和平等）。生产方式作为一种理论对象的第二个原创性是一种功能化的发展（functioning deve-

① 有助于解读马克思的书籍包括：Allen Oakley，*The making of Marx's Critical Theory: A Bibliographical Analysis*. London：Routledge and Kegan Paul，1983；Tom Bottomore et al.（eds.），*A Dictionary of Marxist Thought*. Cambridge，Mass.：Harvard University Press，1983；and Eric J. Hobsbawm（ed.），*The History of Marxism: Marxism in Marx's Day*. Bloomington，Ind.：University of Indiana Press，1982. 从一种极端的方法论个人主义的视角做出令人振奋的批评的是：Jon Elster，*Making Sense of Marx*. Cambridge：Cambridge University Press，1985. 对马克思与恩格斯的理论与历史之间的关系所做的研究，参见：Philip Abrams，*Historical Sociology*. Ithaca，NY：Cornell University Press，1982，第三章。

lopment)结构，本身既不是形式的也不是静态的。其第三个原创性是，这样一种结构本身隐含着（社会）矛盾的（经济）原则，它忍受着作为一种结构的解构的必要性，或其自身的解构化（de-structuration）。[①]

每种生产方式都包含其自身的转型规则、内在的危机和变化趋势，这种危机和变化是结构性的，并且它们自身处于各社会阶级的冲突之中。[②] 马克思的这第一个工程是分析性的，而不是编年性的（除了在最明显的顺序排列的意义上）。[③]

第二，马克思力图建立一种资本主义时代内的经济模式。在这里，他试图确定经济增长的动力、它对资本积累产生的作用、其危机趋势以及克服危机的机制。也就是说，他力图将资本主义生产方式独特的经济成分理论化，其中包括资本与无产阶级的日益分化，贫困的集中，

---

① Pierre Vilar, 'Marxist History, a History in the Making: Towards a Dialogue with Althusser', *New Left Review*, 80 (July-Aug. 1983), 76.

② 在封建主义和资本主义的转型规则之间存在一种重大差异。虽然资本主义本身足以产生自身的最终危机，封建主义却不是。这要求一种外部的动力，例如商业资本主义，去创造一种可替代秩序的种子。

③ 对这一工程最好、最严密（虽然极有争议）的分析性处理是：G. A. Cohen, *Karl Marx's Theory of History: A Defence*. Princeton, NJ: Princeton University Press, 1978. 柯亨将马克思解读为一个技术决定论者，并且将解释的优先性给了生产力。安德鲁·莱文和埃里克·奥林·赖特已经对柯亨的对马克思的看法提出了尖锐的（虽然是同情的）批评。他们认为，一种马克思主义的分析和政治学，要求基于这种优先观的一种历史唯物主义，必须以对阶级能力的思考做补充，并且特别要考虑到国家、意识形态和社会的生产关系阻碍了工人阶级能力的发展。Andrew Levine and Erik Olin Wright, 'Rationality and Class Struggle', *New Left Review*, 123 (Sept.-Oct. 1980). 以同样的脉络，埃伦·米克辛斯·伍德批评柯亨的技术决定论再生产了古典政治经济学家的错误。她写道，柯亨"通过将资本主义的生产法则从它们独特的社会决定因素中抽象出来，将资本主义的特殊历史经验概括化了"。Ellen Meiksins Wood, 'Marxism and the Course of History', *New Left Review*, 147 (Sept.-Oct. 1984), 105. 也可参见：Wood, 'The Separation of Economic and the Political in Capitalism', *New Left Review*, 127 (May-June. 1981), 73.

劳动力储备大军的发展，利润率的下降趋势，以及日益加深的循环性危机。在资本主义经济的这一工程中，马克思将自己置于与政治经济学家（主要是斯密和李嘉图）的反面，因为他们将资本主义视为是自然的和永恒的，并且处理的是马克思视为表面现象的市场，而不是更为基本的（假如不显眼的）经济力量；他也将自己置于乌托邦社会主义者的反面，其中包括蒲鲁东和傅立叶，因为他们没有细察资本主义实际上是怎样运作的。①

---

① 马克思从来不拒绝政治经济学家们的洞见。相反，他将他们的著作整合到了一个更大的框架之中；他认为他们的著作与其说是错误的，不如说是不足的。相比之下，马克思远远更鄙视乌托邦社会主义者，像他说蒲鲁东的，他们听到了叮叮当当的铃声却不知道声从何来。

当然，有大量的文献论述马克思在《资本论》中的经济分析——论述他的推理和概念的特征，其中包括广受争议的劳动价值理论和相关的“法则”，例如利润率的下降趋势。我所知的对这些问题的最好处理是：Daniel Little，*The Scientific Marx*. Minneapolis：University Of Minnesota Press，1986. 在我讨论马克思中的结构与能动性的关系，尤其是马克思主义社会理论中可替代的对经济基础的概念化时，我稍后还会回到利特尔的著作。有用的补充阅读材料包括：Ian Gough，‘Marx's Theory of Productive and Unproductive Labour’，*New Left Review*，76（Nov.-Dec. 1972），该文对可选择的阅读材料做了绝佳的概述；Erik Olin Wright，‘Alternative Perspectives in Marxist Theory of Accumulation and Crisis’，*The Insurgent sociologist*，6（Fall 1975），该文同样对马克思各种各样有关资本积累和危机的各种观点的逻辑结构进行了解构；Wright，‘The Value Controversy and Social Research’，*New Left Review*，116（July-Aug. 1979），该文没有将价值理论放在通常的抽象论争的层次上，而是放在有关利润的决定因素研究的实证层次之上；Amartya Sen，‘On the Labour Theory of Value：Some Methodological Issues’，*Cambridge Journal of Economics*，2（June 1978），该文区分了理论的三种非形而上阐释（描述的、预测的、规范的）；Jon Elster，‘The Labor Theory of Value：A Reinterpretation of Marxist Economics’，*Marxist Perspectives*（Fall 1978），该文提出了价值理论是社会学的和规范的，但不是对经济理论的一种贡献；Geoff Hodgson，‘The Theory of the Falling Rate of Profit’，*New Left Review*，84（Mar.-Apr. 1974），该文提供了对这一“法则”的可替代的意义及其利弊的十分有用的述评；而专题讨论会方面的材料，可见：Bernard Elbaum et al.，‘The Labour Process，Market Structure and Marxist Theory’，*Cambridge Journal of Economics*，3（Sept. 1979），在其中，作者们提出，即使就19世纪而言，马克思也低估了劳动进程的四个关键因素：工场的新的分层；资本家之间的互相竞争；工人阶级内部的分化；资本和劳动力之间的妥协空间。

这是一个独特的工程（其关键文本是三卷本的《资本论》），不能简单地按历史唯物主义原理处理历史的推进归到第一个工程之中。戴维·利特尔发现，第一个工程引导马克思“提供对各种生产方式的经济结构的详细研究；但是它没有提供进行这种研究的指南，它也没有包含在这一领域里详细阐明条分缕析的假设所必需的概念和理论工具……《资本论》实质上超越了马克思的历史唯物主义理论，无论是在方法论上还是在实质上”。对资本主义经济的这种阐释绝不只是一种技术性的经济学的著作（无论怎样出色）。相反，这第二个工程是“一个统一的整体，不只是经济分析的独特片断……马克思陈述的核心与界定资本主义生产方式的社会制度有关，而无关他所得出的量化的经济结论”①。资本主义生产方式的这一“基础”是这样一种尝试——试图将作为一个经济系统的资本主义的最重要特点理论化，并且按照它们与资本主义生产方式的关系及其在这种模式中的作用，确定其他宏观结构（其中最重要的是国家）的角色和地位。这一工程给西方现代性打上了“资本逻辑”的记号。在完成发展他自己的政治经济学任务的过程中，马克思依然停留于古典政治经济学的精神之内，它将自己的经济学嵌入到了有关人性的诸种理论和对复杂的社会组织的分析之中，而不是纳入到现代经济学的精神之中，其主要标志是试图通过剥离这种思考，简化一个复杂多变的世界，以达到将经济学视为一系列的诸如此类的计算和交换。②

正像在第一个工程中一样，这种对资本主义经济发展的处理，不是有关处于其历史复杂性之中的特定社会的理论，也没有提供对特定历史瞬间因果关系的说明。相反，它是一种经济结构理论，出于分析

---

① Little, *The Scientific Marx*, 5～7.

② 《资本论》中所思考的主题范围，显然超越了可能被狭隘地贴上经济学标签的主题范围。除了积累和危机的抽象的、逻辑的模式之外，马克思还对工场和离开家后的工人阶级生活提供了定量的和人种学的描述，并且对资本主义财产关系从原始积累时期以来是如何发展的、现代资本主义财产关系是如何再生产的进行了描述。

的原因，它需要一种资本主义经济中与生俱来的趋势的逻辑，这种逻辑仿佛是从真实的时间和地点中被人为地排除了。历史是披着佚事和先例的外衣出现的。英格兰在《资本论》中被马克思用作一个解释性的地点，因为比起其他地方来，它更能例证资本主义结构特征的上演；但在其他任何地方，他的确没有采用例证说明，提供资本主义英格兰的一部丰富多彩的、具有质感的、语境化的历史，因为他的目的是建立一种模式。①

在这一工程中，行动者是以赋予（ascribed）的角色出场的。资本家，正像工人一样，服从于强行法（imperative Laws）。一个资本家是一种“人化的资本”，他尽管“被赋予了意识和意志”，但必须独立地表演自己“控制和有意识的个人行为”②。马克思在《资本论》中所创造的模式不是普通意义上的历史描述。没有任何对阶级形成的分析，因为阶级只是出现于标准的基础之上，这种标准在这种模式中是结构性的给定物：资本主义的财产关系界定了两组空白之地，每一活跃的劳动力大军的成员必定陷入其中的一组之中。在提供对资本主义内实际历史构成必不可少的各种趋势的逻辑之时，马克思也同时在一个十分高的概括层次和理性的行动者的层次再现了历史——理性的行动者在使他们处于奴役状态的结构性限制中追求种种策略。

两个层次之间的联系是由利特尔（Little）所称的一种“制度逻

---

① 有些评论家喜欢说《资本论》在历史一词的深层意义上再现了历史。我认为这是一种不必费心劳神的辩护。建构资本主义制度下经济发展和危机的主要趋势的一种逻辑模型的确就完全足够了。当然，马克思在多大程度上获得了成功，完全是另一问题。

科莱蒂发现，马克思的经济范畴有一种双重特征。它们是维持系统平衡的立竿见影的调控原理，同时也是矛盾律。Lucio Colletti，'The Theory of the Crash'，*Telos*，13（Fall，1972）.

② Karl Marx，*Capital*，i. New York：International Publishers，1967，152，93. 根据更全面、更概括的说明，“在目前所考虑的社会形式中，社会生产过程中人的行为纯粹是原子的。因此他们在生产中的互相关系假定了一种独立于他们的控制和有意识的个人行为的物质特征”。同上，第 92～93 页。

辑”所提供的。他令人信服地写道：

> 马克思在《资本论》中所建构的不是一个基于几个假设的普遍系统；它没有将所有的资本主义模式统一到一个演绎系统之中；它没有确定一系列真正与自然法则相类似的“运动法则”；它以一种全然不同于适合假设-推论的论证模式使用了实证性论据。

相反，他将马克思的陈述视为“一套相互关联的解释性观点、分析片断、历史评论，以及松散地组织为一个共同的观点的描述性尝试”；视为“资本主义经济的某些基本特征的一种选择性描述，以及对这些特征加诸作为一个整体的经济之上的‘制度逻辑’的考察”①。

这一制度逻辑的概念对利特尔的解读至关重要。在资本主义制度中，社会的生产关系以及经济的独特技术特征构成了作为理性的行动者资本家的一个动机系统。在这一动机系统内部，典型的资本家——马克思的资本的人格化——获得了有关资本的积累（包括投资者与劳动力的关系问题）的一种特殊策略。当资本家充当典型的资本家时，逻辑上他们的行为*合计起来*便产生了类似法则一样的后果，例如利润率的下降趋势。简言之，

> 资本主义的一个给定的特征出现了，因为资本家是理性的，并且服从于一系列特殊的刺激、禁令和机会。当他们集体追求对应于这些刺激、禁令和机会的最优个人策略时，解释要素就作为随之而来的集体行为的表达或结果出现了。

资本主义经济也为工人的选择确立了这一类的动机和条件性的环境。此外，资本家和工人对选择的组织是理性的，涉及统治和互惠的

① Little, *The Scientific Marx*, 12, 18.

杂糅，因为每一角色都是通过他者来构成的。在嵌入到大范围的资本主义进程之中的这一网络化的系列关系内部，主要的社会阶级介入了一种模式化的策略协商与斗争的过程之中。①

因此，在《资本论》内部，有一种有关结构和能动性关系的运转模式。资本主义经济的组织结构，是"由在结构化的选择条件之下追求独立目的的理性个人所创造的"。个体资本家和工人，独立地或合在一起，在这一严密限定的系统中行动。解释"存在于对进程的展示之中，经由进程，这些条件打上了资本主义系统可观察的特征"。但这既不是一种赤裸裸的个人主义模式，也不是作为一个实体的社会模式。相反，它是一种网络、关系和社会进程的模式。"社会，"马克思写道："不是由个人组成，但却表达了相互联系的总和，这些个人所处的关系。"个人不能原子式地加以理解，而是应当理解为嵌于资本主义生产方式的社会关系的内部。与此同时，社会变化的根源是人类的能动性。②

---

① Little, *The Scientific Marx*，第 147 页。Karl Marx, *Grundrisse*: *Introduction to the Critique of Political Economy*. London: Penguin Books, 1973, 265. 这一视角假定了与嵌于特定的社会结构和制度语境之中的当事人的内在特征联系在一起的一种权力观，而不是一种权力的行为观——违背自己的意志和行为屈从权力。用于讨论，参见 Jeffrey Isaac, *Power and Marxist Theory*: *A Realist View*. Ithaca, NY: Cornell University Press, 1987. 他对结构化的互惠与协商的讨论，参见第 87～95 页。有关资本主义如何为资本家和工人建立不同的集体行动逻辑的一个重要讨论，参见：Claus Offe and Helmut Wiesenthal, 'Two Logics of Collective Action: Theoretical Notes on Social Class and Organizational Form', in *Political Power and Social Theory*, 1 (1980).

② Little, *The Scientific Marx*, 147～158. 一个补充性讨论，是由詹姆斯·法尔所提供的。他提出，马克思"是一个科学的实在论者，拒绝了休谟式的原因与法则的经验主义分析。在取代实在论的分析时，他为理解他自己的解释法则——现代社会变动的经济法则——提供了一个框架。然而马克思没有提供任何所谓'历史发展的自然法则'。相反，他阐明了什么东西更适合于叫做历史阐释的原则。在方法上正如在政治上一样，马克思因此给那时的主流观点提供了一种真正的可替代选择。" James Farr, 'Marx's Laws', *Political Studies*, 34 (1986), 202.

假如马克思的第一个工程是力图说明资本主义的根源和最终死亡，这一对资本主义经济分析的第二个工程，则通过对嵌于作为一种生产方式的资本主义逻辑之中转型规则的详细分析，将内容置于超越资本主义转变的预言之中。资本主义必将是一种短暂的生产方式，既因为资本积累的内在逻辑将产生一种深层的、不可控的盈利危机（资本的有机构成上升的速度快于对工人阶级剥削速度的结果），也是阶级斗争的结果。尽管资本主义的历史是一种阶梯式发展的历史，以积累的危机和发现克服危机的机制为标志①——并且在这一意义上它是一个仍在运转的系统——但资本主义将继续受到其内在矛盾的损害，在某些点上，这是不能克服的：②

> 放到一起，马克思的最初两个工程，借助于他有关生产活动在人类社会组织中的中心地位的一般原则、“社会结构”的“最内在的秘密”是采用一种独特形式“从直接的生产者那里抽取剩余劳动”的主张、自原始共产主义以来的历史都是阶级斗争史的概括，提供了进入历史进程的一个入口，　指明什么是最基本东西

---

① 资本主义发展的楼梯隐喻可以在下文中找到：Henri Pirenne，‘The Stages in the Social History of Capitalism’，*American Historical Review*，19（Apr. 1914）.

② 人们通常注意到，积累的危机和阶级斗争之间的联系没有得到马克思很好的详细说明，因此从马克思主义的视角，提出了历史的脚步是否可以推动的问题。有关资本主义向社会主义转变过程中结构和能动性因素之间的关系，科莱蒂提出了如下的解决方案：

> 下降的利润率和它所表达出的数量关系，被认为是资本主义的历史的、因而也是转型期的特征出现的方式。然而这种方式，以及表达它的“纯粹的经济方式”，被认为是和“资产阶级视角”有关的（例如，停留于资本主义理解的局限性之内的观点、资本主义生产本身的观点）。除非我们完全错了，资本主义的谬误不应当被社会主义者看成是一种冲突论，也就是，按“纯粹的经济”条件来看。
>
> 换言之，诸如下降的利润率一类的客观趋势只能破译到这样的程度：它们是作为阶级斗争（例如政治和主观层面的冲突）的条件和真正前提出现的。它们单独没有任何决定性的价值。(Colletti，‘The Theory of the Crash’，45.)

> 的指南，发现历史“进程的逻辑”的方法。并且他提供了对这些一般原则不朽的详细的和富有成果的特殊运用，将其用于分析资本主义、其特殊的发展和“运动的规律”①。

这种成就事实上是否提供了一种对人类历史宏观趋势完整而全面的理论，的确是一个有争议的问题，我会回到这一问题，但是，今日任何对历史发展的严肃思考都不可能绕开它。

通过尝试对所有资本主义社会共同所拥有的东西（尽管它们有许多不同点）做出详述，马克思为第三个更复杂多变、较少实现的工程确立了一个框架和一个出发点：试图建构一种社会理论，这种社会理论能够创造出对特殊资本主义社会（不只是一般的资本主义）的解释，将其当作资本主义时代里的整体（而不只是作为经济）来加以理解。第三个工程要求以下两者之间的平衡和清晰的耦合条件：一方面，是前两个工程的结构和逻辑分析的特征；另一方面，是基础性的历史分析，对变化、人类的能动性、偶然性异常敏感。由于不像《资本论》的经济分析，它不提供一种作为一个整体资本主义的理论，社会理论工程的内容仅仅如此，而且其主要分析的问题关系到经济“基础”和“上层建筑”之间的关系：作为一种结构资本主义的特征和解释力，赋予它因果能力的优先性（对立于嵌入其他结构之中的优先性），对作为一种生产方式的资本主义所具有的特性是以何种方式在历史中实现的陈述。这本书大部分主要聚焦于马克思工程的第三种，但是在这样做

① Wood, ‘Marxism and the Course of History’, 100.

的过程中，不得已也必须处理前两种工程。①

毫不夸张地说，对马克思主义传统来讲，最难以驾驭的侧重分析的问题，是它已有的难题，它探索过的各种解决方案，关系到将马克思前两个工程的逻辑-结构陈述整合到第三个工程之中，所关注的正如它所关心的历史、变化和能动性一类问题。《资本论》中所呈现的资本主义生产方式无关乎特定历史瞬间的特定国家，它在基础-上层建筑的决定因素问题上是沉默的。马克思的各种历史著作以一种高于地方、时间特定的方式处理这些问题，但在明确的理论化方面却不抱任何企图。简言之，马克思的各种文本，提供了暗示和例证，但对联结基础

---

① 马克思也有一个更具有推测性的、甚至很少得到全面开发的工程：试图描绘社会主义和共产主义社会的结构、逻辑、行动者、理性和标准。由于马克思不得不提前规划，他聚焦于估算的相似性而不是变量，而且他这么做时，没有展现出在其论资本主义著作中如此强烈地显示出的任何批评能力。尽管这种社会主义的未来也许会带来一种如花美景和多元化的文化和政治的表达形式，但它也有可能产生一种社会的平面化和创造性自我发展的停滞。这种由和跨越资本主义有关的大量不确定性所引起的模棱两可，与马克思关于从他第三个工程所描绘的实际的资本主义向实际的社会主义的真实过渡（或可能过渡）所表现出的沉默不语混合在一起。在有关无产阶级专政时期国家的相关关键政治问题和权力问题方面，这一沉默尤为明显。后-资本主义社会是历史、冲突、矛盾以及短缺的终结的观点，已经对今日苏维埃风格的社会主义社会的变形及它们的实践的合法化，起到了促进作用。一个最近的讨论，参见：Steven Lukes, *Marxism and Morality*. Oxford: Oxford University Press, 1985.

在论述“历史与未来”时，埃里克·霍布斯鲍姆注意到要从目前的趋势中脱颖而出有多困难：“我相信马克思以其高瞻远瞩察觉到了某些基本趋势，”他写道，“但是我们不知道它们实际上将带来什么……当然，我必定要说，历史学家，正像科学家一样，在面对未来时，是完全无助的，不仅因为我们都是完全无助的，而且因为他们对自己正研究着的实际上是怎样一个系综（ensemble）或系统，以及——尽管马克思做出了极佳的开拓性的工作——它的各种因素实际上是如何相互作用的，没有任何清晰的想法。我们所关注的社会（单数的或复数的社会）实际上是什么呢?” Eric Hobsbawm, ‘Looking Forward: History and Future’, *New Left Review*, 125 (Jan.-Feb. 1981), 18, 15～16.

与上层建筑的机制却没有提供任何积极的详细说明。① 尽管自马克思以来，在结构与能动性的矛盾之上，在马克思主义传统内部的决定因素问题之上，已经付出了许多理论上的努力，然而仍然存在着“马克思主义话语的两个不同平台，它们通常以相互之间的巨大距离为基础”②。而且，像一切有意义的社会理论一样，马克思主义只能在这样的程度上富饶多产：在结构的与历史的、抽象的与具体的、必然的与偶然的内部卓有成就，并勉力对付它们之间充满张力的领域。史蒂文·卢克斯（Steven Lukes）这样提出使结构和能动性接合在一起的条件：

> 我力图在这里勾勒的广阔画面是，当事人就是面对众多的（正在变大的或正在缩小的）机会，由一系列（正在变大的或正在缩小的）能力构成的。这些一起构成了详细说明当事人权力结构化的可能性，这类可能性在不同的当事人之间多有不同，并随时间的流逝对任何特定的当事人多有不同……在我所提出的观点上，社会生活只能被恰当地理解为一种权力与结构的辩证法，一种其本质既是主动的又是结构化的当事人在特定的限制内做出选择、寻找策略的可能性网络，这种可能性最终将随时间的流逝变大或

---

① 在加雷斯·斯特德曼·琼斯看来，马克思的“历史著作都是在它们所描绘的历史事件之后所写的；它们的确包含着政治斗争、较小程度上的意识形态斗争同物质基础或目前的生产力与生产关系的结合之间的联系方式的重要标志。但是这些标志从来没有得到诸如此类的理论化：它们不得不通过对所描绘的历史事件的独特分析进行解读。当然，从中出现的东西是，经济处于最终的决定因素之中，而上层建筑拥有一种特殊形式的因果功效，不能简单地被归纳为经济基础。但是，马克思总是没有清晰地留下连接二者的精确的结构机制”。他然后补充道：“理论层面上缺乏连接经济的最终决定与上层建筑的相对自主的任何机制，在政治层面上得到了复制——没能产生一种革命政治的系统理论。”Gareth Stedman Jones，‘Engels and the End of Classical German Philosophy’，*New Left Review*，79（May-June 1973），31，35.

② Perry Anderson，*Lineages of the Absolutist State*. London：New Left Books，1974，7.

变小。

这一构想拒绝了仅仅聚焦于所观察行为的解释，原因是这些解释将没有实现的可能性从分析对象的领域里排除了出来，并且这一构想坚持我们要扬弃非辩证的理论和方法论，“所有没有保留权力与结构的时刻存在的辩证意义的社会理论，都不值得认真关注”①。

然而，这种发人深省的构想对结构的构成和当事人的认同与动机却闭口不言。马克思主义的中心理论主张是，它拥有能力描绘辩证法两端的内容：在它对结构的详述中，通过生产方式的概念工具和历史工具，通过将阶级形成和阶级确定为能动性的枢纽。马克思主义面临的首要挑战是论证和说明这些选择，提出在理论和实践上如何在这些目标之间穿梭。反讽的是，当他们最隐而不发时，无论马克思还是马克思主义传统在这些方面都获得了最好的成功：在有关嵌入到关于结构、因果关系、人类关系的法定性质的特殊连接的历史写作中。马克思和马克思主义尝试将结构和能动性的辩证法理论化的企图，既是过于盲目的，也是过于机械的，就如在《政治经济学批判导言》中提出基础与上层建筑的隐喻的著名段落中一样，或是在两种极为不同而且不令人满意的理论冲动之间所做的区分一样。

阿尔文·古尔德纳（Alvin Gouldner）对他的马克思主义传统富有影响的概括和分析的关键特征做出了这种区分。他声称，随着时间的流逝，马克思主义及其各种工程已经分成了两簇人和观念。在《两种

---

① Steven Lukes, *Essays in Social Theory*. New York: Columbia University Press, 1977, 29. 我对卢克斯的结构与权力的二律背反忧心忡忡，因此对权力和能动性的收缩也深感不安。他的文章提出，权力结构观是一种矛盾修辞法。然而，如果我们认为权力是当事人由于他们在大范围的社会结构、进程和网络之中的地位和角色所拥有的一系列能力，并且认为能动性意义上的权力实践是这些能力在一个策略协商框架内的运用，那么，权力就不能限于结构和能动性总账的这一面或另一面。对结构-能动性问题的一个补充性的说明讨论，参见：Sherry B. Ortner, ‘Theory in Anthropology’, *Comparative Studies in Society and History*, 26 (Jan. 1984).

马克思主义》中,[①] 他提供了一个记分卡，每一组都配备了自己的阵容。卢卡契、柯尔施和法兰克福学派的批判理论家对阵来自于阿尔都塞、巴里巴尔和《新左翼评论》的分歧。每一组都致力于给马克思之中（的确，所有社会理论中）的决定论和唯意志论之间的紧张关系提出可替代的解决方案。

“马克思主义的确说过，”古尔德纳写道，“资本主义是受到人们不可避免地要服从的盲目的、必要的规律所主宰的；马克思主义也的确将人当作自由的当事人，这当事人不仅做他必须要做的事，而且可以对呼吁做出回应并被争取过来，即使甚至违背了他们自己的阶级利益。”[②] 古尔德纳称，“批判的”马克思主义和“科学的”马克思主义将这些趋势分离开来了。自发的批判的马克思主义拒绝基础-上层建筑的隐喻，赞成一种较少得到严密界定的总体性。[③] 他们往往是为了政治的处方而规避经济分析的经济乌托邦主义者。他们的变化模式往往是突发的和灾难性的。相比之下，科学的马克思主义者在他们的分析中含有更多经济学家的分析，更有可能是政治乌托邦主义者乐意静待的不可阻挡的经济规律的粉墨登场，在他们向社会主义转变的愿景中较少启示录的色彩。

这种两分法的描绘并不是不常见的。以相同的但更为投入的言词，汤普森用两百多页的怒气冲天的篇幅抨击了阿尔都塞“错误的太阳系

---

① Alvin Gouldner, *The Two Marxisms: Contradictions and Anomalies in the Development of Theory*. New York: Seabury Press, 1980. 古尔德纳的遗作（*Against Fragmentation: The Origins of Marxism and the Sociology of Intellectuals*. New York: Oxford University Press, 1985.），是一个补充研究。在这里，古尔德纳提出，马克思主义显而易见地植根于一个新的知识分子阶层，而马克思主义学说的命运则无论好坏都与这一“生态学”紧密联系在一起。

② Gouldner, *Two Marxisms*, 35.

③ 按照“总体性”的发展史对20世纪西方马克思主义所进行的宏观解读，可以在以下一书中找到：Martin Jay, *Marxism and Totality: The Adventures of a Concept from Lukács to Habermas*. Berkeley, Calif.: University of California Press, 1984.

仪（orrery)”，以将其与一种历史的、自由的、批判的马克思主义区分开来。“有两种传统，”在汤普森看来，“假如我们认为阿尔都塞是马克思思想的逻辑终点，那么，我就永远不可能是一个马克思主义者[①]。”

对古尔德纳和汤普森两人来说，这些分歧的传统可以在马克思中找到。汤普森比较了历史的马克思和写作《大纲》与《资本论》的马克思，前者对各社会之间的变化敏感，后者进入政治经济学的世界只是要结束其范畴的牢笼。“但是我们最终所拥有的，”他写道，“不是推翻‘政治经济学’而是另一种‘政治经济学’。”他继续写道：

> 在马克思的范畴是反范畴的范围内，马克思主义在其发展的一个关键阶段的特点是其政治经济学的范畴：其首要的范畴是作为第一级的活动、能够这样隔离的“经济”观念，作为一种科学的研究对象、派生出规律、规律的运行将搁置第二级的活动的“经济”观念。

结果之一，汤普森提出，是马克思的思想逐渐地被“锁进了一个静态的、反历史的结构之中”。历史因此被简化为“日后规律的表达”，而且历史只被用作说明这些规律的运作。[②]

---

① Thompson, *The Poverty of Theory*, 381. 阿尔都塞的错误被等同于远不只是染指蛊惑人心，等同于斯大林主义，以及1956年和1968年臭名昭著的事件。从1956年“往后”，他在同一页上写道：“无论在政治范围之内还是在理论范围之内，都有必要声明自己对这一或那一政治、理论的忠诚。在神学与理性之间，不可能留下任何协商的空间。自由主义共产主义，和一般的社会主义与劳工运动，除了揭露它、将其驱逐出去之外，可能与理论实践毫无关系……我要宣布向这样的马克思主义发起无情的思想战……在极端的斯大林主义的经验之后，在1956年的布达佩斯之后，在1968年的巴黎之后，如何能说根本不存在这样的敌人?”的确，无须这样彻底地将阿尔都塞主义与这些政治上的进展联系起来，就有可能公开指控斯大林主义、极权主义和苏联帝国主义。下面一本书，提供了一个有用的、公允的述评：Steven B. Smith, *Reading Althusser*: *An Essay on Structural Marxism*. Ithaca, NY: Cornell University Press, 1984.

② Thompson, *The Poverty of Theory*, 253.

同样，伦纳德·克里格（Leonard Krieger）1953年深思熟虑却受到忽视的论《作为历史学家的马克思和恩格斯》的文章，比较了写作《法兰西的阶级斗争》《路易·波拿巴的雾月十八日》的马克思和写作《资本论》的马克思，前者使用“社会而不是形而上学”的范畴，在后者那里，“在自然科学的精确的意义上的科学被捧到了渗入到现实的本质的唯一可能方法的地位”。他抱怨说，结果之一，是“人们不再可能从一开始便凭经验测定‘意识’的历史形式并慢慢地走近‘现实’，而是必须从科学分析‘现实’开始，然后走向解释‘意识’的形式……在这一发展过程中”，克里格说，“马克思主义变成了一个封闭系统……它现在表明，它已经消化了自己的历史材料，并且正在完成将自身从历史所传达出的更进一步的震动中隔离出来”①。

尽管在对马克思主义传统的解读和对其价值的评估中存在许多差异，但对古尔德纳、汤普森和克里格来说，妙语却是相同的：鉴于“两个马克思主义”的发展，有必要在其中做出选择。他们都选择了同样的道路。

然而，对选择的这种坚持，多少是一种分析的灾难。它希望通过定义的法令，希望摆脱核心思想的紧张状态和马克思主义的承诺。

我们所选择的这一命题，首先折射出了描述和药方的一种显著合并。从观念史的视角看，古尔德纳、汤普森和克里格将马克思划分为两个世界是合理的。经济决定论和唯意志论之间的理论紧张状态，不是例如像卢卡契所认为的，只是“资产阶级”思想的一个标志。“科学的”和“批判的”营垒之间的分裂，已经界定了西方马克思主义的许多发展及参与者在马克思主义的两败俱伤的论争中的自我认同。但这对它们不利。这种思想和政治上的分化是马克思主义的中心难题；要求在马克思主义有分歧的轨道之间做出一种选择，只不过是复制了这

---

① Leonard Krieger, ‘Marx and Engels as Historians’, *Journal of the History of Ideas*, 14 (June 1953), 402.

一问题。

此外，这一药方基于马克思主义社会理论的三个独特层次或工程的特征和作用方面的一种基本混淆，因而也是有关每一层次或工程的必要条件的混淆。具体地说，许多这种混淆涉及马克思的尝试——试图弄清资本主义经济的“运动规律”，并且因此发展出资本积累的一种逻辑理论，弄清这一工程与对作为一个社会整体的资本主义社会做出分析的工程之间的关系。

就按它自己的术语、按这儿隐藏着西方现代性最重要的因果决定性特征来建构一种资本主义经济模式的特殊中心目标来说，《资本论》的封闭系统是审慎而灵巧的闭合。其封闭性对其任务来说是必不可少的。① 马克思主义这一“科学的”和“经济主义的”层面，在建构可以说明实际历史的社会理论之上，拥有一种可发挥的潜在的开放性

① 马克思的这一工程是安东尼·吉登斯所称的一个方法论的时代、一种在追求辨明纯粹形式的结构过程中的审慎的理论抽象的一个例证。在其讨论中，杰弗里·艾萨克在这一点上（“这一生产方式构成了很大程度上讲不存在的一种抽象形式的对象”）引用了尼科斯·普兰查斯并评论道：“换言之，生产方式的概念是一种表明复杂的社会结构的抽象，这种结构是真实的，但只存在于它是以特定社会的具体实践来例示的范围之内。因此，社会形态只存在于‘很大程度上’，尽管这些形态是通过生产方式来结构的。”Isaac，*Power and Marxist Theory*，118；引文出自：Nicos Poulantzas，*Political Power and Social Classes*. London：New Left Books，1973.

只要马克思主义走向对实际的资本主义经济的功能化的实证分析和历史分析，这一封闭体便不再灵巧。的确，分析的焦点立即转向马克思的第三个工程，因为在实践上，不说明将国家和市场联系起来的特殊制度塑形，不说明一个特殊的国家内部在一个特殊的时代的阶级形态（这是甚至在马克思的第三个工程的最正统版本内也需要加以讨论的问题），便不可能哪怕稍稍理解任何资本主义经济。当马克思主义经济学家错将一个封闭理论的第二个工程当作第三个工程时，他们往往带来一种脱离制度与权力问题的黑板经济学。其典型结果是这样一种综合：在与资本主义市场的经验主义的功能化保持一定距离的情况下对经济的概念系统进行重造；面临一系列经验上的失败，尤其是涉及这样的主张时更是如此——由于受资本的有机合成的无可逃避的增加的驱使，资本主义的危机不可避免。与此同时，通过详细说明戴维·古尔德纳和他的同事所提出的社会的积累结构这样的概念以达到补救这一状况的重大企图，并不像他们所看似声称的，是对马克思的第二个工程的修订，而只是转向了第三个层次，在这一层次上，他们对资本主义经济学与社会和政治的组织问题之间的连接做出了重要贡献。

作用。

马克思所赋予的对资本积累这一封闭结构分析的重要地位，从这样的历史事实中获得了自己形而上的合理性：资本主义区别于其他系统正是凭借资本主义经济摆脱国家和市民社会的自主程度。① 马克思表明，经济的特权地位，以及作为经济具体化的生产关系和市场关系，不是自然的或不可避免的，而是一种与众不同的和可锻造的人的建构。当然，这种主张对马克思主义主义来说不是独一无二的（想想波兰尼和熊彼特）；事实上，比起在新古典主义经济学的自然主义再现中来说，经济的中心地位对马克思主义来说是一个远为偶然的问题。

当引入资本积累的逻辑模式，将其当作一种马克思主义资本主义社会的社会理论的一个核心特征时，模式的地位被改变了。在这一分析语境中，模式丝毫没有声称是与历史共存的。相反，资本主义积累被理解为不同社会范围中生活的结构化过程中心的（虽然不是唯一的）决定因素。假如科学的马克思的资本家和工人是角色范畴，那么，不涉及这一语境中特殊的人（或他们的生活、性情和行动），这些相同范畴就有助于在历史之内而不是历史之外对社会经验的理解。

简言之，**在从马克思的第二个工程向第三个工程的转变中，经济模式的意义和地位改变了**。就其本身而言，资本主义积累理论，以及

① 不像柯亨，而像波兰尼和熊彼特，埃伦·米克辛斯·伍德强调资本主义的独一无二——是唯一拥有一个机制排除非生产经济布置的生产方式。资本主义生产了它自身的经济统治地位。她提出需要“从根本上将所有改进生产力的普遍趋势与资本主义对生产力进行革命的特殊趋势区分开来”。对资本主义独特性及其发展动力的强调，以及对所隐含的单线论的否定，因此不是马克思主义之内的一种偏离，或一种瞬间的（如果不是致命的）失误。它深深地嵌入在马克思自己从一开始的分析中，并内在于这种分析。Wood, ‘Marxism and the Course of History’, 97～99.

和它配套的运动规律，可以被评估为一个封闭的操作系统。① 与资本主义社会的社会理论工程结合到一起，有关逻辑时间与编年时间、唯物主义与决定因素、结构与能动性关系的新问题被提了出来。

认识适合于资本主义社会分析理论的马克思的第三个工程，基于焦点上的一个转移：离开马克思前两个工程中每一个大量特征之上的生产方式和经济建模中划时代的非连续性——转向与资本主义生产方式内的变化的交会。马克思的历史写作没有回避做出这一转化，但这些偶然的片断与他成熟的、系统的、卷帙浩繁的经济思想相比，在数量上微乎其微，并且隐含于理论之中。此外，在20世纪的马克思主义中，在古尔德纳所做的区分的两侧，共有一种不幸的趋向——没有做出这一转移便建构资本主义社会的社会理论。②

似乎可能不证自明的是，“科学的”马克思主义者的情形是如此（例如阿尔都塞，他对历史的斥责摒弃如此地激怒了汤普森），但它的确不只是这一群体才是如此。让我们想一想乔治·卢卡契的《历史与

① 我用“操作”一词，是在布东所引入的区分的意义之上，他提出结构的一种“意向型定义”——用它来描绘作为一个系统的对象，以表明“有人正在处理一组相互依赖的变量”，又提出一种“‘操作型定义’……其典型特征是将结构概念整合到试图说明一个对象的系统性质的理论之中”。Raymond Boudon, *The Uses of Structuralism*. London: Heineman, 1971, 16. 我要提出，只有在他的第二个工程中，马克思才发展出一种操作型结构分析。他的资本主义社会的社会理论的第三个工程的中心问题，是在以下一个问题上极为含糊：他是否将这种社会各部分之间的关系，尤其是它们与经济的关联，在界定一个相互关联之领域的更适度的意义上，或在能够提供一种理论以说明这种相互依赖之独特性的更强势的意义上，视为构成了一个系统。

布东所确认的结构分析的两个瞬间与G. A. 柯亨对功能主义的讨论之间存在一种对称关系。在柯亨的讨论中，他区分了对各种变量之间的暂时性关联做出了可靠说明的功能性假设和通过详述有意机制或无目的机制而对这些可靠说明做出的二级阐述。Cohen, *Karl Marx's Theory of History*，第九章。

② 雷蒙·威廉斯评论道：“但是，在最好的马克思主义的文化分析中一件显而易见的事是，更为精通有人不得不称作划时代的问题，而不是精通历史的问题。”Raymond Williams, ‘Base and Superstructure in Marxist Cultural Theory’, *New Left Review*, 82 (Nov. -Dec. 1973), 8.

阶级的意识》，一个对批判的马克思主义来说至关重要的文本。在卢卡契看来，资本主义现实的总体性是由商品规律扩散到生活所有领域所决定的。商品的拜物教产生了物化，随着现代资本主义的发展及其复杂性的日益增长，物化甚至变得更为复杂。通过物化，人与人之间的关系表现为物与物之间的关系；人丧失了自己的能动性和对社会存在领域机械论意义上分裂的自主意识。①

这是一种和马克思主义理论基础与上层建筑相关的完全反历史的描绘。作为一种生产方式的资本主义，和作为众多重叠的生产方式的复杂混合物的特定社会，在卢卡契那里是失踪的主题。不过此外，正如斯特德曼·琼斯所发现的：

> 实际上被卢卡契变形（etherialized）而存在的，不只是生产方式的经济史——“基础”。**上层建筑**中一切有差异的政治和文化系统的复杂性被压缩到了几个生硬笨拙的中心思想之中。在卢卡契看来，任何社会形态占统治地位的意识形态是统治阶级的意识形态的论题，被阐释成了一个纯粹的阶级主体的意识形态本质对社会总体性的浸润渗透。注意到这一点是重要的：这种统治实际上没有任何什么**制度上的**机器。它只是“纯粹的意识形态”——宇宙的隐蔽中心的隐形的射线。卢卡契对资产阶级意识形态统治的整体陈述，被简化为是来自商品的物化的隐形放射，它散发出

① George Lucács, *History and Class Consciousness: Studies in Marxist Dialectics*. Cambridge, Mass.: Mit Press, 1971. 这一文本的广有影响的特征之一是将分析理性与资本主义的物化等同了起来。这种反科学的浪漫主义的笔调对马克思来说是陌生的。正如阿格尼丝·赫勒所指出的，马克思是一个卓越的现代思想家，他的取向是动态的和指向未来的，他将资本主义工业化看成是历史进步的动力，他把用科学取代宗教当成一个恰当的基础，以确保认知和行动的基于知识的基础。相比之下，卢卡契将资本主义和社会主义之间的战场呈现为部分是科学理性与按照商品规律的扩散来理解的总体性之间的一种方法论分化。这一二律背反是批判的马克思主义的一个中心特征；典型的讨论可以在赫伯特·马尔库塞和卢西安·戈德曼的写作中找到。

来，淡化了资本主义社会居民的意识。①

在卢卡契看来，没有任何实证性的无产阶级，只有一个潜在的无产阶级，因为商品拜物教扩散到经济、生产领域之外，创造了输入的意识和人的“有关他们生活的真实的、心理的想法”② 之间的分裂。其结果之一，社会变化成了一个全有或全无的命题，“全有”是一种革命的社会主义实践，在那里，无产阶级因为最终获得了通过理论灌输获得的意识，并且获得了自己克服主体和客体之间分裂的潜力，最终登上了超越资本主义的历史舞台。

卢卡契的唯意志论脱离了真正的演员。他的无产阶级与真正的劳工大众毫无关系。的确，《历史与阶级意识》的伟大重任，解释了为什么在资本主义生产方式的拜物教化和物化世界里，工人阶级不能成为无产阶级。商品拜物教的逻辑是原子化的逻辑。甚至在经济危机的时刻，工人的命运也被认为是一种个人化的危机，而且“物化的头脑不能在这种‘混乱’中感受一种模式”。

然而卢卡契发展了一个向社会主义转移的神话，在这一神话中，在资本主义历史的终点，工人阶级实际上抓住了自身作为无产阶级的世界-历史角色。其目标的可能性将会得到实现，因为输入的意识和实际的意识之间的界限消失了，其意识将变成“事迹”。在这样一个存在与意识融合的魔幻时刻，社会主义作为人们的选择将会到来。在卢卡

① Gareth Stedman Jones，‘The Marxism of the Early Lukács：An Evaluation’，*New Left Review*，70（Nov.-Dec. 1971）.

② Lucács，*History and Class Consciousness*，51.

契对资本主义社会的评估中，这一神话没有任何的基础。[①] 相反，他为先锋党的角色提供了一种合法性，先锋党的“组织是理论与实践间的调停形式”[②]。

暂时聚焦于卢卡契不是要赞成科学的马克思主义阵营的优越性。准确地说，是要强调，按照古尔德纳所描绘的路径将马克思主义区分

---

① 唯一的部分例外是卢卡契赋予资本主义经济的最后经济危机对工人阶级内部潜在意识向实际意识的转移的影响作用。也许可以强调的是，尽管卢卡契的政治学是抽象的，但它们不是改良主义的。

简言之，卢卡契取消了真实与理想之间的区分。“他的确是这么做的，”艾萨克写道，“通过提出一种目的论，凭借这种目的论，处于服从地位的人们或者实际上或者固有地对立于现存的权力体系……这种对利益问题的目的论的处理的一个结果是，分离的抵抗行为，以及更普通的协商和冲突形式，被不确切地阐释为趋向社会转型的运动标志。这一错误会导致理论分析的道德化，以及不能承认社会形式的连续性和稳定性。其第二个结果是没注意到真正的常规问题。在变化被看成是固有的范围内，解决为什么变化是合理的、未来如何才能得到更好的组织便变得不那么紧要了。”Isaac，*Power and Marxist Theory*，106～107.

② Lucács，*History and Class Consciousness*，105，178，299. 斯特德曼·琼斯以对卢卡契的国家理论和社会行动理论的有效讨论结尾。Stedman Jones，‘*The Marxism of the Early Lukács*’，57.

顺便提一下，我们也许可以好好地问一问，为什么这么多的西方马克思主义通过高高地停留于生产方式的层面，逃避去处理社会理论和历史的中心问题。我受到佩里·安德森的诊断的吸引，他认为西方马克思主义主要是落败的马克思主义。无论是阿尔都塞论意识形态，阿多诺论自然，马尔库塞论性欲，萨特论短缺，抑或是葛兰西论霸权，他发现，所有这些，“无论还有其他多少不规则名词，都共有一个基本的徽章：一种共同的和潜在的悲观主义。不难想象出为什么会是这样。”Perry Anderson，*Considerations on Western Marxism*. London：New Left Books，1976，88. 的确，20世纪的这些马克思主义者的一个主题或概念，可以被解读成这样一种尝试：试图说明工人阶级没有实现从卢卡契的实际意识向其输入意识的飞跃。在现代马克思主义的这一典型议题方面，在马克思主义在多大程度上是一种封闭系统方面，也有一个学术侧面。这是一个难以弄清的主题，因为正像古尔德纳所发现的，“通过加强其学说中将自己从逆境和其竞争者分离和区分开来的那些东西，而同时掩饰或对它可能与它们共享的学说保持沉默，马克思主义建立了自己的地位。它因此为自己建立了〔一种〕可区分的同一性，使其能够提出主张，并以自己之名寻求资源和承诺。那么，构成一种理论之特征的，既不只是研究，也不只是事实和逻辑。一种理论的同一性也是通过知识分子生活的政治和政治经济学来塑造的。”Gouldner，*Against Fragmentation*，89.

为两个群体，严重地弱化了作为一种社会（和实践）理论的马克思主义，并且带来了一种对马克思不同分析工程的地位的基本误解。因为假如我们从生产方式的层次转移到社会形态，从马克思的第二个工程即逻辑-经济工程转向他的第三个工程即资本主义社会理论的工程，那么，有问题的便不是是否要将逻辑的和编年的、或结构与能动性联系起来，而是如何联系起来。

在20世纪马克思主义的所有领军人物之中，安东尼奥·葛兰西（Antonia Gramsci）做出了最全面、最富有成果的验证这些问题的尝试。奇怪的是，有那么多关注他的狱中笔记和其他著作的学术研究，就他是否是个古尔德纳所说的科学的马克思主义主义者或一个批判的马克思主义者，或者乃至他是否以一种基本的方式背叛了原始的马克思主义，展开了种种争论。①

这种争论没有将我们带得太远。仅仅因为我在约定俗成的方面反对古尔德纳两分法的原因，所有这些争论要么是错误的，要么是离题的。它们试图将葛兰西挤压到他并不合适的传统争论的模型之中，或者错失了他超越马克思主义两个阵营的努力。葛兰西的巨大力量，是

① 除其他人外，第一种立场是由尚塔尔·墨菲所持的（‘Hegemony and Ideology in Gramsci’, in Mouffe（ed.）, *Gramsci and Marxist Theory*. London: Routledge and Kegan Paul, 1979）；第二种立场是古尔德纳所持的。论争所表明的正是基础-上层建筑的讨论是如何在马克思主义的内部变得风格化的。例如，诺贝尔托·博比奥声称，葛兰西在两个关键方面倒转了马克思和恩格斯的思想：通过强调上层建筑的重要性在经济基础之上；在上层建筑内部，通过赋予意识形态和文化而不是制度安排以优先性。Bobbio, ‘Gramsci and the Conception of Civil Society’, in Mouffe, *Gramsci and Marxist Theory*. 相比之下，雅克·特谢尔提出，葛兰西的著作，尽管对经济问题一言不发，却认为正统马克思主义的经济学理所当然，并且关注基础实际上是如何和在什么条件下渗透和塑造上层建筑的。在他只是突出了这些问题之时，仿佛他已解决了其关键问题，特谢尔随后重申这一问题："基础结构的确是'首要的'和'条件性的'，在这一点上他是一个马克思主义者。但是这绝不意味着上层建筑在任何时候都是不活跃的，更不意味着当一个社会革命的时期来临时，人的上层建筑的活动在与基础结构的关系中没有成为决定因素，这是生产关系变成非理性的时候。" Jacques Texier, ‘Gramsci, Theoretician of the Superstructures’, in Mouffe, *Gramsci and Marxist Theory*, 58～59.

他拒绝在批判的和科学的趋势之间做出选择，并且尝试与将理论工程和历史工程结合起来的内在紧张状态共处或经历这种紧张，在他那里就是在蹲墨索里尼的监狱时研究意大利社会的地形，目的是弄清左翼的巨大失败。

葛兰西著作的关键是他努力把握和整合国家与市民社会，将它们当作马克思主义的分析对象。他认为二者在现代资本主义社会都是巨大的、复杂的和高度分化的，它们的特征从一地到另一地、从一时到另一时极为不同。正是从这样一种取向的视角，葛兰西试图在一个开放的、偶然的但不是相对主义的马克思主义的框架内弄清意大利历史的特殊性，尤其是天主教的作用和南北的分裂。①

当然，在葛兰西那里，最有趣的不是他与第二国际马克思主义的机械决定论间的决裂，而是这种决裂的特点，在我看来，它完全与克里格对马克思的历史著作的描述一致：

> 不仅历史本身而且历史的当事人也被赋予了一种双重存在。当马克思强调多少“应该在历史斗争中将党派的花言巧语与异想天开同它们的现实组织和现实利益区分开来、将它们自身的观念和它们的现实区分开来”时，他不是在一种历史编纂学的意义上

---

① Antonio Gramsci, *Selections from the Prison Notebooks*. New York: International Publishers, 1971; Gramsci, *Letters from Prison*. New York: Harper and Row, 1973; Gramsci, *Selections from Political Writings*, 1910～1920. New York: International Publishers, 1977; 有用的二手资料包括: Leonardo Salamini, *The Sociology of Political Praxis: An introduction to Gramsci's Theory*. London: Routledge and Kegan Paul, 1981; John M. Cammett, *Antonio Gramsci and the Origins of Italian Communism*. Stanford, Calif.: Stanford University Press, 1967; Antonio Pozzolini, *Antonio Gramsci: An Introduction to his Thought*. London: Pluto Press, 1970; Carl Boggs, *Gramsci's Marxism*. London: Pluto Press, 1976; Boggs, *The Two Revolutions: Gramsci and the Dilemmas of Western Marxism*. Boston: South End Press, 1984; Ann Showstack Sassoon (ed.), *Approaches to Gramsci*. London: Writers and Readers, 1982; and Perry Anderson, 'The Antinomies of Antonio Gramsci', *New Left Reviw*, 100 (Nov. 1976-Jan. 1977).

寻求将真实与幻象分离开来，而是沿发展成主客体关系的东西的路线将两种不同的因素排列到历史领域之中。无论它们的排列是多么等级森严，“主体的”观念和行动与主体所创造的客观的历史规律和处境是两种有区别的力量，因为它们不完善，对构成历史来说相互不可缺少。基本上，这是耳熟能详的观点，但是，使它对我们的目的来说意义重大的是，在马克思的历史理解中，它不只是一种反对意识形态的手段，而且是一种将和“客观的”社会进程不完全合拍的行动和观念纳入到他的考虑之中的方法。①

通过创造一系列独特的社会学和政治学概念——最重要的是“霸权”和“历史联合体”（一个“基本阶级”在其中实践霸权的独特历史处境），并且通过创造一种能够处理现代国家和市民社会的复杂性的冲突社会学，葛兰西最大程度地阐释了嵌于马克思历史著作之中前景光明的研究路线。在这种阐释中，基础-上层建筑的区分被发展为一个复杂的关系网络，在这一网络中，一种处境的经济、政治和文化因素相互关联，而且社会结构的历史性在其中成了中心。任何特定社会的不同维度没有像在阿尔都塞的构想中那样进入一个密封的、逻辑上已决的轨道，但是它们是以简单的历史节律相互关联的。因此，对葛兰西来说，政治冲突的内容和规则的变化，以及政治斗争的结果的变化，不能在失望的意义上被解释为与理论上导出的期望恰好相反，而是实际上出现的东西必须构成为解释的对象。在做出这种努力以发展一种马克思主义的政治社会学方面，葛兰西因此是一个极端的反还原论者。此外，正如他向克罗齐致谢所表明的，葛兰西的马克思主义是在与非马克思主义的学术研究对话中发展起来的。

由于这种成就，马克思主义之内所有处理基础-上层建筑问题的严肃尝试都变成或隐或显是葛兰西式的了。在第三章回到城市之前，我

---

① Krieger, ‘Marx and Engels as Historians’, pp. 386～387.

乐意在爱德华·汤普森、雷蒙·威廉斯、埃里克·霍布斯鲍姆和G. A. 柯亨的著作中探讨这些问题，因为他们显示了自葛兰西以来对这些问题敏感的马克思主义者所做出的可替代理论转移的所有曲目。马克思主义给城市研究中的分化问题提供一种诱人的可替代选择的能力，取决于这些联系的特点和说服力。在本章的总结讨论中，我将回到有关马克思主义理论的丰富性问题。

二

爱德华·汤普森著作的主题-题材——工人阶级的价值观和政治文化，法律、道德选择、期望的意义——明确地限定在 18、19 世纪的英国，并且在自觉等同于对马克思主义传统的一种特殊解读，这使其著作处于马克思的第三个工程的核心。由于同生产方式层面的研究相比，马克思这一层面的贡献没有得到充分地展开，汤普森选择开发

> 马克思的这种真正沉默，它基于人类学家会称为价值系统的领域……这儿有一种沉默，关于文化和道德的中介，关于人类被叠盖的种种方式，尤其是确定的生产关系，这些物质经验被他们以文化方式加以处理的方式，在其中存在着一般的价值系统的方式，这些一般的价值系统与一般的生产方式和生产关系相一致，没有相一致的价值系统，一般的生产方式和生产关系便难以想象。①

在这么做时，他力图使马克思主义转向对资本主义的研究而不是对资本逻辑的研究，他并且与毫无希望的机械僵硬的基础-上层建筑公式决裂。写到《英国工人阶级的形成》出版之前的五年多时，汤普森

---

① ‘Interview with E. P. Thompson’, in Middle Atlantic Radical Historians’ Organization, *Visions of History*. New York: Pantheon Books, 1984, 20.

提出，按这些条件来说，这一隐喻是不够用的：

> 在他们所有的历史分析中，马克思和恩格斯总是将社会意识……与社会存在的辩证的相互作用放在心里。但是在试图解释他们的看法时，他们是将它当作一个人为信仰（make-belief）模式来表达的……事实上，甚至不存在任何这样的基础和上层建筑；它是一个帮助理解什么东西的确存在的隐喻——人，行动、经验、思考并且再行动的人。①

汤普森在观念上的重要贡献是提出了处于社会存在与社会意识耦合点上的“经验”如何提供了一条结构与能动性之间的联系途径。正如佩里·安德森（Berry Anderson）所指出的，“经验”具有一种双重意义，既涉及一系列对现实的主观感受，也涉及一种更活跃的对习得过程的感觉，潜在地导向修正现实的行为；此外，在经验范围之内，确定的经验和自我决定之间不存在任何完美的对称。②“经验”的双重性展现出了一个需要探求的领域，但是除非其全部复杂性得到探明，汤普森著作所提出的丰富的可能性就不可能化为现实。

汤普森所提出的有关马克思主义内部社会理论与历史之间关联性质的最清晰主张，可以在《理论的贫困》中找到。在其中，他为“历

---

① E. P. Thompson, ‘Socialist Humanism’, *New Reasoner*, 1 (1957), 111～113. 后来在这篇文章中，汤普森以这样的言辞将基础-上层建筑的隐喻与斯大林主义等同起来：“斯大林主义将‘反映’与‘上层建筑’的概念按一种半自动的模式转化为机械运作。有意识的思想冲突的过程不被视为是历史形成之中的能动性，而是一种令人恼怒的幻象的阴影，或不完美的反映，疲惫地拖在经济力量的后面。”（129）这种对斯大林主义的指控的确是灵巧的、谨慎的警告——将世界分为基础和上层建筑是一种建构，不是对历史真实的一种报道——也是如此。但是所有类型的理论的情形都是如此，或者更有可能只是因为这一原因便被打发掉，不被当作理解社会现实的有用工具。

② Perry Anderson, *Arguments Within English Marxism*. London: Verso Books, 1980, 26～27.

史唯物主义”辩护，既反对反历史主义的马克思主义，也反对非马克思主义的历史学家，所采用的方式是：过去所具有的形而上地位不可能受到历史编纂学的影响（“历史知识的对象是‘真实的’历史”）；主张历史知识是暂时的、不完善的、选择性的，并受到历史学家所提出的问题的限制（但是不因为这些原因中的任何一个便不真实）；坚持历史唯物主义的要求不是其认识论上的独特性，而是其程序、假设、范畴和概念；并且通过提出诸如剥削、阶级斗争、生产方式、霸权等概念除了构成期望之外，没有构成历史的规则。在历史时间的流逝过程中，这些都不是应验了的理想类型，而不过是：

> 特例的整个家族，这些家族包括了继子和类型学上的混血儿。历史不知道任何规则动词……历史不是由规则主宰的，并且不知道任何充分理由……因为历史解释所揭示的，不是历史是如何最终必定发生的，而是它为什么以这种方式而不是那种方式最终发生的；历史进程不是任意的，而是有其自身的规律性和理性；一般类型的事件（政治的、经济的、文化的）是相互联系的，不是以一个人喜欢或不喜欢的任何方式，而是以特殊的方式并且在确定的可能性的领域之内。①

这些命题分成了三个范畴：对历史技艺的一种热情洋溢的认可

① Thompson, ‘The Poverty of Theory’, in *The Poverty of Theory*, 231～242.

(按完全传统的自然主义的方式的理解[①])，一系列有关概念的建构与使用的主张，对决定因素问题（the issue of determination）的一种理解。

从这种观点之内来看，汤普森自己表现出了一种光彩夺目的“沉默”：在形而上和决定论的地位上，他希望与资本主义积累的结构保持一致。假如历史是“真实的”，而且用来解释这种现实的最好概念是马克思主义的剥削和阶级分析的概念，那么，对马克思给予政治经济学分析的中心地位，汤普森希望做出怎样精确的评价？在《英国工人阶级的形成》的任何地方，汤普森都没有系统地处理这一问题。而且在《理论的贫困》的任何地方，汤普森所做的也只不过是劝说以历史唯物主义“取代”《资本论》。最近一种不无同情的批评追问道，如果汤普森的著作“强调文化资源和人类干预对社会变化和阶级政治的重要性”，那么：

> 对社会变化和英国工人阶级不得不在其中形成自己的结构化的物质限制的互补分析在哪里呢？缺乏对英国工业化如何具体地影响了阶级和共同体的给定模式的系统讨论，使得看上去历史在任何意义上都不是背靠英国工人阶级而发生的。在他修正经济史学家和更为正统的马克思主义者的“客观主义偏见”的热情之中，

① 历史，他写道：“当然实际上像依附于事实的某些等离子体，或是像表象外壳内部的某些不可见的核那样存在。我们所说的是，观念（关于原因的概念、假设）被融入到了与证据之间的学科化了的对话之中，它已被表明在‘运作’；也就是，它没有受到相反证据的反驳，而且它迄今已成功地组织或‘解释’了不可解释的证据；因此，它是对这些事件的因果顺序或理性的一种充分的（尽管是近似的）再现，它与事实上的确发生在过去的过程一致（在历史学科的逻辑之内）。因此，它同时是既作为一种‘真实’的知识，又作为对那些事件的实际属性的一种充分再现而存在的。”同上，第235～236页。

汤普森所充实的只是存在和意识的完整辩证法的一个侧面。①

正是因为缺乏这种互补的分析，给安德森对汤普森的最有说服力的反驳留下了空间。假如，在阿尔都塞看来，经验只是幻象，那么相比之下，在汤普森看来，则只存在这种限制的倒置。“所需要的”，安德森充满说服力地提出，“在这两个极端的抽象的反论之外，是对‘经验’的极为不同的意义和形式概念上的分类，以及对每一极端所包含的各自历史变化的实证研究”②。最终，汤普森中断了这样一种工程，因为他在对历史的精神焕发的辩护中，生发出了一种对理论的深深厌恶。

理解甚至同情汤普森的厌恶并不困难。马克思政治经济学方面的理论著作没有系统地考察工人阶级（人力）的再生产。不是将劳动人民当作主体来处理，该理论差不多专门将他们当作资本的客体来处理。然而，没有任何工人阶级是自动构成的，也没有任何工人阶级是生活在普遍的资本主义之中，或是与这种普遍的资本主义斗争的。③

但是，不能从理论中推论出历史并没有给拒绝马克思的政治经济

① Ellen Kay Trimberger, ‘E. p. Thompson: Understanding the Process of History’, in Theda Skocpol (ed.), *Vision and Method in Historical Sociology*. New York: Cambridge University Press, 1984, 224. 对同一问题的另一种解读得出结论说，汤普森缺乏对生产关系的直接思考产生了一个悖论：他可能事实上极其同意（至少是潜在地）经济生产主义（economic productivism）和经济的决定性。Ellen Meiksins Wood, ‘The Politics of Theory and the Concept of Class: E. P. Thompson and his Critics’, *Studies in Political Economy*, 9 (Fall 1982). 也可参见：Gregor Mclennan, *Marxism and the Methodologies of History*. London: Verso Books, 1981.

② Anderson, *Arguments within English Marxism*, 57～58.

③ 正如托帕洛夫注意到的，这种忽略有一种强烈的理论代价：“建立一种资本主义社会关系的理论，在我看来不仅对理解历史、不将其抛弃给经验主义是必不可少的，而且对避开马克思主义的经济学的脱轨的危险也是必要的——它忘记了资本是资本与非资本的联系。它归根结底是对资本的基本限制。” Christian Topalov, ‘Capital, History, and the Limits of Economics’, *International Journal of Urban and Regional Research*, 7 (Dec. 1983), 607.

学工程提供基础。尽管这一封闭的系统是分析的、结构性的而不是编年的，它还是按照一种深刻的历史方式来建构的，基于对英国资本主义发展的实际轨迹的深入了解。① 类似汤普森或克里格的不惜赞扬历史的马克思而同时表现出对经济分析家的马克思的反感的尝试，错失的正好是前者有多少是嵌于后者之中的。

尽管如此，正像克里斯琴·托帕洛夫所警惕的，“从历史中建构理论不能确保理论能获得对历史现象的理解。因为这是有可能的，必须在概念系统中给作为整个事情的推动力的社会关系一个恰当位置。”② 从政治经济学工程到社会理论工程的转化，因此带来了从角色范畴向人与人之间实际关系的转移；在马克思主义的建构中，是向斗争中的社会阶级成员的转移。为了理解这种关系，我们应当警惕过快地将结构性的决定因素抛诸脑后，恰如我们必须允许这些决定因素去取代具体的历史分析。在任何事件中，要将社会关系置于分析的中心，要求我们回到汤普森的存在与意识的会合点，并且在这么做时要拾起决定因素的核心问题。

汤普森对基础-上层建筑隐喻的拒绝是显著的，但是在他的理论怨忿情绪中，他建议在其位置上放上什么呢？在《辉格党人与猎人》的结语部分，汤普森最接近于给出一个回答。在那里，他提供了一种对法律绝妙的辩证的和发人深思的讨论。

他瞄准的目标与《理论的贫困》的目标没有任何不同：像法律一类的上层建筑因素受到经济基础的机械决定。从这样的观点看，法治是统治阶级的法则。当然，汤普森的许多实证著作只是证实了 18 世纪

---

① 对马克思的学问的品质的温和欣赏，参见：Charles Tilly，‘Karl Marx，Historian’，*Michigan Quarterly Review*，22（1983）.

② Topalov，‘Capital，History’，605～606. 这一观点在理论上和实质上的更全面的说明，参见：Christian Topalov，‘Social Policies from Below：A Call for Comparative Historical Studies’，*International Journal of Urban and Regional Research*，9（June 1985）.

法律的这种阶级的局限性。与此同时，他吁求拒绝还原论和“高级与低级的”结构。①

他对一种可替代选择的尝试（在传统中立立场日益变窄的岩架上），首先确立了法律的不可还原性，它“具有自身的逻辑、规则和程序”——它们不能归于主流的等级中；第二，当我们实际上考察生产中的法律的构成作用时，基础和上层建筑之间的区别变弱了；第三，法律表达并再现了整个共同体所坚持的标准，尽管是有争议的标准。汤普森不希望受到误解：法律是用来强加阶级力量的，但法律不只是一种柔顺的工具，它拥有它自身实质性的存在，甚至统治阶级对法律的使用也不得不适应并通过法律机构的意识形态。此外，法治的真正存在，无论怎样充满阶级偏见，都是更普遍的斗争的结果，通过法律对统治阶级的斡旋，在偏离了未加斡旋的力量的意义上，代表了阶级

① E. P. Thompson, *Whigs and Hunters*: *The Origins of the Black Act*. New York: Pantheon Books, 1975, 260. 将基础-上层建筑的隐喻机械地运用于法律问题的例子，参见：Alan Stone, ‘The Place of the Law in the Marxian Structure-Superstructure Archetype’, *Law and Society Review*, 19/1 (1985). 斯通写道：“到这里概括一下，关注马克思的结构与上层建筑观念，允许我们了解经济结构和司法决策者的活动是如何与构成和维护生产方式的特殊决策的形成联系在一起的。联系是按以下的路线进行的：结构——基本法律关系——派生的次要关系——特殊法则……在没有求助于特殊的工具主义的前提下，这一建构表明法律代理人是如何对待支持资本主义社会关系的，并且与此同时，它与做出法律决策的方式相一致。此外，它允许我们查明标明生产方式何时正受到严重挑战的标记。当经济的基本法律关系公然受到挑战时，我们就得知生产方式受到了严重挑战。”(59～60)

统治的显著减弱。[①]

这一讨论是非常令人深思的，然而不精确——不仅在法律方面（这一结构紧凑的书的主题），而且在生产型经济和法律之间关系的意义上（按历史和理论的意义来讲）。汤普森对法律叠加于生产之中的方式的讨论所不包含的东西，是他是否想完全废除涉及由基础与上层建筑的隐喻所提出的决定因素相关的问题的议程。当然，最小程度上，法律拥有一个自主的实体的观点和法律与生产间的界限不可辨别的主张之间，存在某些张力。假如资本主义内部法律的意义和作用不能通过求助于机械的公式得到全面理解，那么，反之，控制它们关系的决定性的、辩证的特征是什么呢?

在《理论的贫困》对决定因素的讨论中，汤普森劝说我们“在事件的实验室中发现决定因素的证据，不是在作为统治规律的意义上，而是在‘设限’和‘施压’的意义上”[②]。它是从雷蒙·威廉斯《马克思主义与文学》论决定因素的一章引出这种构想的。

在论决定因素的一章中，威廉斯斩钉截铁、令人信服地提出，“一种没有某些决定因素概念的马克思主义事实上是没有价值的”，然而，“现在这种具有许多决定因素概念的马克思主义也是极其蹩脚的”[③]。

---

① Thompson, *Whigs and Hunters*, 260～269. 对《辉格党人与猎人》的一个例外的有趣补充是戴维·休格曼的‘Law, Economy, and the State in England, 1750～1914’, in Sugarman (ed.) *Legality, Ideology, and the State*. New York: Academic Press, 1983. 特别有趣的是他对以下问题的讨论：法律职业的兴起，地产和法律之间的关系，绝对财产权和更有条件的财产权之间的紧张状态，各种各样的可能的法律形式之上的冲突（包括确证事实和实施法律的程序），尤其值得注意的是，他所称的横跨公、私法之区分的辅助法（facilitative laws）的发展。这些法律是国家政策的代理机构，它们界定了可允许的行为，但与此同时，它们是个人从国家那里也许扩大其自主权的工具。休格曼提出，管辖公司和合同的这类辅助法，允许资本家和资本主义去管理汤普森所注意到的法律的矛盾特征。

② Thompson, ‘The Poverty of Theory’, 241～242.

③ Raymond Williams, *Marxism and Literature*. Oxford: Oxford University Press, 1977, 83.

他的讨论是精密而有说服力的。它有两个关键因素，每一因素都确立和维持着一种特定的必要的思想张力。

第一种因素涉及设限（the setting of limits）的决定因素。依其本身来说，这一术语似乎隐含着行动领域之上和之外的外在性意义。威廉斯称其为“抽象决定论”。在资本主义的生产方式中，促成“抽象决定论发展最强有力的单一原因是大范围资本主义经济的历史经验，在其中，比马克思主义者多得多的人都得出结论说，对进程的控制已超出了他们的能力范围，它至少在实践上外在于他们的意志和欲望，它因此不得不被看成是受其自身‘规律’所控制的”。威廉斯将这种推动力视为极端反讽的，因为它将一种批判的学说转化成了被动性的诀窍。但是作为设定界限的决定因素也有其第二种意义，威廉斯称其为“内在决定论……在这种内在决定论中，进程的基本特征或其构成因素的特质被认为是决定（控制）了其结果：那么，这类特征和特质是‘决定因素’”①。按这一术语的内在意义，能动性是重新引入的，不过是在特定的条件之下，因此是设限。

第二种因素涉及作为施压（the exertion of pressures）的决定因素。内在的决定因素远不只是否定的决定因素；它也向现存的界限施压，并且在现存的界限之内施压。

> “社会”因此从来不只是限制社会和个人实现的“臭皮囊”。它也总是具有强有力压力的一种构成过程，这种压力不仅在政治、经济和文化的形态中表现出来，而且为了承担其“构成的”全部重任，因而被内在化了，并成为了“个人意志”。

这一意义上的决定因素不是处于社会进程之外而是之内的，而社

---

① Raymond Williams, *Marxism and Literature*. Oxford: Oxford University Press, 1977，第86、84、85页。

会进程本身是一个结合体，“既是一种积极的有意识的历史经验，也是因为缺席而导致的消极的、对象化了的历史经验”①。

按这一阐述，决定因素是一个复杂的进程。尽管威廉斯没有抛弃基础和上层建筑的某些更机械的转化所隐含的封闭领域的抽象决定因素，他还是没有简单地拒绝这一隐喻。相反，他给他有关内部决定因素的讨论增加了两个更进一步的批判因素：拓宽我们对基础的理解，多方面地解读基础和上层建筑如何可能被联系起来。在这么做时，他对分析范畴的使用比汤普森远为自由宽泛；与此同时，他警惕着不小心从分析的建构转向实质性的描绘。运用阐明社会进程基础问题的隐喻，但警惕着被诱惑到这样的思维中：基础和上层建筑是天衣无缝的封闭实体。

威廉斯发现，马克思主义内部最近更多的注意力，用到了阐明上层建筑实际的复杂性和自主性之上。这些思考包含着诸如将分析修正为滞后、调节、对应结构或同源结构的观念。取而代之的是，或至少作为一种补充，他鼓励对基础重新进行思考，并且重新思考那种将基础简化为生产方式的经济学家式的理解，或者缩减为资本主义内部的资本运动规律的简化。即使是像在马克思的第二个工程中那样限制在经济学范围内，基础也是比最正统的演绎“远为活跃、更为复杂和更为矛盾的”。基础是一种进程，不是一种固定的状态。然而，他提出，在我所确定的马克思的第三个工程方面，经济基础的观念已超越了资本主义经济关系的生产，扩大到了“首要的对社会本身、人本身的生

① Raymond Williams, *Marxism and Literature*. Oxford: Oxford University Press, 1977, 第 87、88 页。对决定因素的相似讨论是由约翰·默克默特里提供的，他区分了作为可能性的障碍、“设限”的决定因素与作为特定的设定意义上的“图绘”的决定因素。这种意义“涉及图绘，可以这么说，发生于一种特定的经济结构和一个社会的特殊的法律、政治和意识形态现象之间的图绘”。“这样一种决定因素的意义涉及内容，也涉及界限。唉，马克思没有提供任何一种使这一‘图绘’得以进行的规则，但他频繁地讨论、描绘、提及它出现的种种情形。” John McMurtry, ‘Making Sense of Economic Determinism’, *Canadian Journal of Philosophy*, 3 (Dec. 1973), 258.

产，〔扩大到了〕真实生活的物质生产和再生产”①。

以这一方式，威廉斯显著地扩大了传统马克思主义之内经济基础的内容。他提出，“使文化史成为物质的”关键转变，是为了抓住“作为一种制度性社会进程的文化概念的全部可能性，这种社会进程创造了特殊的和不同的‘生活方式’，通过强调一种物质的社会进程，生活方式可以得到显著的深化”②。文化，尤其是霸权，他将其理解为一种对占统治地位的意义和价值观做出选择的传统，是物质地生产出来的，而其产品调节着存在和意识。

我认为这种对“基础”意义的急剧扩大，是极成问题的，因为接受它就会摧毁马克思主义理论的两种伟大力量。其中第一种力量是马克思主义对作为西方现代性关键标志之一的资本主义发展独一无二的直接介入。其资本主义经济是现代西方经验重心的解释性主张也许是不无争议的，但是这一主张是马克思主义的基础却是无可争议的。马克思主义是我们所拥有的有关作为一个经济系统的资本主义发展的最连贯一致的理论。将经济基础的概念扩大因而丧失了这种独特性，意味着将丧失马克思的关键的形而上的追求与其理论机器之间的紧密关联。

因威廉斯将基础扩大到包罗所有种类的生产活动而被置于险境的马克思主义的第二种力量，是有可能澄清马克思主义有关决定因素的命题（按威廉斯所阐明的意义）。更精确地说，我认为研究资本主义积累的因果力量、其定界与施压是一个重要的工程。在《资本论》中，马克思提供了对资本主义经济动态高层次的历史概括和抽象。当我们将关注的焦点集中到处理特殊社会过程中较低层次的概括，转向对社

---

① Williams, ‘Base and Superstructure’, 4, 5, 6.

② Williams, *Marxism and Literature*, *19*, 61. 威廉斯对这些主题的其他处理，可参见他的：‘Problems of Materialism’, in his *Problems in the Materialism and Culture*. London: Verso Books, 1980, and *Culture*. London: Fontana Books, 1981.

会关系（而不只是经济关系）整体性的处理时，马克思主义提出了关于我们是否并且在多大程度上应当将特殊时间和地点的非经济关系理解为是受到经济所决定的问题。一旦将基础扩大到包罗无论文化、政治还是空间的（按理论言辞来讲是潜在的上层建筑）种种因素，我们就不能做这样的理解。

有关决定因素的诸种问题涉及上层建筑的自主性和偶然性问题。例如，说国家或都市空间是自主的也许具有两种意义中的一种：按较弱的形式，它不是边缘的；按较强的形式，它具有其自身的内部逻辑。说某种东西是偶然的，按较弱形式来讲就是给定的理论不能解释它，或按较强的形式来讲，是它不能得到（全面的或部分的）解释，即使被嵌入到一个更宽广的理论版本之中，也不能得到解释。①

简言之，我认为，将威廉斯对决定因素的指导性讨论和他煞费苦心地使经济基础观念更为丰富宏阔的企图区分开来，是诱人的。在做出这一区分时，我们也许可以受到霍布斯鲍姆对经济基础的理解和G. A. 柯亨对上层建筑的理解的引导。

霍布斯鲍姆界定基础内容的尝试与威廉斯相比更为传统，但比极为狭义的理解经济生产更为广阔。他接受了埃里克·伍尔芙的阐述——基础是“自然、工作、社会劳动和社会组织之间的一系列复杂的相互依赖的关系”②。在这一点上，霍布斯鲍姆类似利特尔，拒绝按自然主义的意义对经济基础做极为普通的处理，将经济基础看成是由隐藏于积累过程之下的种种机制所组成的，这些机制以有待发现的假设和理论的推理为前提。

霍布斯鲍姆然后划分了基础与上层建筑之间决定因素的领域，采取的方式是，通过按照“唯物主义历史观”，也就是在资本主义内部，

---

① 有关这些阐述，我要向密西根大学的皮特·雷尔顿致谢。

② Eric Wolf, *Europe and the People without History*. Berkeley, Calif.: University of California Press, 1983, 74.

赋予经济生产的轨迹以特权地位，将经济基础描绘成“历史解释的基础”，尽管它“不是历史解释本身”。它不可能是历史解释本身，因为“历史不像生态学——人类决定并思考所发生的事物”。按照马克思各种工程之间的区分，霍布斯鲍姆这里提出的是，资本主义社会决定因素的关键问题，基于资本积累的一种泛化观念与真实的历史及其所有的附属变化之间的连接：“因此我们知道了种种社会，它们拥有相同的物质基础却极为多变的结构其社会关系、意识形态以及其他上层建筑特性的方式。”①

然而，假如确实如此，就留给我们这样的谜题：如何说明这些变化，而且在说明的过程中，是否在基础-上层建筑的区分方面还存在更多的要点。更准确地说，按照威廉斯的说法，如果基础给变化确定了界限，那么它一定也给结果施加了影响吗？如果回答是肯定的，那么是如何施加影响的，而且是在与本身不属于基础的一部分但却按照经济生产的社会组织来想象其他社会进程相互作用的过程中施加影响的？这些问题，对接下来几章如何评估马克思主义者论城市的著作，是基本的问题。

霍布斯鲍姆对这些问题的处理，首先是提出，历史分析应当始于经济基础，并且穷尽经济基础的限制——生产方式被理解为生产力的技术层次与“对劳动力进行动员、部署和分配的社会安排”的一个综合体。当然，他赞成偶然性和变化，接下来他提出，“并不是历史上所有非经济现象都可能来自于特定的经济现象，而且特殊的事件与日期都不是按这一意义来确定的”②。按这种建构，上层建筑不只是所有非经济制度的同义语，它还不必是这样：大多数非经济的制度是上层建筑的。按这样的阐述，对基础与上层建筑的思考必须对因果解释的领

① Eric Hobsbawm, ‘Marx and History’, *New Left Review*, 143 (Jan.-Feb. 1984), 42, 43, 44.

② 同上，43.

域开放，在这样的领域里，马克思主义既不能声称拥有形而上的特权，也不能声称拥有认识论的特权。悖谬的是，威廉斯将马克思主义的界限扩展得如此之远，以至于按他的阐述，它可以获得作为一种包罗万象的社会理论的雄心，然而柯亨和霍布斯鲍姆的更正统的理解，必然引向一种更少限制的马克思主义。①

出于不止一种原因，追求这后一种过程因此是更可取的：第一，它许诺一种更严密的马克思主义——其夸张和热情使它有可能去阐明极度复杂的社会现实的关键特征。马克思主义越坚定连贯，它所承载的能力就越可以得到更好的判断。第二，柯亨和霍布斯鲍姆所提出的这种简洁的马克思主义理论，正是因为它对经济基础定义条理分明的理解和质疑唤起了这些特殊基础与社会上层建筑间的关系，邀请我们去探索是否我们与资本主义肩并肩就可以发现其他一些大范围的社会进程，这些社会进程同样对塑造现代世界有基本影响。团结一致的民族国家的发展，自 16 世纪以来在西方摆脱了经济和国家而拥有高度自主权的市民社会关系网络的兴起，可以说是这样一种平行地位的候选者，应该得到类似的理论处理。

通过以这种方式前行，是可能坚持马克思主义传统的完整性和独

---

① 对决定因素问题的其他两种阐述是赫尔墨特·弗莱舍尔和 R. F. 阿特金森的，它们尽管有用，但比威廉斯、霍布斯鲍姆和柯亨的更为晦涩。弗莱舍尔提出，“经济生产领域和其他所有领域之间的关系不被理解为一种因果关系……马克思这里的所有主张是，〔上层建筑的〕变化对应于生产领域的变化”，既在某些上层建筑因素需要一般的经济层次作为一个必要前提的意义上，也在上层建筑关系中总是涉及经济利益的意义上，即使经济利益不是唯一涉及的利益。Helmut Fleischer, *Marxism and History*. New York: Harper and Row, 1973, 109～110. 阿特金森则提出了这样的观点：马克思主义的决定论-自由问题并不特别尖锐，但是它们看似尖锐，是因为在马克思主义有关“机械论”的写作中缺乏一种清晰的和公认的说明——按照这种机械论，经济结构决定其他社会生活层面……尽管就理论的真假来说，这里并不必然是一种机械论——相互关联就足够了——但是想一想这一理论中有一条裂缝，随之而来的趋势是想象对它进行一种纯粹的决定论的填补，并非是完全不自然的。R. F. Atkinson, 'Historical Materialism', in G. H. R. Parkinson (ed.), *Marx and Marxisms*. Cambridge: Cambridge University Press, 1982, 64.

特性的（正如汤普森坚持我们必须做的那样），然而也有可能将作为一种生产方式的资本主义分析与对其他关键进程（如国家的进程）的因果贡献的分析结合起来加以运用，同时在社会进程的等级制方面不强迫做出一种先验选择。可以肯定，马克思主义的确拥有这样一种因果等级制，但它对社会和历史分析的功效不需要依赖接受它独特的有关经济结构的相对因果重要性的解释性主张。换言之，无论对作为一种经济体系的资本主义分析是否像马克思主义传统所坚持的那样，必定像其他宏观结构一样重要，① 马克思主义的因果力量都是值得考虑的。

同样，采用这样一种对马克思社会理论的第三个工程的理解，有可能追问：马克思主义没能勾划出一种连贯的、实质的、具有说服力的对决定因素和结构与能动性的关联理解是否可以得到弥补。即使在马克思的历史著作中，正如加雷思·斯特德曼·琼斯所观察到的，“经济是最后的决定因素，然而上层建筑拥有不可能简单还原为经济基础的一种特殊形式的因果功效……连接两者的精确的结构机制，马克思总是没有做出清晰的说明”。尽管恩格斯在其成熟的著作中承担起了这一任务，在此过程中他或者也缺乏清晰明了，或者将马克思主义理论带入了有关决定问题的机械阐述之中。② 其结果，一种有关资本主义社会的社会理论工程依然没有得到发展，在基础与上层建筑、决定、理论与历史以及非马克思主义学术研究的关系方面，充满了谜题与错

---

① 因此，例如，正像威廉斯所主张的将意识形态和文化整合到马克思主义的经济基础中更好的是休厄尔所提倡的，我们给予意识形态一种独特的“匿名的、集体的，但可转化的结构”这样的构成性地位。以这种方式进入，休厄尔在他对西达·斯科克波尔的批评中发现，确认各种自主决定的宏观结构对特殊的时间和地点的历史的因果重要性也是可能的。在他自己论革命的著作中，他以赞赏的口气评论道：“斯科克波尔设法澄清了阶级、国家和国际的结构与进程对革命的爆发与结果的独特因果贡献，而与此同时又尊重她所研究的每一种革命中的独一无二的、逐渐展开的一系列相互关联的因果力量。” William H. Sewell, Jr., ‘Ideologies and Social Revolutions: Some Reflections on the French Case’, *Journal of Modern History*, 57/1 (1985), 61, 58.

② Gareth Stedman Johns, ‘Engels and the End of Classical German Philosophy’, *New Left Review*, 79 (May-June 1973), 31, 32.

误的提议。有可能做得更好吗？

两种可替代的方法自荐上场。第一种，其中也有不止一种变种，试图通过消除坚持将结构和能动性分开在分析上是独特的这一看法的内在张力，以克服这些难题。最近沿这些路线做出的广有影响的尝试是由吉登斯和尚塔尔·墨菲与恩斯特·拉克劳所做出的。吉登斯，与马克思主义协作而不是在马克思主义内部做文章（并且给他留下深刻印象的是，马克思对现代资本主义的结构性说明，“依然是任何想要与自18世纪以来横扫世界的巨大转型达成协议的尝试的必要核心”①），他将结构与主体的活动如此紧密地交织在一起，以至于两者都同时受到仔细的观察，以避免付出人为的双重代价。对拉克劳和墨菲来说，他们现在拒绝马克思主义，是因为他们认为马克思主义与生俱来不能全面理解社会关系和人的能动性的开放和偶然特性。他们的解决方案是正统马克思主义的一个镜像。他们极端（尽管不是完全）偏向能动性的方向，使结构的遗留物成为了主体及其连接话语实践边缘性的东西。第二种方法，是我所偏好的，并且在剩余各章里通过思考城市与空间，我将探讨这一方法，它坚持结构与能动性在分析方面的独特性，目的是使考察其复杂的、偶然的相互关联成为可能。②

吉登斯的“结构化理论”有其主要目标：找到一条道路，以避免过分偏向客观主义或主观主义，并且揭示社会结构和人类行为是如何深深地交织在一起的。社会结构和能动性不能脱离对方而存在。既然社会结构使人类行为成为可能，并且同时是这种行为的结果，那么，

---

① Anthony Giddens, *A Contemporary Critique of Historical Materialism*. Berkeley, Calif.: University of California Press, 1981.

② 这是具有“从两者之一中（假如不是从两者中）提取出所有自主性或独立性”效果的解决方案的一种可替代选择。Margaret S. Archer, *Culture and Agency: The Place of Culture in Social Theory*. Cambridge: Cambridge University Press, 1988, p. xiii. 这一本反对将结构与主体合而为一的书，在很大程度上影响到我的思考。第七章我还会回到这本书。

通常的结构-能动性的两分法就是极其误导性的。社会结构不会脱离实践而存在，而实践也不会不具备结构性联系的嵌入性。社会结构包含规则、概念和常规，它们为人的行动提供习语；反过来，由于人在整个与日复一日的制度打交道的过程中具有至少一种社会结构的实用知识，那么，当在其常规行为中人的行动再生产了社会结构的同一时刻，他们的行动也就塑造和构建了社会结构。① 在佩里·安德森看来，这与其说是一种“攻击社会解释中结构与能动性的合理平衡”的企图，不如说是一种决然否定二元性本身的尝试。②

安德森责备吉登斯过于倾向能动性的方向，贬低了社会决定性的压力。在这一点上，我认为他不完全正确，因为吉登斯所追求的，并且在这点上他极为成功的，是寻求结构和能动性的相互建构维度。当然，在他进一步暗示在一种结构化理论中将结构与能动性合二为一的范围内，他使将两者分开、处于一种半人为的紧张状态之中成为不可能——这种紧张状态需要按照它们的关系加以解释。假如吉登斯有效地、意味深长地强调了结构和能动性交会的复杂性，那么，对二元论的全盘否定将不只是像安德森所说的那样低估诸种方式（以这些方式，结构关系“不仅是行动者使用的规则和资源，也是形塑自然和行动目的本身的种种力量”），而且将取消人的能动性不足以说明的层面。③

拉克劳和墨菲在他们的《霸权与社会主义的策略》中，从他们视为内在于马克思主义的本质主义中退出，往能动性的方向尽可能合理地艰难推进，实际上推进到持这样的观点：同一性和利益的建构出现

① Anthony Giddens, *New Rules of Sociological Method*. New York: Basic Books, 1976, and *Central Problems in Social Theory: Action, Structure, and Contradiction in Social Analysis*. Berkeley, Calif.: University of California Press, 1979. 也可参见吉登斯的文章：'On the Theory of Structuration'，载于他的选集：*Studies in Social and Political Theory*. New York: Basic Books, 1977.

② Perry Anderson, 'A Culture in Contraflow—I', *New Left Review*, 180 (Mar.-Apr. 1990), 54.

③ 同上。

于一个可能性不受压抑的领域之内。他们通过抛开马克思主义（而且的确是因果社会科学）来解决马克思主义的社会理论，赞成一种世界是由复杂多变的话语所构成的观点。① 正如艾萨克（Isaac）所指出的，他们在发展自己的霸权和连接概念过程中对结构和限制问题的欣赏，比他们尖锐的批评所允许的更为缜密；然而他们仍然十分接近一种“对能动性的非决定论的分析”。按最低限度来讲，他们不清楚“是否存在……在社会生活中起作用的真正的结构性决定因素，这种决定因素既为我们的社会和政治活动（包括我们的话语干预）确定了界限，也提供了启动的可能性”②。大部分时间，拉克劳和墨菲几乎等于说，构造这一世界的只是我们的语言和我们的理论；马克思主义在其社会理论中所介入的那种工程因此既是离题的，也必然是目的论的和还原主义的。在这么做时，他们不再信任纠结于决定因素的复杂问题及结

---

① Ernesto Laclau and Chantal Mouffe, *Hegemony and Socialist Strategy: Towards a Radical Democratic Politics*. London: Verso Books, 1985. 对他们最尖锐的两种批评，见：Ellen Meiksins Wood, *The Retreat from Class: A New 'True' Socialism*. London: Verso Books, 1986; Norman Geras, 'Post-Marxism?', *New Left Review*, 163 (May-June 1987). 前者是对正统的令人沮丧的重申，宣扬了拉克劳和墨菲看成是马克思主义传统中如此错误的东西，后者是一种更为复杂的（如果也是更为令人不快的、出于个人好恶的）评论。

② Isaac, *Power and Marxist Theory*, 217, 215.

构与能动性相互建构的观点。①

因此，以各自的方式，吉登斯、拉克劳和墨菲将马克思主义社会理论的一些最重要的问题抛到了一边，或者忽略它们，或者拒斥它们。我认为不能将它们如此轻易地撇在一边——不是因为马克思主义对结构-能动性问题的特殊解决方案非常引人注目，而是出于其他两个原因。结构和能动性的合二为一，任何一个方向的决定性偏见，都使探索某些社会界的最恼人问题成为不可能——对这些问题的探索，要求使结构和能动性处在紧张状态中而同时在分析上保持独一无二；其次，由于马克思主义，连同其所有缺陷，迫使我们的注意力将资本主义视为至少是现代性伟大的宏观结构之一。接下来，我将着手处理具有一个不可知论和批判性精神框架的马克思和马克思主义的社会理论工程的意义和能力。通过将马克思主义理论用于城市，将城市-空间问题用于马克思主义，我将在与大范围的历史进程和有关结构、能动性和决定因素的社会-理论问题的联系中考察马克思主义的地位。

尽管事实上，除吉登斯之外，实际上由非城市学家的学者所写就

① 对语言学方法的敏锐批评是由佩里·安德森在其著作中论“结构与主体”一章中提供的：Perry Anderson，*In the Tracks of Historical Materialism*. London：Verso Books，1983. 他指出了二者之间的张力——人类制度内的语言结构变化十分缓慢且是无意识的，然而按后结构主义的分析，语言内部的主体却被给予了极大的自由。“因为言语无论怎样都没有物质限制：词语在物质一词的双重意义上是自由的。它们在意义的规律之内不费任何东西即可生产，而且能够任意复制和操控。”因此，语言结构之内的主体对语言结构少有影响或毫无影响。在经济或政治结构之内却不是这样，在那里主体拥有诸如阶级、国家或群体的集体特征，而不是在言语结构中那样是作为个人出现的，“这些主体的能动性能够影响这些结构的深刻转型”。他声称，正是这种区别，给“任何将语言学模式输送到更宽广的历史进程”提供了“一种难以逾越的障碍”。对语言的夸大宣传，带来了“一种语言向语言自身的收缩”，因此切断了“真相即命题对应于现实的所有可能性”（第44～46页）。

的对马克思主义社会理论所有关键讨论都是无空间的，[①] 但这种以城市为中心的策略由于两种原因值得称道。首先，被芒福德低估的城市文明品格和16世纪以来资本主义与城市深刻交织的历史，有理由保证城市发展史在一定程度上构成了马克思主义的一个批评案例，以及它的宏大范围。其次，作为景观、区域多样性、人为环境和社会地理学之综合体的城市空间的复杂特征，要求我们去探讨特定的空间是如何形成的，并且反过来，空间的存在又是如何为人类活动提供资源和限制的。更准确地说，我们可以追问马克思主义如何绝妙地说明了城市史和阶级形成的关键特性，以及对这些现象的阐述是如何清楚地显示出理论本身的丰富性的。我提议从考察20世纪60年代以来马克思主义内部最重要的城市研究入手。

① 对吉登斯时空观的讨论，参见：Jens Christian Tonboe，'On the political Importance of Space：The Socio-Spatial Relation of Trade Unions，Gender，and the Decentralized Danish Welfare State'，*Acta Sociologica*，29/1（1986）；Alan Pred，'Production，Family，and Free-Time Projects：A Time-Geographic Perspective on the Individual and Societal Change in Nineteenth Century U.S. Cities'，*Journal of Historical Geography*，7（Jan. 1981）；Nicky Gregson，'On Duality and Dualism：The Case of Structuration and Time Geography，' *Progress in Human Geography*，10（June 1986）；and Alex Callinicos，'Anthony Giddens：A Contemporary Critique'，*Theory and Society*，14（Mar. 1985）.

第三章　走向重新空间化的马克思主义：列斐伏尔、哈维与卡斯特尔

我们的迂回告一段落，让我们在最近三位最有影响的马克思主义与城市研究学者亨利·列斐伏尔、戴维·哈维、曼纽尔·卡斯特尔的陪伴下跨过城市的门槛。① 通过城市研究，他们每个人都将空间引入了马克思主义工程的一个或多个核心。通过考察他们的工作，有可能对他们试图使其流行的重新空间化的马克思主义的当前地位做出评估。这种 20 世纪 60 年代后的城市马克思主义已经表明，马克思主义理论是如何能够强有力地阐明事物是城市的，同时也表明了一种显而易见的城市焦点是如何可以加强作为社会和实证理论的马克思主义的。不过，城市学家对马克思主义理论不同层面的一阵风式的关注，已产生了一种笨重的遗产。

---

① 本章的讨论试图将 20 世纪 70 和 80 年代的马克思主义与城市联系起来，这种讨论不是一个综合的评述。我没有谈及这一脉络上许多大量涌现的主要由社会学家、地理学家和规划师们写作的著作。我这里所关注的是这种思想风景的主要特点，较少关注其有细微差别的轮廓。要了解这些，最好的指南是三份年轻的杂志：《对跖地》《国际城市与区域研究杂志》《社会与空间》。

过去25年所完成的工作，将马克思认识划时代变化的工程主要当作更晚近事件的背景。相比之下，它成功地阐明和深化了马克思对作为一个经济系统的资本主义的分析工程，但是，尽管付出了许多努力，对马克思资本主义社会社会理论工程的贡献却只能说并不平衡。迄今为止的马克思主义城市研究的局限，主要是由于主题-素材的普遍狭隘，缺乏对历史的介入，对马克思主义社会理论至为关键却又困难重重的问题（基础与上层建筑、结构与能动性、因果决定因素）的研究有限。

哈维和卡斯特尔20世纪80年代早期的第二波著作正好处理了这些题目，但是在这一工作中，马克思主义与城市的交织在某种程度上走入了死胡同。哈维试图整个待在马克思主义的迷宫之内而绕开障碍，卡斯特尔则借助建构新的出口。我认为，两者都没有找到一个有说服力的解决方案。在本章稍后，在提出这种评估之后，接下来我将建议，我们最好这样来处理这一处境，通过借助马克思主义可以走却没有走的一条路离开，然后重新进入城市——这一点列斐伏尔、哈维或卡斯特尔都没有留下痕迹指明过，但年轻的弗里德里希·恩格斯却指明过。当然，在我们目前在首次勘探中转向城市之时，必须将列斐伏尔放在队列的前头，因为正是他，第一次向马克思主义显示了回到城市之路。

一

20世纪70年代初，当戴维·哈维和曼纽尔·卡斯特尔作为两个最富有影响的力图使马克思主义回归城市议题的城市学家崛起时，他们无可避免地聚焦于列斐伏尔的写作。在那时，只有他打破了马克思主义在城市方面的沉默。所以，当哈维在《社会正义与城市》的“概述”一章提出“在对城市现象的研究中，通过使用马克思主义的方法，我们获得了何种洞见和启示”这样的问题时，他自问自答地发现，“我能想起的唯一的其他人的著作是列斐伏尔的著作”。哈维只不过做出了思想上引人注目的转移，将主流地理学的安乐窝抛在了后边，转而探索马克思主义理论是否并且如何可能提供一个在其中可以将社会进程和空间形式的研究结合起来的框架。除了列斐伏尔的著作外（特别是他 1970 年的一册《城市革命》，该书将马克思主义用于对战后城市主义的分析，还有出版于 1972 年的《马克思主义的城市思想》），哈维没有在马克思主义内部发现任何其他榜样和向导。同样，卡斯特尔倾向于《城市问题》对"当代马克思主义最伟大的理论家之一的列斐伏尔的城市主义思考"做出理论上的发展，列斐伏尔的著作"毫无疑问是已有的理解今日城市问题最深刻的思想尝试"①。

列斐伏尔对城市与日俱增的兴趣，与他 20 世纪 50 年代末、60 年代初与法国共产党的决裂以及他寻找一种方式以解释马克思所预言的

---

① 哈维写道："他的议题和我的议题之间存在并列，在内容上有相似之处（这令人释然），在诠释和重心上有差异（这充满挑战）。列斐伏尔的著作比我自己的更为综合，但在某些重要方面也是不完全的。尽管如此，我对诉诸列斐伏尔的著作更有了信心。" David Harvey，*Social Justice and the City*. London：Edward Arnold，1973，302～303. Manuel Castells，*The Urban Question*：*A Marxist Approach*. London：Edward Arnold，1977（由 Alan Sheridan 译自：*La Question urbaine*. Paris：Maspero，1972），86～87；Henri Lefebvre，*Le Droit à La ville*. Paris：Anthropos，1968；*Durural et de I'urbain*. Paris：Anthropos，1970；*La Révolution urbaine*. Paris：Gallimard，1970；*La Pensée marxiste et la ville*. Paris：Casterman，1972. 也可参见他的'Reflections on the Politics of Space'，*Antipode*，8（May 1976），以及 Gallia Burgel *et al.*，'An interview with Henri Lefebvre'，*Society and Space*，5（Mar. 1987）. 在我对列斐伏尔的讨论中，我将这些著作当作一个整体，代价是对这些文本中的差异蜻蜓点水，略过了观点中的许多细微差别。我认为这是一种合理的方法，因为正像很快将明朗的，我认为应当迅速将列斐伏尔留在他的荣誉之地，更多地被当作一位提出和追踪长期潜伏的问题的先驱，而不是当作一个成功地给这些问题做出回答的分析家。列斐伏尔的著作在英美世界很少获得关注。他的少数几个文本已翻译成英文，部分的原因是他的著作在许多方面对法国社会（新的规划形式，为自身的缘故沉迷于技术，法国共产党的僵化）和法国思想潮流（特别是阿尔都塞式的结构主义者的科学的马克思主义）持内在的批评态度。

资本主义的最后危机没有兑现是一致的。[①] “马克思主义，”他在1987年告诉一位对话者，

> 首先是一种分析社会实践的方法；它不是一系列猜想、假定或教条式的命题……到1960年，作为一位马克思主义者的我想加以解释的：一些不同寻常的事发生了；革命已经失败；革命没有发生。有两次世界大战。在苏联发生的事导致了斯大林主义……有第二次世界大战的大屠杀，并且，随着解放而来的是，人们期望一个重要的事件和一种更新；但是两者都没有发生。所以，到1960年，是白茫茫一片大地真干净。重建完成了，那又怎样填补这一空白呢？[②]

他认为，马克思没有预见到科学的胜利和技术革命，马克思主义对这些考虑不足。这些深刻的变化，其特征被描绘为一种新的技术官僚阶层的兴起，市场规模扩大到包罗整个世界，20世纪50年代信息数学理论的新发现，都超越了传统的资本主义；是“对未完成的社会和政治革命的一种取代”[③]。知识爆炸的后果和对生产、人类关系的影响包括：空间的重换新装，城市的自主肯定，城市有计划地发展为发明、生产、游戏的新型领域。这些基本的变化使传统马克思主义有关人类解放可能如何发生的观点没有了立足之地，但它没有否定这种解放的观念或解放的可能性。一个至关重要的转变发生了。一个无剥削

---

① 列斐伏尔也许是战后法国共产党内最重要的哲学家-理论家。直到他与该党正式决裂，他与其政治领导人的关系都是紧张的。1949年，他因为将马克思主义比作社会学而受到严厉批评。1956年以后，他是一份持异见者杂志《众说纷纭》编辑组的成员。在1958年出版《马克思主义的实际问题》（Paris：PUF，1958）之后，他被驱逐出法国共产党，被指控为宗派主义。

② Gallia Burgel *et al.*，‘An interview with Henri Lefebvre’，29.

③ 同上。

的社会的愿景现在必然聚焦到了城市和城市的关系之上，不再像从前，主要是聚焦于所有权或工业生产的组织之上。

列斐伏尔转向城市研究，部分是他脱离正统马克思主义的一个方面的表现，部分是他在 20 世纪 60 年代早期观察的一个结果：在近大西洋比利牛斯山拉科-穆朗新城的建设中，在领土整治与地区行动局（DATAR：Délégation *à* l'Aménagement du Territoire et *à* l'Action Régionale）的工作中，崛起了一种新的——而且他认为是潜在的——令人愉悦的空间规划和解放实践。“毕竟，” 20 多年后他反思道，“新城的创造和现存城市的重新开发与对城市现象的古典描述相比，是一种全新的方法。然而，我的首倡既不是来自哲学视角，也不是来自社会学视角，尽管这些视角是潜在地在场的，它也不是哲学和地理学的视角。相反，它来自于一种新的社会实践和政治实践的兴起”①。

列斐伏尔论城市的著作是原创的和勇敢的。他力图确立一个新的、后工业的城市阶段的崛起在人类历史中的地位；并且在这一框架中，他试图弄清与分化、团结和对 19 世纪末 20 世纪初城市研究如此重要的与城市意义有关的所有基础问题。在这一探索中，他发展出了一种空间理论，并且将对国家的分析、政治在形塑人们对城市的意向方面所起的作用引入到了城市话语之中。

列斐伏尔的方案取决于将城市与作为理论和实证建构的城市主义分开来。城市是客体在空间中的一种配置；城市主义是一种生活方式。在我们的时代，列斐伏尔宣称，城市主义已经超越了城市去仿制贯穿了一度有意义的城市-郊区-乡村的划分的日常存在。此外，城市主义已经扩展到了全球的许多地方，产生了永远更同质化的生活灵感和风格。尽管列斐伏尔主张，“生产方式和它们所构成的空间之间不存在一种严格的对应”，他仍然提出“每一时代都会产生它自己的空间”。因为从 20 世纪 60 年代以来的时期里，一种新型空间——连接到一种新

① Gallia Burgel *et al.*, 'An interview with Henri Lefebvre', 28.

型城市主义的空间——被创造了出来："它是一种世界范围内的，基于飞机场、高速公路、郊区、边缘的对历史中心的和集合城市的解构。"①

这种对晚近的描绘是列斐伏尔所创造的城市周期性之一部分。在这一示意图内，他将城市从马克思主义那里消失解释为是城市在工业资本主义之内实际所占据地位的一种准确反映。在人类历史的前资本主义、农业时期，按照列斐伏尔的说法，城市被从生产中心移出，城市所扮演的是和生产方式相对的上层建筑的角色，也就是马克斯·韦伯处理东方城市时进行了恰当描述的政治城市。列斐伏尔将这种转型诠释为城市内部的一种变化，而不是在它们上下文环境中的变化。城市保持了自己中世纪的政治功能，但是增加了一种贸易功能，以服务于自己日益增加的人口基数。

随着从商业城市到工业城市的转换，一种关键的转型出现了。现在，与其说城市是变化的一种生成力量，不如说外在于城市的工业化因素重塑了城市的规模、形式和功能。城市成了一个完全依赖的实体。由于被封装到了资本主义积累的逻辑之中，城市不再是一个有价值的独立研究对象。从这一视角看，马克思只在城市是劳动分工的一个标记的范围内来处理城市，是完全正确的。

但是现在，在20世纪，都市时刻到来了，或至少是开始了。工业资本主义社会被都市社会以辩证的方式超越了。工业化不再生产作为其奴仆的都市化，而是恰恰相反。当《资本论》中所写到的资本主义正变成一种历史的人工制品时，我们正经历一个转化的时刻。新秩序的驱动力是都市，而且都市正将人类从资本主义的限制中解放出来。按马克思主义的经济学术语，资本的第二次循环，不像第一次那样涉及工业活动中剩余价值的生产，而是涉及通过贸易与投机活动而来的创造，这种资本循环已经成为占主导地位的了。

---

① Gallia Burgel *et al.*，'An interview with Henri Lefebvre'，31.

都市时代承诺了一种新人文主义的可能性。城市主义，由于现在超越了城市，以一种革命方式对社会关系进行了重组。最初，城市是一个关键的演员，因为通过一种非压抑方式对人类关系进行了凝聚，城市释放了自组织的可能性。以这种模式，不再要求工人阶级的能动性，因为阶级结构丧失了自身传统的独特性。资本主义正在终结，但不是以马克思所预言的方式。

这种对都市时刻的思考，是描述和处方的一个综合体。空间关系提供了一个实践的领域。空间不只是一个人为环境，而是一种生产力和一种消费品。它也是政治斗争的一个对象，因为空间是国家的一种控制工具。在工业资本主义内部，空间分裂了、碎片化了，变得与社会及其需要相脱节。都市时刻构成了一个机会：通过重新挪用“权力”，使空间为人类的目的服务，并重新肯定日常生活的意义和尊严（与自然的和谐相处远远超过了工业资本主义可能允许的范围），从而获得人类历史的一个新时期。

尽管他为哈维和卡斯特尔早期的、富有影响的著作提供了一个试金石，但后两人还是各自以不同的方式对列斐伏尔做出了回应。[①] 哈维力图表明，列斐伏尔在舍弃将资本主义当作他城市研究的框架时是草率的，而且在将城市当作资本主义生产方式内部的完全依赖的实体也是错误的。相反，它们是资本主义积累必不可少的，而且是其密不可分的部分：它们是资本主义基础的构成因素。相比之下，卡斯特尔在广义上接受了列斐伏尔的历史编年、城市在过去资本主义发展中的有限地位，以及都市作为冲突和变化的一个独特场所的重要性。然而，

---

① 对列斐伏尔论空间和城市的最富同情的诠释可以在下面一本书中找到：Mark Gottdiener, *The Social Production of Urban Space*. Austin, Tex.: University of Texas Press, 1985，尤其是其第四章。戈特迪纳提出，卡斯特尔和哈维的许多批评都基于20世纪70年代初可找到的列斐伏尔的著作，而列斐伏尔在其《空间的生产》（Paris: Anthropos, 1974）中已经克服了他们许多的反对意见，他对空间的更成熟的处理没有取代传统的马克思主义的阶级斗争，但却用一种空间解放的策略对它们做出了补充。

他认为列斐伏尔的“都市”受限于一种空间拜物教，在马克思主义框架内缺乏一种理论的独特性，这正是他试图提供的。在这样做的过程中，卡斯特尔提出，城市构成了消费、再生产和集体行动的一个独特领域。

哈维提出，都市社会现在已经主宰了工业资本主义的假设，以及在社会组织中作为其结果存在着一种巨大的甚至革命性变化的假设，更多地基于辩证的形而上学而不是实证的工作。列斐伏尔的主张——“作为转型过程中的一种结构的城市主义和更古老的工业社会的内部动力之间的矛盾，通常是以有利于前者的方式得到解决的”——不是现实主义的主张，因为在“某些至关重要的方面，工业社会和容纳它的结构继续统治着城市主义”。哈维将此种主张置于三个基础之上：第一，城市已创造出的空间不是来自于都市的内在逻辑；相反，“正在为我们创造空间的是工业资本主义——因此经常表达出的异化感与创造出的空间有关”。第二，都市化是在资本的再生产要求创造需求和有效的需要的必要条件之内继续前进的。“都市化为工业资本处理它所创造的产品提供了机会。在这一意义上，都市化进程依然受到工业资本主义的必要条件的驱使。”第三，“产品、占有、剩余价值的循环没有屈服于城市主义的内在动力，但继续受到来自于工业社会的条件的调节”。资本的第二次循环没有取代第一次。所以，他得出结论说：

> 和列斐伏尔的论文相关的这些东西，会将我们留在何处呢？说论文在历史的这一耦合点上不真实，不是说它不处在成为真实的进程之中，或在未来它不能成为真实。证据强烈地表明，都市化的力量正在强有力兴起，并且逐渐走向主宰世界史的中心舞台……列斐伏尔正在描绘一些主流趋势。也可以将列斐伏尔解释为是在提供一个涉及内在于现在之中的诸种可能性的假设。在其整个历史过程中，有关城市的许多给人以希望的和乌托邦的东西已经写就。假定我们可以抓住目前的诸种可能性，我们现在就有

> 机会让这些东西中的许多美梦成真。我们有机会去创造空间，去创造性地驯服构成都市分化的诸种力量。但是为了抓住这些机会，我们不得不直面将城市创造为一个异己环境的诸种力量，直面推动都市化朝向与我们个人或集体目标南辕北辙的诸种力量。

但是，哈维补充说，“为了直面这些力量，我们必须了解它们”。为了这一任务，他已经献出了过去的二十年。①

卡斯特尔是从一个不同的、补充性的，但甚至更为基本的角度来处理列斐伏尔的论城市与空间的著作的。他责备列斐伏尔创造了一种城市和空间互相独立的理论——“都市现实的危机比其他危机更为重要、更为关键”，因此忘记了“不存在任何不是普通社会理论之完整部分的空间理论”。因为这一过失，卡斯特尔提出，列斐伏尔将马克思主义所属的社会进程-社会关系营地抛在了脑后，加入了以芝加哥学派为代表的主流城市社会学的分化视角。“城市”对列斐伏尔来说，“不过是解放出来的创造性的自发性”，这种自发性“不是由空间或时间，而是由一种形式”生产出来的，这种形式“既不是客观的，也不是主观的，它首先是由中心性的辩证法来界定的，或是由中心性的对立面（隔离、分散、边缘）的辩证法来界定的。我们这里所有的是十分接近沃思有关社会生活生产方式论文的东西”②。

卡斯特尔从一种阿尔都塞式的马克思主义视角坚持说，其结果是一种形而上学的和意识形态的分析，这种分析将彻底的自发性给予了创造城市形式的人类行动，而且是通过将关键的因果力量给予因此而创造出来的形式来达到的。和废弃阶级冲突结合起来，列斐伏尔的这些转移已经将他留给了一个丧失了实现它策略的乌托邦。

有这样一种感觉：哈维和卡斯特尔的这些批评谈的是过去的列斐

① Harvey, *Social Justice and the City*, 311～313.

② Castells, *The Urban Question*, 87, 115, 89～90.

伏尔，他们所关心的是如何以完全正统的方式运用马克思主义，以生成新的有关城市的理论观点。然而，列斐伏尔关心的是创造一个生气勃勃的乌托邦，将其当作对政治实践的一种刺激。他的著作既预见到了新左派的马克思主义的人文主义，也是嵌于这种人文主义之中的。

尽管如此，哈维和卡斯特尔都还是切题的。列斐伏尔的城市发展的编年还只是声明自己的主张，在一些重要的方面，正像我们在第五章将会看到的，还没有得到很好的阐述。他的确不是基于谨小慎微的实证学术研究。他从马克思主义那里接受了（正如同哈维和卡斯特尔）工业资本主义时期城市既作为主体也作为客体消失了的观点。都市可能性的实现似乎差不多完全是一个自愿实践的问题；注意到了因果限制，但是为了劝诫又将其遗忘了。总之，通过将一种已经断言的历史进步与他自己的声称——都市化与其附属的空间关系一起提供了现代性的主导进程——结合起来，列斐伏尔（再）创造了一种城市的偶像崇拜。

列斐伏尔也许已经向马克思主义显示了回到城市之路，但刚一抵达门口，他就向马克思主义的社会理论工程说拜拜而径直自行入内了。列斐伏尔的著作阐述了完全待在古尔德纳两分法的“批判”一侧所面临的陷阱。像卢卡契一样，列斐伏尔通过一种简单的整合机制——在他这里，即将所有日常生活包罗其中的城市空间关系的机制——来理解社会的总体性：

> 城市……也许是一种形式，邂逅的形式，将社会生活的所有因素聚集起来的形式，从地球上的果实……到象征和所谓文化作品……不存在没有一个中心的城市现实；商业的、象征的、信息的、决策的，等等。以这一形式，城市拥有了一个名字：它就是

同时性。[①]

通过提出一个名词并且对这一同时性做出分析，以及否定作为现代性之关键部分的资本主义积累的持续关联性，列斐伏尔提供了一种丧失了结构和能动性的中心挑战的马克思主义。的确，这一趋势在列斐伏尔的著作中随时间的流逝不断加强，以致他 20 世纪 70 年代末、80 年代初的写作越来越转向现象学式的写作。[②]

根据列斐伏尔图式化的城市史，马克思主义可以将我们带上都市时刻，但不能将我们带进都市时刻。由于空间的原子化和一种解放实践的新的可能性达到了平衡，传统的马克思主义不再有任何东西要说。(当"社会空间"成了……精英、资产阶级、知识分子或移民劳工等等的许多隔离区时……〔它们〕便不再并置在一起，〔而是〕分层的，在空间上再现出经济和社会的分层、统治和服从的领域。[③] 而在解放实践中，空间将被重新挪用，用于游戏和人类的自我实现。) 相比之下，哈维和卡斯特尔在通过城门时，是将马克思主义理论带在身边的。在这种重聚中，他们和马克思主义是如何遭遇的呢?

---

① Lefebvre, *Le Droit à La ville*, 206. 译文引自：Mario Rui Martins, 'The Theory of Social Space in the Work of Henri Lefebvre', in Ray Forrest, Jeff Henderson, and Peter Williams (eds.), *Urban Political Economy and Social Theory: Critical Essays in Urban Studies*. Aldershot: Gower Books, 1982, 170～171.

② 马丁斯和戈特迪纳都提出，卡斯特尔对列斐伏尔的批评都没有（显而易见地）考虑其 1972 年以后的写作，而在它们对列斐伏尔的宏观编年（在都市时期达到顶峰）的陈述中，在对资本主义空间越来越同质化、碎片化和分层化的分析中，这些著作都更为精致并得到了发展。Martins, 'The Theory of Social Space'; Gottdiener, *The social Production of Urban Space*, 第四章。相反，我认为列斐伏尔背离马克思主义的有趣领域在他转向现象学并且越来越对"精神空间"感兴趣上变得显而易见。另一方面，在后来列斐伏尔对国家在整合 20 世纪末城市越来越碎片化和"贫民窟化"之上的作用方面，存在着重要的和启发性的讨论。有趣的是，国家作为一种空间整合的力量所具有的作用，在卡斯特尔那里得到了重现。

③ Lefebvre, *De L'état*. Paris: Union Générales des Edition, 1978, 309～310; 译文载：Martins, 'The Theory of Social Space ', 179.

一点也不夸张地说，哈维和卡斯特尔的双重批判基本上构成了马克思主义内部新的城市话语。① 20 世纪 70 和 80 年代新的马克思主义著作的主要因素，首先是关注将城市理解为资本主义的城市，其主要轮廓是由资本积累、投资策略的节律和劳动力的补充提供所支配的大范围经济力量来决定的；其次，是努力澄清城市社会运动的特点和解放的诸种可能性——这类城市社会运动，对诸如工会和政党一类的工人阶级暴动的传统场所来说，或者是补充，或者是替代。②

二

1969 年，当他还是旅居美国的年轻英国移民、作为一位约翰·霍普金斯大学地理学副教授时，戴维·哈维出版了一部大部头的、富有影响的方法论专著《地理学的解释》（*Explanation in Geography*）。在该书的总结评论中，他试图为接下来的十年设定一个议程，即从他一直正在讨论的技术问题和方法论问题走向他所称的地理学哲学和地理学理论。哈维写道：

> 因此，应当清楚，一种适当的方法为地理学问题的解决提供

---

① 并不是所有对城市的批评著作感兴趣的人都欢迎这些新的启程，或认定他们的影响是积极的。责备最盛的批评来自于鲁思·格拉斯："就过去几年来说，一个卡斯特尔门徒的巡回乐队，通常由卡斯特尔大师自己伴唱，在国际和北美社会学学术会议上已声名远扬。有关或围绕卡斯特尔作品的文献批量增长；一种崇拜已经开发出来；在热衷于赶时髦的社会学圈子里，某些对其著作的愚钝参考已经成了强制性的……这种可恶的语词污染蔓延开来：它使感觉和能量元气大伤（按卡斯特尔的密码来说，它可称为意识形态的污染）。在这种语言的产品中，虚骄假饰端坐其中。" Ruth Glass, 'Verbal Pollution', *New Society*, 29 Sept. 1977, 667～668. 这是一种语言的过度杀伤和小题大做。格拉斯的许多实质性批评自此为卡斯特尔所知，不过这些批评是夸大其词的，而且她在这一述评中的确错误地声称卡斯特尔的著作不代表任何新东西。

② 对这种文献的最简短的述评是：Sharon Zukin, 'A Decade of the New Urban Sociology', *Theory and Society*, 9 (1980).

了必要条件；哲学则提供了充分条件。哲学提供了指导性的机制，方法论提供了促使我们更接近我们目的地的动力。没有方法论我们会止步不前，没有哲学我们也许会毫无目的、漫无方向地转圈。我主要关注的是对我们有用的动力装置的性质。但我乐意以回到方法论和哲学之间的相互连接来结尾……

> 没有理论，我们就不能希望对事件做出克制的、连贯的、理性的解释。没有理论，我们就很少能声称知道我们自己的认同。因此，在我看来，以一种广泛和富于想象力的规模建构理论，必定是未来十年我们第一要考虑的事情。面对这一任务需要勇气和才智。但我感到有信心：它没有超出目前一代地理学家的智慧和才干。也许，在20世纪70年代我们的书房墙上，应当钉上这样的标语："通过我们的理论，你会知道我们。"①

在接下来的四年中，哈维发现了这样一种理论，马克思主义，以及这一理论在地理学之内的分析对象，城市。

在其优秀选集《社会正义与城市》中，他表明了这一发现和焦点。这本书划分为两组文章：一组文章哈维称之为自由主义的阐述，涉及空间分化、人口分布和空间中的活动；一组文章他称之为社会主义的阐述，更多地关注空间现象与生产方式之间的关联。在做出这种转换的过程中，哈维力图拒绝自己学科狭隘的形态学特征，其事实与价值的极端分离——对数据和测量的痴迷，还有其支离破碎的品质。像我下边要讨论的卡斯特尔的著作一样，哈维的著作对城市研究有一种立竿见影、令人震惊的效果。以极大的严谨，它拓宽了地理学的疆域，重新定义了城市分析的对象，并且展开了许多问题。简言之，《社会正

① David Harvey, *Explanation in Geography*. Baltimore: Johns Hopkins University Press, 1979, 482, 486.

义与城市》，是一个基础性的文本。①

首先，这本书在其自由主义和社会主义的阐述部分，都力图证明如何可能将社会进程和空间形式在分析时置于一处并作为行动的指南，并且力图表明它们的相互渗透。在这本书中，空间形式整合了社会进程，而所有的社会进程是空间的。将两个部分结合在一起的是四个关键主题：理论的本质（在这一主题中，哈维试图打破他所认为的方法论和哲学之间的人为分离，并且试图让读者自己意识到分门别类的行为和结果）；空间的本质（在这一主题中，他用“不同的人类实践是如何创造和利用独特的空间概念系统的”这样的问题取代了“什么是空间”这样司空见惯的问题）；社会正义的本质（他从“倾向于认为社会正义是永恒的正义和道德的问题”转向了认为社会正义即“在作为一个整体的社会中对社会进程起作用的偶然事物”）；城市主义的本质（不被看作是事物本身，而是被看作提供了一条进入社会之中的瞄准线）。他转向马克思主义去处理这些问题（这跨越了这本书的“自由主义”和“社会主义”时刻），不是基于一种先验的基础，而是因为马克思主义可以让这些任务得到完成。②

我们看到，哈维前进的方式，其灵感来自列斐伏尔，然而它完全拒绝了列斐伏尔所赋予空间关系的独立的决定性的中心地位。在哈维看来，空间不是这样一个形而上的范畴，而是一个既塑造人的能动性，又为人的能动性所塑造的社会维度：“空间形式……不被看成是社会形式在其中展开的无生命的物体，而是以社会进程是空间的同样方式‘容纳’社会进程的万物。”③

《社会正义与城市》中的各种文章仍然值得仔细阅读：因为在第一

---

① 我在这本书在美国的出版过程中曾发挥了小小的作用，为约翰·霍普金斯大学出版社充当了一个匿名读者。我记得自己正好是在两个漫长的会期中阅读这一厚重而困难的手稿的，因为我差不多欲罢不能，它是如此深奥和基本。

② Harvey, *Social Justice and the City*, 10～17.

③ 同上，第 10～11 页。

部分，它们用罗尔斯式（Rawlsian）的视角考察了和城市规划与收入分配相关的城市空间关系（正像他对“领土正义”、中心化和去中心化管辖之间的平衡的讨论），而在第二部分，则详述了一个马克思主义的城市研究议程，涉及参照不同生产方式中经济的整合和剩余的循环对城市席卷一切的历史进行重新诠释。哈维在早期“自由主义的”阐述中所呈现出的奇妙的空间感和意义系统继续使他转向马克思主义后的著作生气勃勃。这些阐述的议题包括：个人、团体和它们社会空间的关系结构，不同种类的人类活动和它们的独特空间、作为社会秩序之标志的建筑和都市风景之间的关联，工作场所-家庭间的联系，城市分析中功能主义的地位，国家在市场社会中能力的局限。①

《社会正义与城市》的第二部分是早期的、在某些方面十分基本和图式化的尝试，时时在科学的马克思主义和批判的马克思主义阵营之间游走。这一马克思主义的部分，包括一篇论文，该文论证了提供给美国黑人的贫民区住宅是如何得到一系列“无情的”具有企业精神的动议支持的，还有一篇讨论城市土地利用理论的重要文章，该文聚焦于土地使用和交换价值间碰撞的“灾难时刻”。这有力地利用了马克思长期受到忽视的有关地租和土地与空间的微观经济学讨论，这些讨论表明了地租如何是一种针对土地的理性化手段，它将土地当作一种所有人都需要的永久不动产，对多元利用和意义敞开，常遭遇频繁而果断的易手。它也包括一个对人类历史上城市发展一网打尽的宏观纵览，对比了生产和利用社会剩余的不同机制。城市被历史地概括为“一种特定的生产方式围绕它得到组织的一个枢纽，一个反抗根深蒂固的秩序的革命中心，一个遭到反抗的权力和特权中心”。城市的形成，是“通过社会剩余产品的集中，其经济整合的模式因此必须是具有生产和集中能力的”。利用卡尔·波兰尼的经济协调机制的范畴——互惠、再分配、市场交换——以及马克思的生产方式概念，哈维将城市表现为

---

① Harvey, *Social Justice and the City*，第一至三章。

是包含在社会剩余、经济组织的主流模式、社会的空间组织之间的关联领域之内的。在资本主义内部，城市既是积累和其矛盾的一个场所，也是积累和其矛盾的一个稳定器。①

《社会正义与城市》充满了洞见，并对研究发起了挑战。但是，最重要的是，在为马克思主义重新发现城市、为城市重新发现马克思主义方面，这些文章依然具有标志性的重要意义。在接下来的20年里，哈维小心地、稳步地但也是有选择地完成了《社会正义与城市》的研究议程。在整个过程中，他的中心目标十分清楚：扩大和扩展马克思主义论资本主义积累的著作，赋予它一个明确的空间维度。

哈维批评学术界安于各种生态学世界、韦伯的分析、新古典主义经济学、马克思主义，思想上四分五裂，没能互相考虑到对方及各自的主题，与此同时，他始终坚持马克思主义的地位——将资本主义的先发地位当作现代性的起因的卓越理论分析。在反思学术界的分裂时，哈维追问道："这意味着我们必须为了某些理论观点的折中而抛弃马克思吧？绝对不是。假如资本主义继续作为主流的生产方式而存在，那么，我们必须从对这种生产方式的分析入手。"②

哈维在《资本的限制》中做得最彻底。③ 在《社会正义与城市》结尾的几页，哈维断定他最初从剩余价值的循环方面突入到城市的分析是不够的：

> 认清剩余价值的循环事实上就是要认清社会的运行方式。不幸的是，我们没有掌握一种进入这种循环结构的洞察力，从而对它做出确切的陈述……要揭示全部的复杂性，至少需要一部具有

---

① Harvey, *Social Justice and the City*, 203, 216.

② David Harvey, *The Urbanization of Capital*: *Studies in the History and Theory of Capitalist Urbanization*. Baltimore: Johns Hopkins University Press, 1985, 263～264.

③ David Harvey, *The Limits to Capital*. Chicago: University of Chicago Press, 1982.

马克思《资本论》那样分量和洞见的著作。[①]

《资本的限制》试图提供这种失踪的文本。在这里，他的主要目的是重构马克思，并将空间内置其中。他的观点有以下因素：马克思资本主义经济逻辑分析的各种单元——劳动、资本和货币——都进入了空间，穿行于空间。资本主义的空间组织不只是资本积累的一种反映（想想空间和城市的组织因时因地的种种变化）。"地点是社会生产出来的。空间的塑形因此可以被视为积累和社会再生产的全部暂时动态之内的一个'积极瞬间'。"[②] 这一任务不仅需要对马克思主义经济学中的所有主要因素进行评论，而且要突出和发展在马克思那里只起第二、第三作用的主题：尤其是有关金融资本和地租的问题。

通过发展《资本论》处理地租的引人深思但未加展开的段落，并且直接将空间因素引入到对资本积累过程的分析之中，《资本的限制》对马克思主义和城市研究在许多方面做出了重要贡献。通过做出这些转移，《资本的限制》使马克思分析资本积累的第二个工程更强有力了。

经由土地利用而来的资本积累（哈维将其视为资本主义在行使一种重要的调节功能），有助于说明资本主义城市引人注目的历史地理："工厂和田野、学校、教堂，购物中心和公园、道路和铁路，杂陈出根据资本主义的指令不可消除、不可倒转地雕刻出的一幅风景画。"地租

---

① Harvey, *Social Justice and the City*, 312.

② Harvey, *The Limits to Capital*, 374.

是马克思主义政治经济学理解这种空间组织的一个理论概念。①

《资本论》以一个论“阶级”的片断结尾。在处理两个社会阶级、资本与劳动之间关系的第三卷的结论部分，马克思令人吃惊地写道，资本主义的特征是“三个阶级——工薪劳动者、工业资本家、地主——共同（而且是在相互对立之中）构成现代社会的框架”。地主阶级赚取地租——马克思在此将其描绘为“地产……生产价值的形式”②。当然，土地和租金的问题，对城市的发展模式至关重要，因为城市代表了资本投资的一种场所，资本投资改变了土地的所有权和土地的用途，并且在这一过程中改变了都市空间的塑形。

哈维对地租理论的核心贡献，是“在价值理论本身之内定义了一种连贯一致的地租理论”，并且以这种方式超越了古典政治经济学对地租的传统处理——认为地租是分配的问题而不是生产的问题。“但是分配关系，”他令人深思地写道：

> 可以……在资本主义生产关系之内占据战略性的调控地位。产生利润的资本循环不能直接生产价值，但它有助于调控剩余价值的生产（当然，充满了其所有矛盾）。那么，是否有可能寻求地租的资本循环可以发挥相同的调控作用？……对这一问题的一个肯定回答深深地隐藏于马克思的著作中：通过土地使用而来的资本的“正当”循环以及由此形成的对各种活动（充满矛盾）的

---

① Harvey, *The Limits to Capital*, 373. 哈维的著作是少数试图在马克思主义的政治经济学框架之内发展地租概念的尝试之一。对哈维处理地租的最有技术含量的批评性评价是：Steven Katz, ‘Towards a Sociological definition of Rent: Notes on David Harvey's *The Limits to Capital*’, *Antipode*, 18 (Apr. 1986). 卡茨最主要的怨言是，哈维将自己的地租定义局限在“一个资本主义内部的调控和竞争系统。哈维既轻视，也没能将工人斗争的历史现实整合到资本主义地租的逻辑之中”。卡茨呼吁“不仅让历史分析和社会学分析的再生产进入到政治经济学，而且将地租和空间的概念重建为阶级之间的斗争目标和场所”。(65～66)

② Karl Marx, *Capital* (3 vols.). London: Penguin Books, 1981, iii. 1023.

> "恰当的"空间组织的全过程，对土地市场的功能发挥极为关键，这种功能的发挥反过来也依赖于占有地租的能力。①

在他对"空间塑形的生产"的分析中，哈维将以下观念当作自己的中心观念：正如资本主义的发展一样，资本循环的步幅以非同寻常的方式增加，交通和通信技术巨大的、日益加快的变化，也促进了这一趋势。哈维发现，这种提速，不仅出现在时间之中，而且出现在空间范围之内，而且，到19世纪末，是通过城市空间范围之内的越来越重要的方式来实现的。正是城市的人为形式——资本主义城市已创造出来的空间——使资本的提速成为可能，并且为资本主义提供了其他功能要件，诸如一个投资剩余资本的地方，一个再生产劳动力的场所。这种投资机会为资本提供了一种"空间修复"，去处理周转、剩余、投资不足的种种危机。

资本主义生产是天生无政府主义的。资本家的集体利益基于生产和消费的平衡，但是资本主义竞争的理性和技术的发展，使经济几乎不可能达到这样一种趋于平衡的扩张。其结果是生产过剩的危机。这些也许可以首先通过艺术地使用信贷系统来替代，但这只是暂时的。也许还有更进一步的替代——这是哈维对马克思主义积累理论的标志性贡献——通过操纵地理和空间：帝国主义的空间修复和核心资本主义国家内部对人为环境的重组。②

人为环境因此对资本主义及其加速发展是必不可少的。当然，间

① Harvey, *The Limits to Capital*, 333, 331. 他补充道："像生产资本的利润一样，占有地租在积累关系中既有积极作用，也有消极作用，它的调节功能的获得，是以允许疯狂的土地投机作代价的。"(331)

② 在哈维的著作中，对资本主义的"修复"顺序更多的是尚待证实的而不是已经证实的。不过，在诸种方式上，它是有效的给人以启示的，以这些方式，地理和空间在不同的范围内（从城市到全球）成了马克思主义的资本积累分析的不可缺少的部分。有关这些问题的讨论，参见：Gerry Kearns, 'Making Space for Marx', *Journal of Historical Geography*, 10 (Oct. 1984).

或，它也许也可能成为一种阻碍，因为一种人为环境是固定不变的；它是“一个巨大的人类创造出来的资源系统，包含嵌于物理景观之中的使用价值，可以用于生产、交换和消费”。这样，它的变化永远不可能像经济发展要求的速度那么快。结果之一是在一个类似于熊彼特的创造性破坏的观念的进程中，资本主义城市的已成形式（built-form）加速遭到破坏和重建。城市永远以加速度得到开发和再开发，以达到与积累的新速度和新节奏保持一致。这既不是一种抽象，正如一个主要城市的所有居民亲身知道的那样，也不只是一种当下的事件，正如对 19 世纪巴黎和维也纳大规模重建所证实的一样。①

为了将这一观点推进一步，哈维以十分丰富的细节发展了一种马克思主义的金融资本和地租理论，并且不那么成功地对国家做出了一种功能主义的说明，其目的是弄清如何通过市场和指导性的调控使已成形式的重组不断重现。这些讨论在《资本的界限》中十分重要，因为正当哈维能够将它们整合到他对场所、地租形式、资本家和地主之间的分配斗争、土地市场、交通、资本的流动性、空间的基础设施、城市的不平衡发展的令人豁然开朗的讨论中时，它们正好跳出了主流

---

① Harvey, *The Limits to Capital*, 233. 在对《城市问题》的一篇评论中，斯蒂芬·埃尔金责备卡斯特尔在持这样一种主张时缺乏具体说明：“城市的安置对积累、消费和社会秩序的再生产是如此根本，以至于其中任何一环的崩溃事实上都会构成更大的政治经济的危机。对这一主张做出判断的困难，正好是弄清都市各单元对所列举的功能有何意义的困难。假如我们知道各部分，包括城市的各部分，在一起是适当的，那么我们也许正好可以和卡斯特尔一起得出结论说，‘短缺部分’不可能被其他安置所占据。”哈维论空间和积累的著作的巨大优点，是他正好力图提供这样一种下落不明的详细说明。Stephen L. Elkin, ‘Castells Marxism, and the New Urban Politics’, 未发表的硕士论文，1979。

地理学和新古典经济学的多种多样的定位分析。①

三

假如戴维·哈维第一个十年在马克思主义脉络中的各种主题，影响并反映出新城市马克思主义、涉及资本积累的城市著作的两个主要焦点之一，那么，第二个主导性主题——城市社会运动的兴起和政治潜力，则主要受到曼纽尔·卡斯特尔著作的影响，并反映在他的著作中。

《城市问题》一开头，是一个毁灭性的批评，批评的对象是讨论拜物教化空间的传统城市社会学（尤其是以芝加哥学派为代表），并且在准确的意义上是对阿尔都塞的意识形态生产的术语学的批评。城市研究的各种主流方法错误地以一种内在的方式处理城市的发展，因此模糊了城市与作为一种生产方式的资本主义之间的依赖关系。

卡斯特尔提出，特殊的进程在城市中的确出现了，其中包括一种城市社会关系独特空间组织形式，以及由国家进行集体组织的诸种消费模式。就这两者而言，城市的界定特征是空间的使用及其社会关系和进程再生产了资本主义生产必不可少的劳动力。芝加哥学派所强调的城市的空间分化，以及列斐伏尔所看重的对日常生活的关注，在这一框架内找到了意义。在卡斯特尔看来，资本主义生产方式的每一时

① 哈维最近出版的《资本主义发展的历史与理论研究》两卷（我在这一章稍后会讨论到）的某些最好部分，对这些讨论做了扩充和完善。第一卷《资本的城市化》包含了论金融资本、地租、住宅分化、不平衡发展、规划的文章，并且正像在《社会正义与城市》中一样，包含了从马克思主义视角对城市发展所做的一个宏观历史处理。总的说来，这一卷是对《社会正义与城市》中所提出的主题的回望，并且，鉴于单篇论文所拟定覆盖的时间范围，这一卷既是对《资本的限制》的展望，也是对《资本的限制》的回顾。哈维的研究工程在马克思主义内部的连续性和坚持不懈，令人印象深刻。在第二卷《意识与城市经验》中，哈维通过研究他在《社会正义与城市》的前面章节抛诸脑后的性情、语言、意义、文化、能动性等问题，开辟了新的地盘。

刻都要求对城市空间进行一种互惠的组织，以加快适合于特定生产水平的再生产和消费过程。假如资本主义的生产对哈维来说是城市空间的制造和再造的构成因素，那么对卡斯特尔来说，这种构成因素则是资本主义通过消费过程再生产劳动力的必要条件。在发达资本主义的空间和社会因素的共存之中，卡斯特尔找到了主流著作中所缺乏的对城市的科学定义。

在发达的“垄断”资本主义中，国家通过提供确保资本主义有它所要求的城市空间和消费水平与特点的集体商品与服务，越来越多地干预消费过程。① 其结果之一，是生活在一起的城市居民之间直接的、无中介的联系增加了，国家成了住房、交通、教育和社会服务一类消费品的提供者。国家的这些干预对资本主义秩序的再生产具有双重效果，并且同时对创造诸多矛盾具有双重效果——这些矛盾为冲突提供了新的基础，也为社会转型提供了新的可能性。②

按卡斯特尔的看法，20 世纪 60 年代出现的新城市社会运动是城市空间与一个干预主义国家之间新联系的一种反映。由于这种联系对资本主义积累的枢纽作用，城市社会运动——与工人阶级的工会和政党合作——正像更老的以工场为基础的劳动力与资本之间的冲突那样，

---

① 卡斯特尔在他关于国家对敦刻尔克地区的规划与重造的研究中，对这一命题进行了大范围的实证处理。在敦刻尔克地区，国家进行干预，以创造一个适合垄断资本主义的生产和消费要求的人为环境。M. Castells and F. Godard, *Monopolville: l'enterprise, l'état, l'urbain*. Paris: Mouton, 1974.

② 对“集体消费”的尖锐批评是由 R. E. 帕尔提供的，他在过去十年，从一种新韦伯主义的视角对新城市马克思主义做出了某些最好的评论。他的主要反对意见是，在卡斯特尔对“‘集体消费’的本质、作用和重要性的讨论中，许多分开来讨论的问题有时放一起时被错误地忽略了……问题结合到一起时没有分开来考虑，并且没有详述这种合论的正当理由：(1) 消费过程的社会化；(2) 国家在消费社会化中的作用；(3) 第 2 条在分配上的后果；(4) 政府供应的水平”。此外，帕尔还令人信服地责备卡斯特尔过快地转向设想国家对日常生活的管理必然会导致对城市社会运动的动员。这是一个偶然的问题。R. E. Pahl, ‘Castells and Collective Consumption’, *Sociology*, 12 (May 1978), 309～310, 314. 他对《城市问题》也进行了评论：*Progress in Human Geography*, 2 (Mar. 1978).

必定具有影响社会发展轨迹和转向社会主义可能性的潜力。城市运动因此代表了反资本主义工人阶级斗争的一个强有力的、有前途的场所。①

卡斯特尔对城市社会运动的立场在20世纪70年代得到了完善和发展，尤其是在《城市问题》英文版的“后记”和《城市、阶级与权力》的文章中。这些文章，在反思那时欧洲共产主义前景看好的可能性时，他提出，第一，城市斗争无需直接或必然地与劳动阶级工会和政党联系起来，而是独立于特定阶级的组织，也许可以开辟出跨阶级的同盟；第二，以集体消费为基础的社会分工越来越摆脱传统的社会结构，独立的程度与日俱增；第三，其结果，它们在反资本主义的斗争中具有自主的作用。随着时间的流逝，消费成了资本主义的支点，因而，依集体消费而定的国家-邻里关系对资本主义经济和社会秩序的再生产的重要性增加了。20世纪70年代后期的这类著作预示了卡斯特尔后来在《城市与草根》中的观点——城市运动不再被认为是劳动与资本之间的阶级斗争的必不可少的层面，而是与传统的以阶级为基础的冲突齐头并进的独立社会力量。在对正统马克思主义的这种修正中，消费被赋予了和生产同等的价值。② 在后来的著作中，在一种按照他早期对城市社会学主流批评来看只能被视为反讽的转变中，卡

---

① 在解读这一讨论时，可以不关注1968年5月的影响，不关注正统马克思主义需要——尝试将新运动吸收到它对资本主义发展和转型的分析中。更概括地说，可以将新城市社会学理解为在一个传统的蓝领社会基础已经崩溃的时代寻找能动性的新的承担者的尝试。当然，马克思主义者也以其他方式处理了资本主义的后工业时段，其中包括定义上的策略，将工人阶级扩大到其工业基础之外；关注以社会民主政治的逻辑结成的跨阶级的同盟。

② Castells, *City, Class and Power*. London: Macmillan, 1978. 这本书，以及更早的《城市问题》，没有表现出对城市的历史发展的任何兴趣，也没有表现出对阶级形成的历史问题的任何兴趣。从至少像卡斯特尔第一本书那样的正统的马克思主义的视角，历史学家约翰·福斯特感到遗憾的是，这些分析特征使阶级斗争在卡斯特尔的分析中成为“纯粹形式的”了。John Foster, ‘How Imperial London Lost its Slums’, *International Journal of Urban and Regional Research*, 3 (Mar. 1979).

斯特尔进一步发展了城市自主性的观念，不过现在是将其当作象征和社会意义生产的一个语境。我下文还会回到这种思想和政治上的转移。

四

假如我们稍稍留意一下写于 20 世纪 70 年代的三部代表性文集，就可以看到对戴维·哈维和曼纽尔·卡斯特尔早期著作至为重要的主题，以及他们所推动的新城市社会学所具有的力量和局限。这三部文集反映出了马克思主义致力于重新发现城市所引起的思想震动。第一部《被囚的城市：城市和区域的政治经济学研究》，由国际社会学协会城市与区域发展社会学研究分会早些年所提交的论文所组成。这些论文很好地把握到了对城市社会学的马克思主义批评和韦伯式批评的同时崛起，这两种批评都否定了作为城市社会学主要特征的分化观和对空间的自然化。它们也显示出了马克思主义著作与韦伯式著作间的尖锐分歧。马克思主义的论文聚焦于积累与社会运动，韦伯式论文聚焦于国家的自主角色。这两种立场在本书中很少有对话。[①] 随之而来的

---

① Michael Harloe (ed.), *Captive Cities: Studies in the Political Economy of Cities and Regions*. London: John Wiley, 1977. 在介绍这部书时，哈洛写道："在过去几年中，发达社会中许多社会学的意识形态性质和社会学家的非批判角色受到了挑战。许多社会学家吸收了新的理论和政治立场，其中一些关注城市研究的人开始重估自己这一学科的这一分支。这一活动始于许多不同的国家，是由具有极为不同的方法的社会学家掀起的，但他们中的许多人在 1970 年的瓦尔纳社会学第七届世界代表大会上走到了一起，开始讨论他们的工作，交流自己的看法和经验。国际社会学协会的一个研究分会建立了起来，这就是城市与区域发展社会学研究分会。本书收入了一组论文的修订版，其中大部分是提交给该分会 1970 至 1974 年间所举行的会议的，尽管这一导言也参考了最近出版的一些资料（第 1 页）。"

这一分会蓬勃发展。1987 年 9 月，举行了它的第十六届会议："城市变化与冲突"。尽管构成这些会议议题的当下事件随时间流逝已经改变（1987 年的会议主要关注在撒切尔主义和里根主义时代及新的全球世界经济中的经济重构），但主题和参与者的持续性是值得注意的。

是，当马克思主义著作取得了信任和动力之时——在很大程度上是在卡斯特尔和哈维的引导之下，前者寻求一种阿尔都塞式的马克思主义，后者敏锐地证实了与自由主义对立的马克思主义的特殊能力——它甚至更少与其他分析传统相互作用。

在他们的开拓性努力中，这本书中的文章共有许多其他继续构成了新马克思主义城市研究的令人启发而作用有限的特点。它们对历史压根不感兴趣。它们逃避比较分析。其结果之一，他们要么利用自己的个案去说明理论观点，要么认为单个国家的个案材料足以产生理论。而他们所生产的理论往往是高度图式化和形式主义的。

大致上与第一部文集同时出现的第二部文集《城市社会学：批评文集》，力图“让说英语的读者可以利用吸收了历史唯物主义或马克思主义观点的作者用法语所写的城市社会学读物的一个样本”[①]。这一译文集先于卡斯特尔《城市问题》英文版面世之前一年，使读者可接触到由拉马什（Lamarche）、洛杰金（Lojkine）、奥利韦斯（Olives）所写的崭露头角的著作，外加卡斯特尔的三篇论文。

在这里，同样没有一篇文章具有一种历史取向；所有文章都聚焦于当代城市和当前斗争。它们的主要问题涉及：对城市研究的以理论为基础的分析对象的详细说明；经济基础在空间中得到建构的方式和为城市空间进行资本积累的后果之间的辩证关系（尤其看重房地产开发、规划和由对国家所提供的商品和服务的集体消费所创造出来的货币流通）；社会运动的发展和在资本积累与城市空间的这一双重系统内所创造和形成的群体间的冲突模式。

像《被囚的城市》一样，第三本文集《城市、阶级和资本》发表了提交给国际社会学协会城市与区域发展研究分会的论文。它代表了到 20 世纪 70 年代末该领域的发展，正如哈维和卡斯特尔著作的新深

---

① C. G. Pickvance (ed.), *Urban Sociology: Critical Essays*. London: Methuen, 1976, 1.

度和厚度一样。到这时，特定的个案研究变得越来越精细，理论著作也更少图式化，但是新马克思主义学术研究的积极特征和受限特征的总体轮廓依然如故。积极的一方面是：与分化问题的彻底决裂，试图将马克思主义的资本逻辑理论空间化，对当前问题的敏锐分析，对冲突的城市基础的特殊性评估。受限的一方面是：单纯关注现在，没有进行比较研究，平面的和功能主义的国家观，理论的专制趋势。这一著作的主要缺陷是，除了对 20 世纪末城市的经济-空间基础与这些研究记录得如此好的社会运动的趋向和集体行动之间的关联进行了机械处理之外，还缺乏更多的东西。简言之，马克思主义的社会理论工程失去了活力。①

哈维和卡斯特尔 20 世纪 80 年代初期和中期的著作（哈维在《意识与城市经验》中，卡斯特尔在《城市与草根》中）所致力的，正是这些问题。两者都试图推进马克思主义与城市社会理论的结合。他们的分析对象是相同的：19 世纪和 20 世纪城市独特的城市意识和集体行动模式的兴起，作为城市中人为环境与社会生活的塑造者、大众抗议目标有计划的国家干预与日俱增的重要性。按这些对象来说，他们重返了列斐伏尔的领域，采取的是一种明显的城市与马克思主义联姻

① Michael Harloe and Elizabeth Lebas (eds.), *City, Class and Capital: New Developments in the political Economy of Cities and Regions*. New York: Holmes and Meier, 1982.

许多受到哈维和卡斯特尔的启迪，在 20 世纪 70 年代马克思主义城市主义标签之下产生的学术研究，在处理社会理论方面比这里所讨论的著作远为粗率。举一个例子，在没有对城市事物做出任何细微区分或加以注意的情况下，索耶斯便提出“当代城市形式是资产阶级社会关系的上层建筑的表现形式”，参见：Larry Sawyers, ‘Urban Form and the Mode of Production’, *Review of Radical political Economics*, 7 (Spring 1975).

新马克思主义城市主义对历史、对马克思的时代变化的第一工程缺乏兴趣的一个重要例外是：Michael Durnford and Diane Perrons, *The Arena of Capital*. London: Macmillan, 1983. 这一综合研究从实证方面聚焦于英国经济从 1066 年到现在的发展，该书旨在表明，空间分析和马克思主义历史唯物主义的结合如何可以使这一宏大故事（包括其城市部分）更能被人理解。这本心怀大志的书，在所陈述的关键时刻，更多地依赖于以经济为基础的论证，而不是依赖于特定空间构想的发展。这种陈述气势宏伟，但是使空间成为经济变化的一个构成因素的追求，更多是自我宣称的，而不是已经达到的。

的方式。当然，他们的策略和结论，不可能更为不同。

五

“资本主义，”哈维写道，“已经通过城市化和具有非同寻常的广度和复杂度的人为环境创造生产了一种‘第二自然’。它也通过意识的城市化、社会空间的生产、意识形成的不同场所之间的一种特殊的相互关联结构生产了一种新的人性。”[①]我们已经看到哈维的早期著作是如何主要关注对城市空间的这种“第二自然”是怎么和为什么产生做出解释的。在这里，通过进一步追踪城市发展和资本流动之间的相互关联，并且更重要的是，通过追踪这种城市结构和群体与阶级形成的模式化过程之间的联系，哈维拓宽了这一分析。

哈维对这一社会理论工程做出了许多实际性的突破。《意识与城市》的最长一部分致力于1850至1870年间巴龙·奥斯曼监护之下的对巴黎的重建。还有一篇短小的论圣心教堂建造的奇文。三篇理论文章——《货币、时间、空间与城市》《阶级斗争与人为环境》《意识的城市化》——描绘了支撑个案研究的各种主题。自始至终，哈维强调现代城市首先是一个资本主义城市：

> 城市是由雇佣到资本循环的时间进程之内的劳工所建立起来的一个生产力的凝聚体。它是由为了世界市场交换的资本主义生产的新陈代谢滋养出来的，并且支持一个高度复杂多变的被组织到世界市场范围之内的生产和分配系统。居住在城市的个人通过用货币收入赚取资本的循环（工资和利润）或衍生的所得（租金、税收、利润、商业利益、服务支出），再生产了自身。城市受一个特殊阶级力量联盟所管辖，被分割为众多社会再生产的独特共同

① Harvey, *Consciousness and the Urban Experience*, 273.

> 体，并且被组织成一个非连续的但在空间上相邻的劳动市场，在这一劳动市场内，每天找到更利于劳动力的工作良机是有可能的，并且也许还可以发现劳动力的某些独特的质和量。[①]

鉴于城市的资本主义特征，马克思主义是享有特权的阐释者。在批评由新古典主义经济学家、韦伯式的权力分析家、女权主义的父权制研究者、在生态传统中做文章的分析家所写的著作时，哈维发现它们都是“对一种城市化意识的悲剧性反思；它们反映了表象，对阐述内在的意义和关联少有作为，而对维持混乱却多有贡献——通过以学术名词复制混乱”。相比之下，马克思主义却能够直抵资本主义生产方式的本质。因此，他的目标，不是让马克思主义加入到其他更多关注特殊的城市现象的观点之中，而是“将齐美尔和沃思一样的作者已取得的种种详尽的复杂精密植入到马克思主义的观点中。必须结合资本的城市化来理解意识的城市化”[②]。

“意识的城市化”是个人和群体性格形成的速记，这种性格的形成不是基于阶级而是基于多元的认同——领土的、性别的、人种的、种族的——和更广泛的共同体的概念。在呼应卡斯特尔时，他说，这些通常反映了一个特定地方人们相互之间的关系和与国家之间的关系。他勉强承认，与工作场所不同，居住地“以使韦伯的消费阶层概念看上去合理的方式”要求“资格、地位和声望”[③]。

意识的城市化因此向一种专制的马克思主义发起了一种基本挑战，因为它的性格和集体行为的模式化过程既没有以不加调节的方式从积累过程中出现，也没有反映出传统马克思主义的阶级范畴。哈维的整部书都是在自设的不要跨出一种自足的马克思主义的界限之外的限制

① Harvey, *Consciousness and the Urban Experience*, 250.

② 同上，第 252 页。

③ 同上，第 255 页。

中全力对付这一悖论。

哈维以往的许多著作强调了城市在资本主义时代的发展如何暂时解决了这一系统的危机趋势并加快了资本积累的提高过程。在这里，他被迫聚焦城市发展这一历史的后果，将其当作资本主义生产方式之内结构与能动性之间的一个调节器。他承认，资本主义城市已经产生了一种新的分化了的城市意识，这种意识没有为马克思所预见到，基于其行为者的复杂性以及他们在空间之中和在受空间限制的与政治当权者关系之中的地位。为了解释这一发展，哈维试图完成两项相互关联的任务——这两项任务显示出了一种深层的矛盾心理和一种还没有得到解决的紧张状态。他力图表明资本主义发展是如何聚集了使这种新意识成为可能的空间关系的，他并且试图以一种对正统的不自然的肯定，证明它所传达出的非阶级关系基本上是虚构的，因为资本主义生产关系中的唯一不可化约的社会关系是资本和劳动之间的关系。

> 与日俱增的城市化，使城市成了个人现在经验、实践并对环绕他们周围的世界转型和结构的总体性做出反应的基本层次……正是从这种经验的复杂多变和混乱无序中，我们建立起了时间与空间，社会权力及其合法性，统治形式和社会互动，通过生产和消费而来的与自然的关系，人性、市民社会和政治生活的基本意识。
>
> 千奇百怪的意识出自这种经验的混乱无序。思维和行动模式不能通过诉诸两极化的或甚至复杂的阶级结构直接把握到。由于在日常城市生活中具有真正的物质基础，意识的诸种模式不能被当作虚假的不予考虑，尽管我将坚持它们必然是盲从的。在考虑表面经验的错综复杂的种种物质型式（material patternings）时，复制的确模糊了内在的意义，但表象也足够真实。①

---

① Harvey，*Consciousness and the Urban Experience*，251.

推理的思路是清晰的：资本主义创造了城市；城市创造了一种折射其复杂多变现实的意识；然而这种意识使注意力偏离了支撑城市生产和功能化资本主义生产方式的首要力量。这是资本主义社会秩序的大秘密。城市不仅赋予了积累过程确保一种空间修复的能力，它也通过偏离阶级斗争使之进入“盲从的”维度而歪曲了阶级斗争。

哈维是在他对1850～1870年间巴黎的个案研究中以伟大的热情来具体地讲述这一故事的。它详细地描述了物理的城市是如何急剧地改变的，这种急剧的形态学上的变化又是如何产生群体形成的新模式的，他的策略是阐明“一种螺旋上升的主题……从相对静态的空间关系开始，经由分配（信贷、地租、税收）、生产和劳动市场、再生产、意识的形成到将空间按实际城市的真实历史地理置于运动状态之中”①。

哈维不是将巴龙·奥斯曼于拿破仑帝国宣布成立后仅数月在路易斯·拿破仑的支助下所展开的对巴黎的重建视为国家建设的一个方面，而是视为他在《资本的限制》中所提出的空间修复策略的一个具体例证。按照这种叙述，兴师动众所展开的重建巴黎的诸多浩大公共工程，目的是通过“长期地将资本用于空间关系的重组”，克服“资本主义的第一大危机”。②

哈维声称，奥斯曼深知城市的资本主义特征，以及其内部的已经启动的经济和空间进程，因此他将他建设者的作用视为容纳和加快这些趋势。可以肯定，皇帝和奥斯曼“想让巴黎成为一个配得上法兰西，甚至西方文明的一个首都”，但是

---

① Harvey, *Consciousness and the Urban Experience*, 69.

② 同上，第70页。从表面上看来，这是一个极不平衡的观点，没有得到谨慎的实证证据的支持。这是哈维贬低国家独立的重要性和国家官员的兴趣和观点的一种征候。

> 给他增光的是，奥斯曼恰好知道自己有限的作用。尽管他大权在握并经常幻想庄严宏伟，他还是认识到假如巴黎要转型的话，他就必须不只是将商品和人员的流动从其中世纪的限制中解放出来，他必须动员的力量，并且最终将控制他的力量，是资本的循环。

其结果是，“最终他只是帮助巴黎成了这样一座城市，在这一城市中，资本的流通成了真正的皇权”①。

应当肯定，通过吸收可利用的剩余资本和剩余劳动，始于1851年的浩大的建设工程解决了资本主义的危机，但是我们应当比哈维更为谨慎，不能将结果和动机混为一谈。尽管如此，即使我们偏爱对巴黎重建的起源做出更少以经济为中心的阐释，但是无可否认，利害攸关的仍是对法国资本主义具有深刻后果的浩大的经济事业。哈维以引人注目的方式再现了这一故事的各个层面：地租和财产的戏剧性变化，信贷市场的转变，金融和不动产利益支持发展联盟的兴起，土地利用的理性化，对劳动力的大规模动员。

城市意识的结果怎么样呢？哈维有效地发现，空间的重组有一个矛盾的结果。通过创造工人阶级在其中拥有一种相对自由的存在，工人变得难以监控的各种空间，城市中心的去工业化、工作场所和家庭的新的分离、城市与日俱增的住宅隔离，基本上改变了工人阶级的格局。密集的社会性长期以来是巴黎邻里关系的特征，它们在18世纪正如在19世纪一样充当着阶级形成的场所。② 但是在巴黎的奥斯曼化之后，长期建立起来的家庭、工作场所和生活地之间的纽带被切断了，住宅区日常的相互作用的跨阶级模式被取消了，不同区域之间的更精

---

① Harvey, *Consciousness and the Urban Experience*, 76.

② 对18世纪巴黎的卓越处理，参见：David Garrioch, *Neighbourhood and Community in Paris*, 1740～1790. Cambridge: Cambridge University Press, 1986.

细的区分发展了起来。尽管巴黎长期以来是隔离式的，

> 在总体模式之内，空间上还是高度混合的。阴沉的贫民窟与富裕的市内宅邸混合在一起；手工艺人和工匠与世家在左岸和玛莱区混合在一起；受到称赞的纵向隔离（精品店楼上的富裕资本家和阁楼上的工人家庭）的确也带来了阶级之间的某些社会接触。工厂和商业界的主人和雇员传统上相互之间也住得较近。

奥斯曼没有创造住宅区的隔离，但是，与房地产市场租金的影响携手合作，他的公共工程创造了一个其社会空间得到了更为清楚界定的城市：

> 贫民窟的搬迁和建筑的投机买卖巩固了资产阶级的西区，而土地开发的分流系统在北部和东部边缘创造了成片的低收入住宅——用任何与上流阶层的混合都无法得到缓解。土地利用的竞争也巩固了商业和贸易区，而工业和商业活动也在经过选择的中心区域倾向于空间上严格的物以为聚——印刷在左岸，金属加工在中心的东北，皮革在工艺学院附近，成衣就在大林荫道（grands boulevards）边上。地带（zones）和楔形（wedges），中心和边缘，甚至区分精细的住宅区，与1848年相比，在1870年更显而易见是由阶级来决定的，或是由职业来界定的。①

但是，假如巴黎的新的空间塑形可以导向一个以阶级为基础的得到开发、详述和保护的形成劳工阶级的领域，那么，以一种自相矛盾的方式，它也推动了不基于阶级而基于共同体的新型意识的发展。这有时强化了阶级认同，有的时候也取代或切断了阶级认同，产生了一

---

① Harvey, *Consciousness and the Urban Experience*, 167.

种混杂的意识，这种意识分割、弱化了工人阶级的可能性和政治，并使他们前后矛盾。哈维故事的高潮，对巴黎公社总体过于简单和图式化的讨论，显示出了这种双重趋势。这种非同寻常的城市造反折射出了新巴黎自相矛盾的方面：

> 每个人都装备了自己华丽的革命理论与激进资产阶级之间的分裂，实践的爱国主义者与具有各种妙语和梦想的小贩之间的分裂，被事件弄得晕头转向的工人与试图赋予前后一致、不可抗拒的解释的行业工会领导人之间的分裂，对小区、城市和国家的各种忠诚之间的分裂，中心化人物与非中心化人物之间的分裂，都给巴黎公社一种不一致的气氛和一种充满内在冲突的政治实践。①

尽管资本变化多端的力量束缚了巴黎的重建，甚至在革命的时刻也是如此，但是它所带来的政治不具有单一的对抗资本的劳工力量，因此与马克思主义阶级斗争清晰的断层线也不相合。在这一方面，巴黎公社潜在地代表了转变的一个关键时刻，在这一时刻，分化了的城市多元性压倒了资本主义阶级结构的简单化，塑造了一种多面相的城市意识。这里，在分析中，哈维让自己有关积累科学的马克思主义与一种意识分析联姻，这种意识分析中也许不太明智地掺和进了列斐伏尔和卢卡契著作中的一些关键层面。在列斐伏尔那里，现代资本主义社会的城市现实组织起了对情感、性格和政治文化的严格考验。在卢卡契那里，新的社会是内在的原子化的，它赋予阶级意识一种革命的不可能性。按照这种表述，新的城市意识，是某种假货和赝品，如果不完全是虚假意识的话。在一种终极意义上，这种意识折射出了劳动和资本的二律背反，因为产生城市意识的都市基本上是一种资本主义

---

① Harvey, *Consciousness and the Urban Experience*, 218.

的创造物。但是，资本主义结构和劳工阶级变化了的能动性之间的联系被新的城市化分割了开来：

> 一旦被制度化和物化，这些关系……〔物理关系和社会关系的地理学塑形〕就被转变为具有自身意义和硬度的城市生活的复杂密码。城市符号学强化了物理和社会空间的结构化，并且因此直接进入到了意识的城市化之中。①

正像对卢卡契来说仅仅祈灵于由商品原则扩展到全社会所带来的物化是一种孤注一掷的革命政治一样，哈维也是用一种嘹亮但相当平凡的指令来结尾的：

> 将革命的城市化置于我们政治策略的中心……任何未将自己嵌入城市进程核心的政治运动，在发达资本主义社会注定会落败。任何不能在城市进程内部确保其力量的政治运动，也不能长久生存。任何不能提供摆脱当代城市生活多元异化出路的社会运动，也不能要求大众为资本主义的革命性转型提供支持。

他承认，这种政治建议是"朦胧模糊的"，但他坚持这是一个偏爱的问题："但是我偏爱这个样子。"② 在我看来，我不认为这种朦胧模糊是一个自愿的问题，因为他的分析迫使他从具体的政治介入领域进入到了一种乌托邦的革命政治——这种革命政治深深地嵌于其表述的沉默之中和他对马克思主义社会理论的处理之中。

特别是，《意识与城市经验》中有两大局限。第一大局限涉及该书没有在马克思主义内部发展出一种超越了基于结构和意义之间对应的

---

① Harvey, *Consciousness and the Urban Experience*, 第 265 页。

② 同上，第 276 页。

操作性假设中单一反映论有关阶级和群体形成的观点。第二大局限涉及一种封闭的马克思主义的内在局限。让我们依次仔细地看看。

像许多马克思主义者一样，哈维以一种双峰并峙的方式处理阶级形成：阶级存在或不存在。和城市意识联系在一起的问题是城市意识遮蔽和扭曲了阶级形成："即使在谋生之地的冲突……也只是资本和劳动之间潜在紧张状态的一种反映……它们也仍然存在于资本和劳动之间，并且因此掩盖了紧张状态的真正根源，将其排除在视野之外。围绕人为环境而展开的冲突的表象……隐藏了一种隐蔽的本质——只不过是资本和劳动之间的斗争。"其结果，城市冲突获得了一种隐蔽的潜力——与工场的冲突结合到一起，创造出一种更完整的对资本主义的挑战，只不过在以什么方式和在何种条件之下以共同体为基础的动员才有可能获得这种潜力方面，哈维完全保持沉默。

这种沉默部分是他按照对应处理群体构成的结果：工会意识反映了资本主义的工场；城市意识反映了资本主义的住宅区。这是一种无力的社会理论，它祈灵于作为一种经济秩序的资本主义如何设定限制和施加压力这样有趣的问题，以及有关阶级和群体构成的不同维度一类有趣的问题。

这些问题在四个层次上不证自明。第一个层次涉及哈维对资本主义基础的处理，尤其是在《资本的限制》之中。在某些方面，《意识与城市经验》是对《资本的限制》的批评者的答辩，批评者们指责哈维将理论与历史分割了开来，并指责他通过详述《资本论》的概念装置来发展理论的策略。① 这种抨击思路，正像我在第二章中所讨论的那种批评《资本论》创造了一种资本积累的封闭逻辑理论一样，是一种错位。像马克思的著作一样，哈维对积累的处理就它使空间成为积累

① 举两个例子：Kearns，'Making Space for Marx'，and Christian Topalov，'Capital，History and the Limits of Economics'，*International Journal of Urban and Regional Research*，7 (Dec. 1983).

的一个构成因素的目标来说，确实是封闭的。但是，像马克思一样，当将它置于能够阐明整个社会及其历史的社会理论工程之时，它对资本主义基础研究的意义必定会改变。

然而，与马克思对经济基础的处理不同，哈维对资本流动的阐述缺乏结构和能动性之间的内在联系。我们看到，在最后一章，马克思是如何将一种对资本主义生产的高度概括与一种对理性的当事人行动的连贯描述结合到一起的。利特尔（Little）所称的资本主义生产方式的"制度逻辑"提供了一种资本家在其间行动的动机结构；反过来，资本家的活动又（重新）创造了资本主义经济的组织结构。比较而言，哈维的描述是一种自然主义的描述，而《资本论》则被理解为"一种完整的演绎理论，在这一理论中，少数理论原理服务于将资本主义社会的实证现象结合到一起"①。这些现象集中到了劳动价值理论和剩余价值的生产。从这一视角看，抽象的资本主义模式的经验后果可以预先当作对许多问题的预言被构想出来，其中就包括阶级形成的诸种模式。这种对马克思的分析类似于对某些自然科学的处理，创造了一个全是结构而没有能动性的资本主义基础。对哈维来说，正像一位批评者所指出的，其结果是"没有能详细说明资本主义系统的必要条件是如何被当事人认为是承担社会、政治和经济管理的能力，哈维将这些必要条件视为是呼唤"②。在哈维看来，这些必要条件之一是城市，因为它需要提供一种空间修复。但是，谁是理解这种功能主义并使其运转的当事人呢？假如像哈维所表述的那样，将作为一种经济和社会力量的资本理解为一种抽象和单一的实体，那么，是什么东西将不同的零散的金融资本、食利者、制造商连接成一个连续的、统一的当事者

---

① Daniel Little, *The Scientific Marx*. Minneapolis: University of Minnesota Press, 1986, 16. 也可以参见该书后文第二章的讨论。

② Kearns, 'Making Space for Marx', 413.

的呢?[①]

假如对哈维来说，社会理论的第一个问题在于资本主义经济基础的这种概念化，那么第二个问题就是他赋予资本主义城市中的城市空间的形而上的地位。尽管他承认 19 世纪和 20 世纪西方的城市化一个关键特征是工作和居住的空间分离，他还是坚持前者是第一位的，后者是第二位的。工场不必属于经济基础、居民区不必属于上层建筑吗?轻轻一笔，以马克思主义正统之名出现的这一思想变化损害了哈维自己的洞见——资本主义城市的增长改变了“基础”的特征。因为如果我们对社会的社会组织感兴趣的话，也就是对真实的社会结构中真实的人们的生活方式感兴趣的话，那么在对群体和阶级构成的分析中，就不会有任何正当的理由给予工场以特权地位，“因为工作场所和家的分离，以及空间中社会阶级之间的分离，阶级关系不仅在工作中经历和体验到，而且在居民区不工作时也经历和体验到”[②]。如果我们对城市中社会阶层是如何组成具有共同趋向的各种群体感兴趣，那么，我们必须留意它们是如何在两个领域建构它们的社会地形图的，并且留意它们是如何相互联系或不相联系的。

这不是全有或全无的问题，而是依情况而定的问题。考虑到工作和居住的复杂分离和相互关联，群体和阶级构成的可替代类型，比其他类型既不会更真实，也不会更自然。那么，这是哈维社会理论理念的第三大问题。不是追问阶级作为资本主义城市中工人阶级的合成认知图是出现在什么样的条件之下，为什么在极为相同的资本主义和城市背景之下劳动人民的不同群体会组成为不同种类的工人阶级，相反，通过其两相对应的反映论策略，哈维回避了这些问题。资本主义生产

---

① 我的这一观点受惠于查尔斯·蒂莉 (Charles Tilly)。

② Ira Katznelson, 'Working-Class Formation: Constructing Cases and Comparisions', in Ira Katznelson and Aristide Zolberg (eds.), *Working Class Formation: Nineteenth Century Patterns in Western Europe and the United States*. Princeton, NJ: Princeton University Press, 1986, 16.

出了通过创造“城市意识”从而使工人阶级解体的城市空间——“城市意识”是一个不甚精确的词，哈维用它来充作一个行囊，收纳共同趋向的所有非阶级基础。

哈维社会理论的第四大缺点是根本没考虑集体行动的各种问题。他似乎未加讨论地认定，每一种意识——阶级意识和城市意识——都毫无问题地产生了自己那一类型的集体行动。但是，由生活情境和趋向相同的人组成的群体，也许会、也许不会采取集体行动，将他们的取向转变为行为。这类行动所包含的意义，多于无论人们共有多少一般特征时所存在的没有自我意识到的共同行为所包含的意义。阶级和群体的社会组织、它们的趋向以及它们的集体行为模式之间的联系，必须是阶级和团体构成的研究核心，但是哈维对这一主题的理解，对单一的阶级本身的理解，就其本身的阐述来说，使所有这一类的思考都浮于表面。其结果，哈维的19世纪巴黎史，比起这一时期所写的马克思主义历史学家的著作来（包括恩格斯所写的），与卢卡契的反历史的马克思主义著作在分析上拥有更多的共同点。

假如社会理论损害了哈维想将理论和历史结合起来的企图，那么他对一种封闭的马克思主义的坚持也同样如此。在他对国家及国家在形成人为环境上的作用的平面的、功能性的处理上，代价最为明显。他认为，城市的发展——即使是在像对巴黎浩大的、由国家引导的重建这类发展中——主要地、差不多无一例外地是资本逻辑的产品，而国家只不过是其工具而已。

哈维的确是认真对待国家的。他以令人信服的观察开始：“最近许多对国家的马克思主义理论研究，在走上对国家、货币和信贷系统之间关系的理解时，都是相当地没有根据的。”他致力于补救，补救的方式是聚焦于作为现代信贷之枢纽、现代国家内部中心控制点的中央银行。[1] 他挑衅性地提出，货币不是资本或国家的一种排他的工具，而

---

① Harvey, *Limits to Capital*, 282.

是确保它们的相互联系的一个关键因素。并且，继马克思、波兰尼和齐美尔之后，哈维表明了一种以市场决定价格占主导地位为特征的货币经济是如何构成了资本主义内部一种独特的人类共同体的。①

哈维认真对待城市仅是将其当作资本的功能性再生产的一个工具：

> 给资本主义社会中国家的作用一个适当的概念，是有争议的。我将仅仅持这样的观点，实施国家权力的国家制度和进程必须这样来塑造，以使他们也尽其所能地促成社会体系的再生产和成长。在这一设想之下，我们可以导出资本主义国家普通的基本功能：
>
> 1. 通过扮演一个"危机管理者"的角色，帮助稳定另一个相当反复无常的经济和社会系统。
>
> 2. 努力为"平衡发展"和积累的平衡过程创造条件。
>
> 3. 通过镇压（政治权力）、合作（政治上和经济上的收买）或整合（尝试调和势不两立的阶级或派别的要求），包容市民的争吵和派别的斗争。②

按这种观点，国家所拥有的只是它实施这些功能所需要的那种自主度。国家，以及在国家中占有一席之地的参与者，没有任何独立的兴趣。国家作为一个独立的宏观结构没有任何不受限制的或自我激发的地位，因而它不是理论建构的一个有价值的对象。

即使在中央银行业和货币政策对国家形成史、民族国家的能力如此根本的领域内，哈维也只是将发展的唯一动力定位于资本的功能性的必要条件之内。在信贷和银行业"如此高程度国家干预的原因"，他写道，"不难锁定。积累需要产生利润的货币资本自由的、无障碍的、持续不断的流动。在面对过度的投机、扭曲和其他由信贷系统不

---

① Harvey, *Consciousness and the Urban Experience*, 2～6.

② Harvey, *The Urbanization of Capital*, 174～175.

可避免地孕育出来的‘疯狂形式’时，不得不维持这种流动”。因此，假如资本的循环要避免断裂，信贷系统的调节是必不可少的。由于竞争的动态性，货币资本家不可能提供这种调节，于是有国家的干预。①

哈维对国家的处理遭遇到严重的时代顺序方面的问题，因为，对他来说，资本主义总是第一原因。不幸的是，现代国家形成的历史与这种虚构并不相容。他对国家的讨论也因为功能主义分析所有司空见惯的缺点而有所弱化——这种分析没有伴随对维护遭受诟病的功能关系机制的详细说明（无论是有目的还是无目的的）。国家在哈维看来总是被动的角色，总是受到其他力量的决定（例如："法国国家在世纪中期在寻找与其当代需要相一致的对其结构和实践的现代化。"②），经过讨论，这证明是由资本主义经济危机所创造出来的需要。此外，由于只在生产方式的层次上做文章，而且做出了资本主义制度中的国家在其所有活动中都必定是有阶级偏向的先验假设，哈维使一种有关空间和城市的策略性政治成为不可能。唯一的选择就是维持现状或是革命的实践。

哈维著作的每一关键主题，都忍受着作为他封闭马克思主义以及他没有能赋予国家、国家建设和政治以形而上的独立性的一个后果的命运。他将国家与资本主义合并到资本主义生产方式单一的特大的宏观结构之中，取消了一些有关城市发展的最重大问题：人为环境的形成过程，规划的作用，政府服务的扩大，阶级和群体构成的界定。哈维著作的核心部分是对土地利用、地租的分析，对都市环境的适应以达到和加快了的资本循环步伐保持一致。不对当地官员的兴趣和行动

---

① Harvey, *Limits to Capital*, 281. 哈维对国家的论证总是采取这种单一的功能主义的形式。他将计划者和计划过程视为国家内部资本的智能，将帝国主义视为一种资本的空间修复的机制，将城市政治视为对能够抵御资本的跨阶级联盟的追求。如此等等，不一而足。

② Harvey, *Consciousness and the Urban Experience*, 96.

做出详细说明，这些核心部分就有可能不能得到展开，而政府官僚，连同律师、地主、开发商、银行家，都卷入到了一种财产政治学之中。①

国家是资本主义城市中的一个关键角色一点也不令人惊奇。毕竟，现代资本主义是用法律和政策中一系列由国家确立起来并通过国家以达到调节和驾驭市场且减少经济力量对分配的影响的规则来例示的。这些规则、法律和政策是由相关的国家官员形成和提出异议的，并且是由这样的公民形成并提出异议的——他们凭借各种各样可能的可替代的认同和制度行动：按阶级的、种族的、性别的、领土的、地方的认同行动，通过政党、社会运动、专门团体、官僚机构和利益集团行动。

作为资本内爆的大规模城市中心的必然增长和同时增长的时刻，也是国家参与者开始在城市舞台获得与日俱增的意义的时刻。想一想健康和安全的保障、街区的图绘、公共空间的建设、交通网络的创造。可以肯定，在每一时刻，都有政府和资本的相互交叉重叠，但是城市发展的故事却只能在漫画中被诉说成资本主义的必要条件获得不可避免、不可抵抗的故事，或是承担着劳动和资本的“实”名的参与者的故事。

六

哈维的弱项是卡斯特尔的重点，但不总是他的强项。他对社会运动的伟大的标志性研究《城市与草根》，丰富多彩地涉及变化与偶然

① 对这些问题以及一种财产政治学以何种方式帮助形成了自由主义-保守主义的国家政治学的绝佳讨论，参见：Avner Offer，*Property and Politics，1870～1914：Landownership，Law，Ideology and Urban Development in England*. Cambridge：Cambridge University Press，1981. 不幸的是，这本书因为出版时定价不菲，写作时采用了一种决不向读者做任何让步的庄重风格，因此只获得一小群读者。

性、参与者与国家的自主作用、社会性别与种族特点、历史与集体行动问题。他拒绝将有意义的社会变化理解为仅仅只是由天启式的、划时代的断裂所组成。他坚持每一语境——从16世纪的西班牙到20世纪末的旧金山——的独一无二。他并且强调，城市中所进行的许多事，必须理解为有关城市的经济、社会和政治游戏规则的定义的冲突，以及在这些规则内游戏立场的冲突。

该书的结构，是一系列对过去和现在社会运动出色的个案研究。第一部分表明了自16世纪以来市民大众运动是如何旨在改变城市的，这些集体行动的基础又是如何变化多端的：从1520～1522卡斯蒂里亚挑战极权主义君主制的Comunidades，到巴黎公社、1915年的格拉斯哥租金罢工（帮助产生了公租房）、1922年韦拉克鲁斯的承租人运动，以及20世纪60年代美国各城市的贫民区暴动。在这些简洁的但给人留下生动记忆的处理中，卡斯特尔力图重温普通市民对城市史研究的作用，并证明在极富变化的语境中普通民众的能动性塑造了城市的发展。① 从这些研究中，他为他更当代的著作得出了许多教训：大多数城市斗争不是以阶级斗争为基础的；它们的组织和目标的关键核心是草根民主；这些运动不仅基于城市，而且尤其将城市问题当作它们的冲突对象；对所有运动来说，空间都是社会组织的一种重要表达形式；在每一运动中，妇女都扮演了引人注目的角色。总之，这些观点构成了对哈维观点的强有力的回答，哈维认为，城市意识从最好的一方面来讲是资本和劳动之间冲突的一种间接表达，从最坏的一方面来讲是

---

① 正如诺曼·费恩斯坦所指出的，这种策略也有一种代价。卡斯特尔的历史缺乏与时间、地点血肉相连的叙述深度。他的历史是理想型个案的历史，被选择出来构成一个分析点；因此，无可避免地，它是一种剔除了许多复杂性的历史。费恩斯坦也有效地质疑了卡斯特尔的工作假设——城市大众运动总是天生进步的，并且潜在地质疑了卡斯特尔的推论——国家无可避免地不是一个进步的角色，而是资本、秩序和控制的代理者。Norman Fainstein, 'Class and Community in Urban Social Movements', *Urban Affairs Quarterly*, 20 (June 1985) .

虚假意识的一个实例。

相比之下，在卡斯特尔看来，这些运动都深深地根植于不同时间和地点的现代城市的物质性，他在《城市与草根》的当代研究的中心部分强有力地发展了这一立场，这部分研究包括：对巴黎的城市工团主义和集体消费的研究；对旧金山同性恋和拉丁裔文化表达的研究；对圣地亚哥棚户区平民主义的研究；对马德里所有这些维度相互作用的研究。所有这些研究的组织原则是卡斯特尔所称的城市意义的生产。事实上，这也是他对城市的定义：

> 城市，像所有的社会现实一样，是历史的产物，不仅是在它们的物质性上，还是在它们的文化意义上，在它们对文化组织和人们生活中所起的作用上。城市变化的基本维度，是社会阶级和历史角色之间围绕城市的意义、空间形式在社会结构中的意义以及与整个社会结构联系在一起的城市语境、分层和密度等问题上相互冲突的论争。一个城市（或一种城市）就是一个历史上的社会决定该城市（该类型的城市）将是什么样子……我们因此将城市形式定义为社会意义的象征表达、城市意义的历史叠加，（而它们的形式）总是由历史角色之间的冲突过程所决定。①

他将城市意义放在第一位是因为其定义表达了利害关系，按等级排列了城市功能，并且通过象征性地表达一种独特城市文明的价值和优先性，赋予城市发展以形式。

因此，对卡斯特尔来说，城市的社会变化首先涉及城市意义的改变。变化的过程天生是冲突的，而冲突的根源是多元的。在某些时刻，城市的议题和后果是跨城市群体和斗争的副产品，例如哈维所强调的为了加快资本积累的资本活动。另一方面，它们是自觉的城市社会运

---

① Castells, *The City and the Grassroots*, 302～303.

动的结果，其目标是集体消费、政治上的自我管理和城市中的文化表达。尽管这些运动依赖其他角色（例如大众媒体、政党、技术上称职的职业）去确保它们的目标，但它们只有在保持独立的情况下才依然是城市社会运动。这些运动的精确内容，它们各种实质性的重点，它们对城市意义的界定，它们与其他角色之间的关联，不能从单一的、完整的城市关系理论中导出。相反，只有使用这一矩阵，大量的城市运动才能得到质询和理解。

总之，卡斯特尔的表现明显令人深思。《城市与草根》的博学多识和实证工作，其反思基本问题的意愿，与其早期著作相比在阐述上的长足进步，是十分令人心动的。

从《城市问题》阿尔都塞式的结构主义，卡斯特尔已走过一条多么漫长的道路！现在，卡斯特尔谈到马克思主义时是这么说的：

> 我们的思想矩阵，马克思主义的传统，从我们进入到城市社会运动不确定的场地那一刻起，便少有帮助……〔存在〕一种对马克思主义思想的简化，甚至对马克思和恩格斯来说也是如此，因为受到为劳工运动和大众暴动提供理论工具急迫任务的驱使，他们像革命的知识分子一样，被迫将资本的积累和国家的统治放到了自己工作的最前列……
>
> 在任何情况下，这样一种简化对更新马克思主义有关城市问题思想的所有努力有其持续影响。20 世纪 60 年代末，当列斐伏尔和我们自己都按不同的甚至相反的思路号召注意有必要将一种阶级冲突分析引入新的被确定为城市的问题领域，以便发展马克思主义的传统时，我们高兴地发现，首先在法国，然后在其他国家，一种按照这一方向的重要研究尝试扩大开来了。它之所以发生，不必是因为我们的号召如此有力或富有影响，而是因为恰逢其时。发达资本主义社会与日俱增的城市矛盾和冲突，要求刷新流行的城市理论潮流。

> 然而，由于某些幸运的例外，作为一个整体的马克思主义并不能完全抵抗这种挑战……对人类生态学家的物理决定论来说，或对沃思传统的文化理想主义来说，马克思主义者倾向于通过将城市和空间简化为资本的逻辑来做出回应……
>
> 但是如何来建立结构与实践、生产方式与阶级斗争的历史进程之间的联系呢？根据马克思的说法，通过阶级形成和阶级意识：阶级本身成了一个为自己的阶级。但是，这是如何发生的呢？马克思没有任何回答……按定义来说，作为社会变化代理机构的社会运动的概念，在马克思主义理论中严格说来是不可思考的。①

有关这种从正统到怀疑论的转移，他不仅完全自我意识到了，而且堪称对自己思维巨大变化的原因和特点清晰而直接阐述的例证。在对自己记录了这一思想和政治历程更早著作的评论与批评中，卡斯特尔支持他第一本著作中对城市社会学的毁灭性批判，但是明智地放弃了其形式主义和他现在看作是严重的理论错误的主张。他认为这些错误包括：思考一个没有行动者的系统，因而从结构中推导出行动者；经济主义，并肯定生产力是第一位的；没有解决立场中的紧张，将向社会主义的转变视为结构性危机的结果，视为阶级斗争的结果，对国家粗糙的功能主义的分析。总之，卡斯特尔断言，由于认识到社会变化的实质动力，他已经从来自于演绎论的无菌世界的处方式的革命性

---

① Castells, *The City and the Grassroots*, 296～300.

变化转向关注“真实的世界”。①

卡斯特尔将自己立场上的这种转变主要归因于自己的经验：城市社会运动的一个实证分析家，后-佛朗哥西班牙马德里市民运动的积极参与者，旧金山同性恋运动的观察者。马德里市民运动摆脱西班牙共产党，力争界定自己独立自主的斗争，使卡斯特尔与列宁主义的传统分道扬镳。而在旧金山周围同性恋者所展开的斗争领域，使他相信有关城市的意义，存在各种重要的冲突基础，以前马克思主义对这种基础必然保持缄默。②

卡斯特尔利用大量的实证材料，为形成适合于城市分析的社会理论，特别是为马克思主义理论做出了些什么呢？在这里，该书已证明是令人失望的。假如对哈维来讲（并且对卡斯特尔的《城市问题》来讲），能动性除了作为结构的反映物来说消失了的话，那么，在《城市与草根》中，结构在面对人的能动性的巨大变化时，也消失了。

以历史性和偶然性之名，卡斯特尔完全放弃了对因果关系和决定因素的讨论。要么在涉及世界上一系列特殊社会进程方面，要么在涉

---

① Manuel Castells，'From the Urban Question to the City and the Grassroots'，Working Paper 47，Urban and Regional Studies，University of Sussex，Aug. 1985. 这篇文章是卡斯特尔在 1985 年 4 月于苏塞克斯大学召开的第五届“城市变化与冲突”学术讨论会上的讲话的一个校订稿。

有一篇评论文章根据法国城市社会学更普通的变化来定位卡斯特尔的变化，强调其变化是一种“脱离普通的研究对象而转向微观社会学”的转移，参见：Jean-Claude Kaufman and Monique Laigneau，'French Urban Sociology: Problems and Prospects'，*Urban Affairs Quarterly*，19（Mar. 1984）.

② 我自己的印象，卡斯特尔来到加利福尼亚柏克莱分校后，越来越熟悉美国，甚至是比他在这一文章中所承认的更为关键的影响。因为自南北战争前以来，美国阶级和群体构成的标志之一，是工场政治与社区政治之间的急剧分离；第二个标志是缺乏一种劳动阶级的社会主义或劳工主义的政党。在《城市与草根》中，卡斯特尔大度地注意到我“对我们理论的尖锐批评……在他的〔我的〕最近一本书中，为尝试整合城市社会变化的普遍特征和运动在其中发展的历史语境提供了基础”（300）。他在读了这一章的未定稿之后提到了我，那么我现在干脆更加诚恳地按照我以前的建议将他带到这一任务之前！

及不同层次的抽象之上的一系列理解城市和城市社会环境以及它们偶然结果的理论工具方面，这一著作不存在任何因果因素的等级分层。每一事物都成为相对的了：资本积累和其他社会进程；马克思主义和其他社会理论。对各种城市社会运动丰富多彩的再现，以随意可称之为结构化的语境特点做了代价，只存在不同空间和时间的运动。而且由于没有语境，也就完全不可能提供运动对某些结构特征的影响。①

与哈维一样，不过是从一条极为不同的道路上，卡斯特尔回到了列斐伏尔的城市主义：城市的特殊性，聚焦于空间和意义，并且最终，寻求“好城市的理论和城市的好理论”，他以也许是由列斐伏尔所写的句子得出结论说：“我们的希望和赌注是，尽管目前的历史冲突掀起了令人恐怖的暴风雨，人类还是处于掌握自己未来的边缘，因此也是处于设计其好城市的边缘。最终，市民将创造城市。”②

七

哈维和卡斯特尔，每人都以自己的方式，或利用结构，或利用能动性，抛弃了马克思主义的社会理论——这种理论关注的是将结构与能动性缀合为一体。这将置马克思主义与城市于何方？马克思主义与城市的联姻会结束于哈维的公式主义（formulism）和卡斯特尔的多元论吗？

---

① 针对《城市与草根》所提出的研究可能性和方向，最近一种富有启发性但也富有辩论性的交流意见集中于语境和社会运动之上。Chris Pickvance, ‘The Rise and Fall of Urban Movements and the Role of Comparative Analysis’, and Manuel Castells, ‘Commentary on C. G. Pickvance's “The Rise and Fall of Urban Movements”’, *Society and Space*, 3 (Mar. 1985). 同样有用的文章还有：Patrick Mullins, ‘Community and Urban Movements’, *Sociological Review*, 35 (Mar. 1987), and R. R. Hall, D. C. Thorns, and W. E. Willmott, ‘Community, Class and Kinship: Bases for Collective Action Within Localities’, *Society and Space*, 2 (June 1984).

② Castells, *The City and the Grassroots*, 336, 337.

我认为不会。许多东西会在这种对马克思主义社会理论的抛弃中丧失，其中包括这里所谈的每一个理论家对结构和能动性的洞见。

在《马克思主义与城市》的剩余部分，我要勾画出一个可替代的计划：不像卡斯特尔的著作，不将马克思主义看成只是更多可称道的理论之一种，也不像哈维的著作，拒绝一种封闭的马克思主义的骄傲自负，认识到将结构和能动性结合起来的机制。为了发展这一可替代选择，我首先要回到弗里德里希·恩格斯论城市的早期著作《英国工人阶级状况》。在他对曼彻斯特和其他早期工业革命城市中心的高度压缩的讨论中，恩格斯照亮了一条令人遗憾地既没有为马克思主义也没有为城市研究者所游历过的路。因此，在第四章，让我们沿这条还没人走过的路开始一段回到城市的新旅程。

第四章　资本主义、城市空间与阶级形成：由弗里德里希·恩格斯组织的旅程

借助 1842 年旅行到英国的年轻的恩格斯的协助，本章将思考三个相互关联的问题：构成城市空间的决定因素；在由特定历史时刻结构性决定因素所加的限制之内的城市空间组织；这一空间曲目表内群体和阶级形成的可变的模式化过程。我提出这些问题不只是要结束马克思主义内部一种漫长的沉默，或为马克思主义与城市联姻的最近条件提供一种可替代选择，而且因为这一主题为讨论马克思主义社会理论和政治理论的基本问题提供了一个绝妙的（尽管是未实现的）机会。

假如对马克思主义来说，资本积累界定了资本主义生产方式的结构化内容，那么，阶级的构成及其改变社会秩序的能力就处在理解能动性的核心。资本主义积累和劳动阶级的构成一起，描绘了一个从一开始便对马克思主义发起挑战、驱之不去的分析和政治张力领域。尽管对马克思主义来说，基本的问题不过是资本主义（被抽象地理解为一个生产系统，其组织原则在它出现的那一刻遮蔽了剥削）和在特定历史时刻特定地方真正劳动人民的认同、趋向和活动之间的关系，资

本主义的这两个维度在马克思主义理论内部还是被艰难地、不那么确定地并置在了一起。

过于经常地，通过从一端跳到另一端，或是唤起十分简单的有关无中介的决定因素的观念，马克思主义跨越了结构和能动性两端之间的距离。其政治学同样缺乏一个可靠的立足点。鉴于对工人阶级期望的落空，马克思主义积极分子或者将他们的意识形态上的和组织上的信任放到了先锋队的身上，或者创造了一种与其他中偏右的计划经济取向无异的政治学。马克思主义内部对向社会主义转变的讨论，在关注不可战胜的经济危机和关注阶级斗争之间摇摆不定，对两者之间的相互关联没有提供有说服力的说明。

新的马克思主义论城市的著作有时也出色地成功地将马克思主义的实质性内容扩展到了积累和工场之外，而且这类著作的确也试图把握 20 世纪末在西方城市中发展起来的集体认同和集体行动。然而其社会理论没有走出有关决定因素和如何将结构与能动性连接起来的陈腐公式，或者干脆放弃了尝试。我们已经看到戴维·哈维作为第一种类型的一个例子，是如何停留在致力于一种反映论的认识论的——这种认识论最终将涉及阶级角色的能动性问题简化成了资本主义生产和再生产的问题。在他看来，劳动人民意识的独特城市维度，是内在于资本主义的革命潜力和这种潜力的实现之间一反常态的相互介入。曼纽尔·卡斯特尔的早期著作甚至更全面地以一种形式主义者的和还原论者的方式处理资本主义积累和阶级斗争之间的联系。他更近的写作，通过坚持马克思主义在资本主义发展轨迹和群体认同、意义和集体行动之间的联系方面没有说过任何独特的东西，实际上抛弃了马克思主义的社会理论工程。

马克思主义与城市、城市与马克思主义相互作用的理论诺言和策略谎言，因此依然没有实现。然而，马克思主义与城市不是一个可以弃之一旁的主题。毕竟，自从 19 世纪初以来，西方的工人阶级大抵是城市的。在工场、居民区和城市的公共空间，劳动人民已经经验了资本主义。我所说的“经验”有两层意思：西欧和北美的工人阶级已经拥有主要是由作为在城市场所所提供的背景中的大规模历史进程的资本主义所塑造的生活、可能性和世界观；在同样的城市中，他们已经弄清并且学会了如何应对资本主义的现实。资本主义城市已经在工作场所和家庭中提供了一个劳动人民被迫在认知上必须加以图绘的具体的活生生的世界。工人阶级已经从与资本主义的这种以城市为中心的遭遇中被指定为社会行动者。假如“阶级斗争”要获得任何意义，就必须根植于阶级形成的这一过程，根植于阶级形成所导致的各种结果。

一

除了恩格斯1845年在莱比锡出版的《英国工人阶级状况》之外，马克思主义没有追求将资本主义的发展、城市空间、劳动阶级的形成结合到一起的议程。[①] 当他到曼彻斯特他父亲的埃门与恩格斯（Ermen and Engels）纺织公司的一个分部工作时，恩格斯还相当年轻，只有22岁。他经验了工业资本主义的“震惊之城”[②]，其时，作为一个左翼黑格尔派哲学家，他已经致力于革命性变化的前景及英国作为第一发生地的可能性。在曼彻斯特，他接触到了所有的社会阶层和他们的生活方式。用差不多两年时间，他利用他生气勃勃、敏锐异常的富于观察的头脑去评估这一英国工业革命的领先纺织城市的发展。

---

① 马克思主义者长期忽视恩格斯的“前马克思主义”著作。此外，在有译本可用之前，已过去了四十多年。美国版本第一次印刷是在1887年，英国版本第一次印刷则在1892年。值得注意的第二个例外是戴维·古登的著作。尤其参见：David Gordon，‘Capitalist Development and the History of American Cities’，in William Tabb and Lawrence Sawyers（eds.），*Marxism and the Metropolis*. 2nd edn. New York：Oxford University Press，1984，权且将该书的承诺撇在一边。

② 这一短语见：Asa Briggs，*Victorian Cities*. London：Penguin Books，1968.

这本书是有缺陷的。其意识形态的承诺使证据的使用不无偏颇，间或是以笨手笨脚的方式。曼彻斯特不是一个有代表性的城市。对曼彻斯特和其他“大城镇”的描绘，有点儿像一幅漫画。工业城市作为一个社会和空间上的一个地方，远比该书的描绘所允许的更为多变。恩格斯所描绘的两个彻底分化的阶级之间的区分——一边是金玉满堂，一边是穷困潦倒——即使是在曼彻斯特这一全国阶级分化最明显的环境中，也是言过其实的。①

但不要紧，因为这一漫画准确地把握到了正在蓬勃兴起的资本主义城市的主要自发特征。曼彻斯特也许不够典型，但它堪称是原型的。我们也许可以对细节吹毛求疵，但这不是恩格斯社会地理学的基本要素。在写到现代工业资本主义城市崛起的准确的抽枝发芽时刻之时，他将这种新的城市形式与工业革命的划时代变化联系了起来，表明了城市空间组织方面的变化如何影响到阶级内部和阶级之间的关系，并且将这种社会地理学与新无产阶级的痛苦和意识的出现紧密结合到了一起。

他的基本研究策略，像马克思随后将会用的那样，是找到预示着新的发展的批评个案（英国，和英国内部的曼彻斯特）——这些新的

---

① 有关曼彻斯特的文献汗牛充栋。参见例如：Alan J. Kidd and K. W. Roberts, *City, Class and Culture: Studies of Social Policy and Cultural Production in Victorian Manchester*. Manchester: Manchester University Press. 1985; Gary Messinger, *Manchester in the Victorian Age: The Half-Known City*. Manchester: Manchester University Press. 1985; P. H. Abell, *Transport and Industry in Greater Manchester*. Rotheram: Eastwood Press, 1978; Francois Vigier, *Change and Apathy*. Cambridge, Mass.: MIT Press, 1970; and G. F. Chadwick, 'The Face of the Industrial City: Two Looks at Manchester', in H. J. Dyos and Michael Wolff (eds.), *The Victorian City*, London: Routledge and Kegan Paul, 1973, i. 对曼彻斯特及其工人阶级的状况的一个引人入胜的报告（实际上与恩格斯的差不多同一时期），是 1849 年 10 月至 11 月在《纪事早报》上发表的一组文章：Angus Bethune Reach, *Manchester and the Textile Districts in 1849*, ed. C. Aspin. Helmshore: Helmshore Local History Society, 1972. 也可以将恩格斯的处理与 L. 福杰的处理进行比较：L. Faucher, *Manchester in 1844*. London: 1969（最初出版于 1844 年）。

发展随后会普及开来。“今日英国”，他写道：

> 是一个不一样的国家了：有居民达250万的首都，有许多巨大的工业城市；有供给全世界产品的工业，而且一切东西实际上都是用极复杂的机器生产。英国有勤劳、智慧而稠密的人口，其中2/3从事工业。这些人口是由和过去完全不一样的阶级组成的，并且这些群体构成了一个具有新的习惯和新的需要的全然不同的民族。产业革命对英国的意义，就像政治革命对于法国、哲学革命对于德国一样。1760年的英国和1844年的英国之间的差别，至少像旧制度下的法国和七月革命的法国之间的差别一样大。这一产业革命最重要的结果是创造了英国无产阶级。①

他想知道，这一新的工人阶级可能成为革命的行动者的可能性是什么。没有从以工作为中心的关系（后来大部分马克思主义对这一问题所提供的焦点）入手，恩格斯是从新工业城市的视角入手的。

恩格斯写到了长达五十年之久的引人注目的城市化的尾声。在1801年到1851年之间，英国十座最大城市的人口都翻了一番（相比之下，同时期的法国，只有一个顶尖城市如此）。在这一令人震惊的增长时期，利兹和伯明翰的规模翻了三倍；曼彻斯特和利物浦翻了四倍。所有的十大城市的人口到1851年都超过了十万，利物浦和曼彻斯特甚至超过了三十万。

面对史无前例的人口和功能的集中，恩格斯问了四个广泛的问题：这些城市是怎么来的？隐藏在资本主义积累之中的维持其增长的机制是什么？其最重要的空间特征和人的特征是什么？这些特征是如何影

---

① Friedrich Engels, *The Condition of the Working Class in England*, trans. W. O. Henderson and W. H. Chaloner. Stanford, Calif.: Stanford University Press, 1968, 23～24, 29.

响阶级的形成的？他将城市空间和社会关系当作资本主义生产的爆炸式增长和工人阶级的意识与政治可能性到来之间的关键调节器。

> 工商业在大城市中最为发达，所以在这里这种工业化对工薪赚取者的影响也最显而易见……这些城市中绝大多数居民都是工人。我们准备讨论他们的状况，考察他们是如何受到在大工业城市中生活和工作的影响的。①

通过确定18世纪中期以来制造业的主要变化势头，恩格斯对新的城市化做了说明。技术和社会组织的这些变化，要求资本、工厂和人员的中心化和集中。

> 大工业企业需要许多工人聚集在一个建筑物中共同劳动。这些工人必须住在一起，甚至在相对小的工厂的劳动力，也会落户于同一村镇。为了满足这些体力劳动者的需要，其他一些人也被吸引到工厂附近来了，其中包括裁缝、鞋匠、面包师、泥瓦匠、木匠一类的手工艺者。

由于这种最初的集中，创造出了导致进一步的城市增长的新的

---

① Friedrich Engels, *The Condition of the Working Class in England*, trans. W. O. Henderson and W. H. Chaloner. Stanford, Calif.: Stanford University Press, 1968, 23～24, 第29页。对这一著作的有效处理还可以在以下著作中找到：Steven Marcus, *Engels, Marchester and the Working Class*. New York: Random House, 1974; Gertrude Himmelfarb, *The idea of Poverty: England in the Early Industrial Age*. New York: Vintage Books, 1985, ch. 11; and Gareth Stedman Jones, 'Engels and the Genesis of Marxism', *New Left Review*, 106 (Nov.-Dec. 1977).

请注意，恩格斯的三大问题是马克思的三大理论工程的每一变体：在宏观规模上处理划时代的变化，但是聚焦于从封建主义到资本主义的转变；对资本主义时代内的资本积累做出说明；建构一种能够分析资本主义时代所有社会的社会理论。

动力：

> 这种新的工业村镇的居民，特别是年轻一代，逐渐成了工厂的熟练工，逐渐熟悉了一种新的生活方式。一般来说，这样的时候也到来了——第一个工厂雇用不了工业村镇里所有希望得到工作的人。这导致了工资的下降，这转而又将新的工厂主吸引到这一区域。以这种方式，村镇变成了小镇，而小镇又扩大成了大城。城镇愈大，给工厂主带来的好处就越大，这里有铁路、运河和公路，有愈来愈多的各种各样熟练的可用的劳工。本地建筑业和机器制造业的竞争，降低了兴建新工厂的成本——比起在一个建筑材料和机器、建筑工人和工厂工人都得从其他地方运来的遥远地方建造工厂的成本要低。新城镇有自己顾客云集的市场和交易所。与原材料市场和成品销售市场有直接的联系。所有这些都解释了大工厂城市为什么会引人注目地迅速扩大增长。

当然，乡村的工资依然比城市的工薪标准要低，乡村继续与工厂投资竞争。但是只要一个工厂落户乡村，这一常规路线也就会激起城市化进程。乡村的工业化因此“不会减缓工业日益集中的趋势，而在农村中建立的每一个新工厂都播下了一个未来工厂城市的种子。假若有可能放任工业的这种疯狂扩张再继续一个世纪，那么，英国的每一工业区都会变成一个独立的巨大的工厂城市”①。

这种对竞争、劳工市场、选址优势、沉入成本（sunk costs）、交易成本的说明是极其现代的。它不仅认定了新城市即资本主义城市，而且详述了这种城市的创造和增长的机制。但是，恩格斯所做出的最重要的和最富有启发性的贡献并不在此，而是在他对资本主义社会结构与城市的空间结构、这种社会地理与劳动阶级之间关系的阐述。在

---

① Engels, *The Condition of the Working Class in England*, 28～29.

他对伦敦、诺丁汉的编织生产城、利物浦的港口、利兹和约克郡西区布拉德福德纺织城的简评中，以及最终在对曼彻斯特的更大篇幅的讨论中，恩格斯发展了这些主题。恩格斯最详细探讨的城市是曼彻斯特，曼彻斯特是“古典型的现代工业城市……南兰开夏郡的首府……英国工业的古老家园。它是工业革命的杰作，同时是所有工人运动的源头”①。

现代的曼彻斯特是从一个中世纪小城镇基础上成长起来的。迟至1775年，它都不是一个制造业城市，而只是周边农村地区的一个商业中心。它的范围相当小，方圆半径仅仅1 200英尺。由于18世纪下半叶几十年棉花生产的革命性变化，曼彻斯特开始了它的人口从1775年只有2.2万人的基数到爆炸式的增长时期。1790年，城里还只有两家棉花工厂，雇用1 240位工人；仅仅在30年之后，该市已有66家棉花工厂，雇用5.18万名员工；人口密度从每英亩（0.4公顷）15人增加到65人。到19世纪中期，曼彻斯特不再是用脚就可以轻易走遍的了（到1890年，它的直径和人口又一次差不多翻了一倍）。②

恩格斯提出，曼彻斯特的主要特点是空间的新型隔离和区分，以及阶级之间的隔离感和冷漠感。伴随着巨大的断裂，18世纪英国的“四海一家”的父权时代精神走到了尽头。

在所有工业城市，“工人被隔离在独立的区域，他们在此苦苦求生，最好远离更富有的社会阶层视野”。在长达25页的详细描绘中，恩格斯带领我们进入了曼彻斯特多种多样的劳工住宅街区。他让我们穿过人口最密集的街区，那儿有乱七八糟的街道，恶劣的卫生条件，摇摇欲坠的房子。他让我们看到了无家可归者。他也揭示了新开发的

---

① Engels, *The Condition of the Working Class in England*, 50～51. “我了解曼彻斯特像我了解自己的故乡城市一样多，并且我知道的甚至比曼彻斯特的大多数居民还要多。”

② 这里的信息引自维吉尔（Vigier）。

建筑业及其赢利逻辑是如何有助于精心制造这种新的人为环境的。这种民族志与分析的结合是引人注目的。

在这本书最重要的一段中，恩格斯从他点彩派画家式的对老城和新城、安科兹和休姆劳工区的描绘中退出来，对作为一个整体的城市空间规划做了引人注目的述评。在这里，他面临令人震惊的悖论：尽管缺乏计划过程，社会阶级在空间中的排列方式却井然有序。工业园的集市区、住宅楼、零售点已产生了城市的一种布局，其主要特点是包括一个商业中心，在那儿当各阶级擦肩而过时，也不会那么相互打扰（“他们彼此从身旁匆匆地走过，好像他们之间没有任何共同的地方，好像他们彼此毫不相干，只在一点上建立了一种默契，就是行人必须在人行道上靠右边走，以免阻碍迎面走过来的人；同时，谁也没有想到要看谁一眼”）；重要的林荫道将这一中心与城郊的资产阶级住宅区联系起来（“抵达阿德威克格林区时，街道又一次改变了它的特点，两侧是高等和中等阶级的房屋。在阿德威克格林以远，则坐落着那些更富有的工厂主和商人的大花园和乡村别墅”）；林荫道旁排列着小资产阶级的零售商店（“甚至不那么望而生畏的店铺也足以服务于他们的目的：避免那些肠胃健壮但神经脆弱的老爷太太们看到伴随着他们自己的荣华富贵而来的悲惨和肮脏”）；在它们后面，则是产业工人的挤挤挨挨、令人绝望的生活区（“只要一到这儿，就会碰上令人恶心的肮脏污秽，同样的东西在其他地方不可能发现”）。①

尽管正像恩格斯的某些批评者所指责的那样，② 相对 19 世纪的第五个十年来说，这种对四分五裂的城市空间和跨阶级隔离的描绘的每一元素都有点儿夸大其词，但它不仅出色地把握到了早期工业城市空

① Engels, *The Condition of the Working Class in England*, 31, 55, 56, 58. 括号内的第一段引文指伦敦，不是指曼彻斯特。

② 参见例如：David Ward, ‘Victorian Cities: How Modern?’, *Journal of Historical Geography*, 1/9 (1975).

间开发的主要路线，而且出色地把握到了即将来临的一百年空间开发的主要路线。以下一段对曼彻斯特的经典分析描绘，预见到了20世纪城市地理学和社会学的大部分主要主题，在此值得长篇引用：

> 由于这一城市的奇怪布局，对那些在曼彻斯特生活多年和日常来来回回到这儿办事的人来说，极有可能甚至看不到一个劳工棚户区，或是与一位工匠相遇。只是到曼彻斯特办事或找乐的人，永远不需要看到贫民区，主要是因为劳工区和中产阶级区是完全区分开来的……在两个社会群体偶然相遇的这些地方，中产阶级伪善地无视比他们不那么富有的邻里的存在。在曼彻斯特的中心，有一个相当大的商业区，长约半英里，宽约一英里，这一中心区差不多整个没有一位永久居民，夜晚便一片死寂，只有警察提着巡夜灯在黑暗、狭窄的街道上巡逻。这个地区与几条车水马龙的主街相交。主街建筑物的最下几层遍布五光十色的商店；这些经营场所的上边少数几层也用做住宅，而大街则提供了相对繁忙的表象，直至入夜很晚时分。在这一商业区周围，有一个平均宽度一英里半的带形人造区，该区域完全由工人阶级住宅所占据。工人住宅区包括除中心区的整个曼彻斯特城区、索尔福和休姆的全部、盆德尔顿和却尔顿的重要部分、阿德威克的2/3以及奇坦希尔和布劳顿的少部分地区。在这个带形区域之外，则是由中产阶级和上层社会所居住的地区。中产阶级通常住在靠近劳工区的整齐的街道上——在却尔顿和在奇坦希尔较偏的部分，而上层社会的别墅则为花园所环绕，坐落在却尔顿和阿德威克的更高更偏的地方，或者是奇坦希尔、布劳顿和盆德尔顿的空气流通的高地之上。上层社会享受着对健康有益的乡村空气，生活在华丽舒适的住宅里——每一刻钟或半个小时，便有公共马车将这些住宅与曼彻斯特中心连接起来……这些富豪可以抄近路从他们自己的房子直达市中心的营业所，这些近路一直穿过劳工区，却甚至无须了

解他们与遍布道路两旁的悲惨与污秽有多么近在咫尺。这是因为从交易所向各个方向通往城外的主街，差不多两旁都是毫无间断地由各种商店占据着，而这些商店又由中产阶级的下层成员所持有。①

在对曼彻斯特这种社会形态学的陈述中，恩格斯开辟了对城市空间结构的分析，其中包括城市的分区与辐射轴；住宅的地理和状况；公共交通与上班路线；郊区与中心商业区的开发；工作场所与住宅之间的关系；阶级内部与阶级之间社会互动的空间布局。② 但是不像随后而来的各种学术研究对待这些问题的方式，恩格斯有意识地将它们的起源与工业资本主义的大规模发展联系起来，将它们的结果与阶级意识的兴起联系起来。

在恩格斯看来，不仅工人在工厂中的凝聚加快了工团主义、宪章运动、社会主义等大众劳工运动，而且工人在自主的劳工团体中的凝聚摆脱了他们的雇主或国家的监督，工人这才有可能创造阅览室等机构，以及劳动者俱乐部和协会。有组织的劳工运动利用邻里街区半自由的空间进行集会（在酒吧、友好协会和其他聚集点）、改变信仰、组织活动。在像曼彻斯特这样的阶级分化的城市空间中，工人逐渐"意识到了他们组成了一个独立的阶级，并且有他们自己的与资本主义财产所有者相对立的利益、政策和视角。总之，他们意识到了他们肩负着民族的真正力量和其未来进步的希望"③。

---

① Engels, *The Condition of the Working Class in England*, 54～55.

② 在列举这些话题时，我故意重复了瑞查兹·丹尼斯的一些章节标题：Richard Dennis, *English Industrial Cities of the Nineteenth Century: A social Geography*. Cambridge: Cambridge University Press, 1984. 丹尼斯运用地理学家的近著仔细思考了许多和恩格斯一样的论题。

③ Engels, *The Condition of the Working Class in England*, 273.

二

恩格斯的分析也有相当大的局限。像爱德华·汤普森20世纪论这一时期的劳工阶级形成的伟大著作《英国工人阶级的形成》一样，《英国工人阶级状况》过于迅速地将工人阶级从悲惨和隔离到形成为一个具有革命潜力的阶级设想为自然的、不可避免的过程。作为一种社会建构的阶级的兴起，是否能将城市资本主义新的社会地理描绘为不只是工作状态而且是非工作状态下的阶级问题，正如美国的经验所表明的一样，是一个极为不确定而且充满偶然的问题。① 但是即使恩格斯错误地认为阶级形成的英国模式提供了唯一可能的轨迹，19世纪40年代工人的活动预示了一种即将到来的革命实践（"革命一定会到来。要找到一条和平解决事情的道路现在已经太晚了。"②），但是，他将城市空间置于他思考工业资本主义的核心位置，以及他对城市问题具有前瞻性的处理，的确开辟了一条例外的研究城市空间、资本主义发展

---

① 我已经多次讨论过这些问题：Ira Katznelson, *City Trenches: Urban Politics and the Patterning of Class in the United States*. New York: Pantheon Books, 1981; 'Working Class Formation: Constructing Cases and Comparisons', In Ira Katznelson and Aristide Zolberge (eds.), *Working Class Formation: Nineteenth Century Patterns in Western Europe and the United States*. Princeton, NJ: Princeton University Press, 1986; and "Working Class Formation and the State: Nineteenth Century England in American Perspective', in Peter B. Evans, Dietrich Rueschemeyer, and Theda Skocpol (eds.), *Bringing the State Back In*. Cambridge: Cambridge University Press, 1985.

瑞查兹·哈里斯通过建构空间与阶级形成的辩证法，已经将这种偶然根植于空间之中。他揭示了通过何种方式，一方面，由于城市是一个给劳动人民提供亲近的地方，因此城市为意识和集体行动提供了物质基础；但与此同时，工人阶级的隔离也促成了阶级内部，而不是阶级之间的意识和动员的基础。Richard Harris, 'The Spatial Approach to the Urban Question: A Comment', *Society and Space*, 2 (Mar. 1983); and Harris, 'Residential Segregation and Class Formation in the Capitalist City: A Review and Directions for Research', *Progress in Human Geography*, 8 (Mar. 1984)

② Engels, *The Condition of the Working Class in England*, 335.

和阶级形成的康庄大道。可惜的是，马克思主义没有继承这一传统。

可以肯定，后来作为经典马克思主义发展中的核心观念而出现的一些命题首先是在恩格斯这一著作中浮出水面的：聚焦于生产而不是作为资本主义中心动力的市场竞争；工业的新奇特点，包括劳动力大军的储备和生产过剩的危机；工人阶级形成为能够挑战资本主义秩序的无产阶级；工匠激进主义与劳工社会主义之间的区分。[①] 然而，正像在马克思主义理论史中给予《英国工人阶级状况》以应有的地位相当重要一样，强调以下一点也是至关重要的：在对这些主题的随后阐述中，包括恩格斯在内的马克思主义者，将对城市的强调和空间因素从他们的著作中剔除出去了。其结果，他们就不必自己否定那些可以有助于社会理论发展的资源。

简言之，恩格斯表明了马克思主义如何有可能为了创造一种对不同类型的工人阶级主体性的解释而将城市整合到其社会理论之中。为了追求这一目标，他也将空间引入到了（虽然是以高度浓缩的方式）马克思的宏观历史唯物主义核心之中，引入到了马克思对资本主义积累的逻辑阐释之中——所采取的方式，是利用城市人造方式的组织和重组以表明城市空间是如何界定一个动态的、变化的领域的：城市在他的著作中立即成了抽象的空间（作为一个给定的环境，作为一个框架）、相对的空间（人们和各种活动在其中处于模式化的相互作用之中）、关系的空间（在其中，空间维度在物和社会进程中得以内化）。[②] 按恩格斯的阐述，城市具有人们在其中生活、行事的一般形式，这一空间有助于推动人们的活动，而这些活动也将空间因素纳入自身之中。城市居民的趋向和行为是存在于空间进程并通过空间进程来实现的，

---

① 有关这一讨论，参见：Stedman Jones，'Engels and the Genesis of Marxism'，102. 也可参见他的文章，'Engels and the End of Classical German Philosophy'，*New Left Review*，79 (May-Jun 1973).

② 这些区分引自戴维·哈维：*Social Justice and the City*. London：Edward Arnold，1973.

这种空间进程例如：上班的路程，住宅和劳动力市场相对自主的运作，工作场所和家之间的分化程度，群体和社会阶级之间的隔离程度，在城中各地之间和城市与其他地方之间往来的难易程度，私人领域与公共领域之间的关系。在《英国工人阶级状况》对这些问题的处理中，恩格斯是戴维·坎南迪尼回应恩格斯时所称的分析“地形（不断演变的城市所取的物质形式）与社会形式（生活在城市中人们之间社会关系的性质）之间联系”的最重要的先驱。①

同样，虽然通过走向恩格斯所照亮的道路，马克思主义可以从中获益，但我们将会看到，只有当将这一道路拓宽到将国家建设和国家故事置于与封建主义和资本主义历史并排的位置时，城市对马克思主义的前景和马克思主义对城市研究的前景，才有可能兑现。在接下来的几章中，我试图表明以这种方式，如何可以设法对付更多的意见交换和往来：更好的编年，对原因和后-封建时代城市化的阐释，对城市人造形式的内容更特殊的处理，尤其是工厂和家庭的分离，对阶级形成的更随机的分析。按这种强化了的路线，城市可以更好地被既视为陈述的意义，又视为有待解释的术语；并且，也既可视为一个空间的点，又可视为和一种独特的社会或空间组织联系在一起的一个地方。②

拓宽恩格斯所开辟的道路，隐含着马克思主要分析工程的两个重要变化。第一，不是将自封建主义以来的变化视为一种单一的向资本主义的变化，可以更富有成果地将这种变化视为一种孪生的、相互交缠的从中世纪原子化的君权系统（在其中，每一封建社会的单元，无

① David Cannadine, ‘Residential Differentiation in Nineteenth Century Towns: From Shapes on the Ground to Shapes in Society’, in James H. Johnson and Colin G. Pooley (eds.), *The Structure of Nineteenth Century Cities*. London: Croom Helm, 1982, 235.

② 注意这一议程在关注历史和社会理论工程方面，比新马克思主义城市主义着手追溯的议程远为宽泛。

论乡村还是城市的，都整合了财产与权力）向一个将新近凝聚成的政治主权从私人财产之中分离出来的系统的转移。第二，在资本主义时代之内，不是单纯聚焦于资本主义积累过程的逻辑，我们也需要采用国家建设史和国家功能化过程的并列“制度逻辑”来展开研究。①

在这一拓宽了的道路上，马克思主义可以有助于理解城市是如何由资本主义和国家建设所构成的，以及如何有助于构成资本主义和国家建设的。西方后-封建时代的城市化对国家来说是权力和能力、管理、信息收集、决策的核心场所；正如同它也是私人资本及其积累进程的核心场所。这些集中模式，以及它们的互相关系，随时间的流逝而多有变化，并且表现在城市空间变化不定的塑形之中，且通过城市空间的塑形表现出来。作为点和地方的城市因此可以按照这种双重合并加以定义。②

由恩格斯所提倡的马克思主义与城市的令人振奋的结盟，只是谈到了这一议程的一部分，因为他在这一早期著作中对民族国家的历史、特征、活动未置一词。恩格斯的贡献在于他在对应于马克思理论工程的每一工程的三个维度提出基本的却有挑战性问题的方式（马克思主义发展了马克思的思想工程却没有开拓这些发展的路线和方法）：（1）大规模进程（主要是资本主义的发展）与现代资本主义城市的兴起之间的联系问题（在现代资本主义的发展中，城市的作用为何，反过来，资本主义是如何预示了城市系统的发展的?）；（2）作为积累过

---

① 与其一劳永逸地寻找资本主义与国家发展之间的关系的等级秩序，或寻找各自塑造现代世界的竞争能力，我们更需要找到一种对历史的解读，以首先了解在某些时候和某些地方，它们各自是如何可能拥有自己的主导时刻或真理的；并表明在任何时候，它们之间都存在一种复杂的互换，尽管这种互换的原则随时间的流逝会有变化。城市研究可能有助于促进这一理论事业。一个重要的导引性讨论，参见：Aristide R. Zolberg, ‘Origins of the Modern World System: A Missing Link’, *World Politics*, 33 (Jan. 1981).

② 城市既是国家内的经济单元，也是国家内的法律-政治实体。城市的界线因此是争夺的对象。围绕资本和权力将在何处内爆、城市冲突中的演员会是谁、他们会设想怎样的认同、这些问题会取决于什么样的制度载体，存在着政治斗争。

程中的一个点的城市与其内在形式之间的联系问题（城市是如何有助于资本主义积累的过程及其矛盾的，而反过来，作为一个经济生产和再生产系统的资本主义又是如何有助于决定城市空间的轮廓的?)；(3)这些形式与阶级意识和群体意识发展之间的联系问题（资本主义内部的城市各种空间发展是如何影响群体和阶级的形成的，而反过来，这些行动者在塑造城市的人为环境时又有何作用?)。在将马克思主义与城市结合起来方面，这都是些遗留任务。在以后各章，我将探讨这些问题。

第五章　从封建主义到资本主义：城市的地方

马克思主义对城市进行讨论的一个领域是封建主义向资本主义的转变。这一讨论只是部分令人满意。有太多的东西被压缩在这一划时代的转型观念之中。马克思主义的封建主义概念也是狭隘的。它按照单一的变化方向处理了五百年左右的历史，并且抹平了转变的各种维度和变化。此外，马克思主义坚持一种并列的处理：封建主义作为生产方式融合了君权和财产，资本主义作为生产方式则没有。这种观点是一种误置。然而，即使马克思主义对这一转型的讨论多有瑕疵，我们在这里还是可以找到一些最重要的尝试——使城市成为一个关键的历史和理论问题的组成部分。在这一章，我想拓宽并改变马克思主义与城市的这种联姻条件。通过这么做，有可能清楚地阐明城市对早期现代欧洲的大规模变化的影响，并且反过来，清楚地阐明作为地方的城市因封建主义的死亡而改变的诸种方式。①

一

在马克思主义发展一种能够解释西方社会组织主要质变的历史唯物主义过程中，从封建主义到资本主义的历史转变占有极其重要的地位。正如海因茨·卢巴兹所指出的："马克思甚至自称已经发现从一种社会形态向另一种社会形态的唯一转变，因此，这一转变且是唯一的转变，马克思可以引用它来支持这样的观点：正如封建主义产生了资

① 这种解释受惠于戴维·古登，他坚称我前面的版本对封建主义的理解不令人满意，并且没有提供足够的材料思考城市与后-封建秩序的创造之间的关系；这种解释还受惠于查尔斯·蒂莉，他发现我前面的版本对封建国家及其与城市之间的关系的简述不令人满意，因为它潜在地创造了这样的印象，仿佛法国和英国代表了整个中世纪欧洲，并且在这一简化的基础上，认定了中世纪的城市发展是均质的和稳定的。在订正这一章时，我将这些批评意见牢记在心，并且尤其从蒂莉后来出版的书中获益良多：*Coercion, Capital, and European States, Ad 990～1990*. Oxford: Basil Blackwell, 1990；也从以下一文获得启发：Herbert Gintis and Samuel Bowles, 'State and Class in European Feudalism', in Charles Bright and Susan Harding (eds.), *State-Making and Social Movements*. Ann Arbor, Mich.: University of Michigan Press, 1984. 当然，本章所关注的地理范围大部分一如既往，部分是因为像马克思所做的一样，在涉及资本主义发展的地点方面，我的解读采取有意识地从18、19世纪的结果往回追溯的方式；部分是因为有必要将这种讨论简化。因此，我没有刻意地集中于"瑞典和俄国这一类的外生型国家——它们经相对大的强迫集中和相对小的资本集中渡过了自己的形成之年"，也没有刻意集中于"热那亚和荷兰这一类的外生型国家，它们的情况恰恰相反"。与之相反，我聚焦于"中间状态的国家，如英国和法国，在这些国家中，资本的集中和强迫的集中是同步增长的。在封建时代，这些中间状态的国家的典型特征，是国家作为强迫的场所、城市作为资本的场所，两间之间达到了最大的对称平衡"。Tilly, *Coercion, Capital*, 64.

本主义一样，资本主义注定也会产生共产主义。”① 然而，正像我在第二章所注意到的，在封建主义灭亡和资本主义灭亡的机制之间，也存在重要差异。按照马克思的分析，危机趋势和体系的转变，是内在于作为一种积累体系的资本主义核心逻辑和作用过程之中的，它们预示了后资本主义社会的组织形式；相反，封建主义内部的剩余抽取体系不包含任何这样的结构必然性。其结果，马克思主义缺少同时阐明封建主义的灭亡和早期资本主义的发展所需要的诸种工具，不能采取它分析资本主义的危机趋势，力图说明后资本主义世界崛起的特征时所采用的相同方式。

正因为马克思主义对封建主义的研究内部缺乏一种内在的辩证法，

---

① Heinz Lubasz，‘The transition from Feudalism to Capitalism：Marx's Two Theories of Social Development’，未发表的硕士论文，1982. 马克思主义认识从封建主义到资本主义的转变时，集中于生产关系和对剩余价值的占有，伊曼纽尔·沃勒斯坦质疑这种认识时，区分出了社会组织的这种转变的三个层次：一个再分配世界体系向一种资本主义世界经济的转变；将外部系统整合到这一市场系统之中；这些社会中的商业化和无产阶级化的过程。即使有人不同意沃勒斯坦所提出的因果等级秩序，这些层次之间的区分在分析上也是有用的。它们仍然能引领我们摆脱传统马克思主义对转变问题的思考，而且除了一种功能性地位之外，它们对向后-封建秩序转变的标志之一（也就是国家和国家能力的集中化）来说没有任何地位；Immanual Wallerstein，‘From Feudalism to Capitalism：Transition or Transitions’，提交给美国历史协会的论文，1974 年 12 月。他批评这种观点——贸易的增长产生了更大的劳动分工，劳动生产力的提高和一种向自我生成的资本主义扩张过程的顺利转移。最近的一种十分具有启发意义的阐释来自：Richard Lachmann，*From Manor to Market：Structural Change in England*，1536～1640. Madison，Wis.：University of Wisconsin Press，1987. 这种阐释聚焦于英国，并建立在布伦纳的著作之上，但试图对其英法之间的比较加以改进。拉赫曼在三组精英行动者（士绅、君主、牧师）的意义上来处理乡土英国中的资本主义类型的关系的发展。他提出，无论是乡村无产者的创造，还是土地私人财产的发展，都是士绅的策略性行为的结果。为了保护他们自己对令人梦寐以求的农业剩余价值的控制，他们成功地对待无产阶级化了的农业劳动力，使之屈服于劳动力市场，并且生成了一个土地市场。以这种方式，他们阻止了牧师或君主通过使用封建机制攫取剩余价值。一种更多集中于封建主义内部的经济变化动力，吸收了有关阶级斗争之意义的更谨慎的观点（明智地意识到结果的决定因素不必与冲突的原因相同）的解释是：Edward Nell，‘Economic Relationships in the Decline of Feudalism：An Examination of Economic Interdependence and Social Change’，*History and Theory*，6/3（1967）.

使所声称的封建主义和资本主义转型原则的异体同形性质产生了问题。在需要为这种不可通约性找到一个解决方案的情况下（尤其对英国这资本主义发展的“老”巢来说），马克思主义找到了两种主要可能性。一种是上求下索，力图发现类似于马克思已经详细阐明的资本主义生产模式的封建生产模式。① 另一种可能性是辨明封建主义范围之内能够给接替的社会组织形式——资本主义——提供滩头阵地的一种外部力量。

中世纪的城市为马克思主义提供了最值得称道的备选的第二种解决方案。由于具有世俗理性和唯物主义的特征，它们已被确认为“封建大海中的非封建岛屿”、“封建社会的异己物”，也许对封建主义的贸易层面必不可少，但与它势不两立，南辕北辙。列斐伏尔认为这一立场——首先由亚当·斯密在《国富论》第三册在对城市和现代资本主义创造的讨论中所提出来的——也被马克思吸收了，因为对马克思来说，“封建生产方式的解体和向资本主义的转移依附于一个主体——城市。城市打碎了这种中世纪的体制（封建主义）……城市是一个‘主体’和一种连贯的力量，一种向全球体制发起攻击并加以破坏的局部

① 罗伯特·布伦纳现在已成经典（但不无争议）的论晚期封建农村的文章，在解释为什么在东欧土地贵族能够成功地重新推行农奴制而在西欧却不行时（在西欧，农民有更大的能力抵抗重新推行农奴制），将阶级斗争和本地乡村层次上的农民集体行动的能力置于解释的核心位置。Robert Brenner，‘Agrarian Class Structure and Economic Development in Pre-Industrial European Capitalism’，*Past and Present*，97（Nov. 1982）. 这些文献，连同批评文章和布伦纳的回应，都收录在：T. H. Aston and C. H. E. Philpin（eds.），*The Brenner Debate：Agrarian Class Structure and Economic Development in Pre-Industrial Europe*. Cambridge：Cambridge University Press，1983. 布伦纳也写有文章，对保罗·斯威齐和伊曼纽尔·沃勒斯坦就资本主义从封建主义的发展所做的解释进行了批评。他认为，他们过多强调市场的力量而过少强调生产和阶级关系。

体制。”①后来被亨利·比兰纳、马克斯·韦伯和刘易斯·芒福德发展为马克思主义之外的历史编纂学上的共同智慧这一立场，最初又由保尔·斯威齐在他对莫里斯·多博著作的批评中加以整合到二战以后的马克思主义之中以服务于这一目的。②

多博分析了封建主义内部的各种危机关头，并且提出资本主义兴起于封建主义不再能包容和解决人口统计学（部分由疾病所导致）、停滞不前的贸易、血腥的战争、地主和农民之间阶级斗争的危机之时，以及各种解决这些危机的方案（包括绝对主义和恢复农奴制）都无法解决之时。斯威齐的批评则基于这样的观点——诸如此类的论据也许恰好说明了封建主义的衰败但很少能阐明继之而来的生产方式的起源。他认为，封建城市既是封建主义解体的“原动力”，又是资本主义兴起的“原动力”，正好是因为它们构成了封建生产方式范围之内的一种“外在的”原型资本主义的分裂因子。城市，作为商业活动相对自主和自由的区域，代表了对封建乡村固定不变的主从关系的否定。这种主从关系被商人的一种能力超越了——他们对生产进行重新定向，使生产摆脱城市的本地市场和直接相关的周边区域，转向更大范围之内的贸易。反过来，一旦各种城市的市场节点在一个更大的市场体系中相互交织起来（将海外贸易纳入其中），新的世界体系就逐渐得到自我强化，资本主义生产和交换也开始在一个比以前更大的范围内得到详细

① M. M. Postan, *The Medieval Economy and Society: An Economic History of Britain in the Middle Ages*. London: Weidenfeld and Nicolson, 1972, 212. Marc Bloch, Feudal Society. London: Routledge and Kegan Paul, 1965, 444. Henri Lefebvre, *La Pensée marxiste et la ville*. Paris: Casterman, 71. 译文载于 R. J. Holton, *Cities, Capitalism and Civilization*. London: Allen and Unwin, 1986, 30.

② 多博和斯威齐的论战连同相关文章，收集于 Rodney Hilton (ed.), *The Transition from Feudalism to Capitalism*. London: New Left Books, 1976. 对马克思的和其他以城市为中心的有关向资本主义转变的相关看法的一个有用总结和批评，可在以下一书中找到：Holton, *Cities, Capitalism and Civilization*. 沃勒斯坦详细阐述了世界市场既是资本主义发展的原因、也是资本主义发展的结果的观点：Immanuel Wallerstein, *The Modern World System*. New York: Academic Press, 1974, 1980, i and ii.

阐释。

这种以城市为中心的立场有相当大的保证。在虚构出来的未分化的乡村和集中于城市的工艺与贸易活动的经济专业化之间，存在一种明显对立。城市的自主性允许城市拥有自己的法典和地方政府，并为力图逃避庄园劳役的农奴提供自由庇护。霍尔顿注意到，“1000～1300年间，在人口增长、产品日益增加、新的市场得到开拓的意义上，欧洲的经济进步了，在这种经济进步与城市扩张的进程之间，存在着一种令人振奋的相互关联”。此外，正像他所发现的，城市为“自主的市民阶层的发展”提供了一个地点，“这种市民阶层涉及个人之间的互相联系，而不是排他性的基于亲属关系或人与人之间依赖的归属关系”①。

正如佩里·安德森所强调的，可能正好是“城乡的动态对立只有在封建生产方式中才有可能：一方面，是商品交换与日俱增的城市经济，这种经济受到商人的控制，在行会和公司中得到组织；一方面，是自然交换的乡村经济，这种经济受到贵族的控制，在庄园和小城镇商业区中得到组织”——中世纪城市免于外在政治权威和管辖的非同寻常的自主性使这种分离成为可能，这是一种由外部物质壁垒来意指和保护的独立性。尽管如此，这种观点——这种对立中的城市提供了一种外生型的工具性因子（这种因子使封建主义的长期再生产成为不可能）——是不可能成立的，肯定不可能以史威齐所提出的精致、简

① Holton, *Cities, Capitalism and Civilization*, 64. 也可参见第30页。霍尔顿指向了对这些立场的一种批评。相比之下，伊凡·塞勒尼与韦伯和新斯密马克思主义站在一边，在一篇比较东欧和西欧经验的文章中，他提出，城市事物有一种相对于资本主义的创造的独立的因果地位，因为作为市场-地点的城市决定性地卷入了现代资本主义的发展之中。“‘城市’至少在分析层面是一个相对独特的现象，在相同的程度上，它产生资本主义正如它是资本主义的产物一样。” Ivan Szelenyi, ‘Urban Development and Regional Management In Eastern Europe’, *Theory and Society*, 10 (Mar. 1981), 174. 我自己的立场是，正如即刻会一清二楚地，与霍尔顿相反，我认为城市的确在封建主义的死亡和早期资本主义的发展中发挥了重要作用，但是，与塞勒尼相反，我认为这种作用与通常对这一划时代的转变的以城市为中心的描绘所提出的作用相当不同。

单的形式存在。[1]

马克思主义没有能够建立一种基于城市性质不同的、暴发户的品质之上对封建主义向资本主义转变的有说服力的说明。城市寻找封建主义转变法则的解决方案受到了城市在封建法律和社会组织中地位的损害，并且受到了既作为生产体系又作为规则体系的封建主义内部的城市与乡村间关系特征的损害。必须将中世纪城镇置于其语境中，而这种语境就是封建主义。城市与封建主义之间的关系主要是一种协同关系，而不是一种对立关系。支撑封建主义的原则——政治权威原则、等级制原则、管理原则、空间原则——纳入了城市并整合了城市。此外，中世纪欧洲城市空间内部的认同、忠诚、集体活动的模式，也挤入了令人震惊的对乡村模式的认同。

但我仍然要提出，城市的定位的确在封建主义的灭亡和资本主义的兴起中具有关键作用，这种作用完全不同于斯威齐所赋予的线性发展轨迹的作用。集中到中世纪晚期城市的资本的资源（“可流动的资源，以及对这种资源可强制的要求”[2]）在塑造商业主义国家和经济的特征与活动方面发挥了关键作用。特别是，以城市为基础的经济资源使君权绝对主义的高度集中成为可能——这标志着更四分五裂、更没有能力的封建国家的终结。此外，封建城市高度程式化和受到高度限制的经济环境，往往使经济改革偏向乡村，乡村拥有了稀释封建关系的效果，新的资本投资创造了不那么集中的以生产为基础的城市化，这种城市化是作为相互依赖的商业活动与国家权力场所的大型巴洛克城市的一个对应物。还有，封建城市的政治发展为创造越来越有能力、越来越集中的国家发挥了示范作用。反过来，这些变化又重塑了城市体系。新的商业资本主义的经济活动落户于大城市的贸易场所和小城

---

① Perry Anderson, *Lineages of the Absolutist State*. London: New Left Books, 1974, 148.

② Tilly, *Coercion*, *Capital*, 17.

市的原始-工业化中心。在封建时代曾充当贸易中继站和手工业生产场所的城镇停滞不前，许多都萎缩了。与此同时，某些（但只是少数几个）更古老城市中心迅速暴长，进入人口、权力、财产的大集中，成为君主政体和海外贸易的中心。在这些城市内部，得到发展的空间安置将商业的、手工艺的、国家的活动定位到了一种新的后-中世纪城市形式之中。[①]

二

封建主义是一个高度压缩的词，无论是在类型上还是特征上都包含众多的实例。封建主义作为一种组织形式的丰富复杂性，甚至连像“生产方式”这样复杂多变的术语也无法完全容纳，因为它低估了封建社会的司法因素。佩里·安德森试图将法律因素和政治因素整合到封建生产方式的概念之中，但它只不过论证了这一任务是多么困难重重。与传统马克思主义方法将领主和农奴的经济关系当作封建主义的定义特征相反，他坚持除非通过其“政治、法律和意识形态的上层建筑”，否则封建主义便不能得到界定，因为“政治、法律和意识形态的上层建筑”详细说明了将封建主义与其他类型的前资本主义生产方式区分开来的“超经济强制类型”。[②] 尽管安德森因此将以国家为中心的问题置于他分析封建主义独特性的中心位置，他还是以封闭的马克思主义的方式这么做的。正如金廷斯和鲍尔斯观察到的：“传统的看法认为，以财产为基础的抽取是基本的核心，与之相关的周边社会形式只不过

① 对这些城市的空间组织的一个重要讨论，可参见：Lewis Mumford，*The City in History*. New York：Harcourt，Brace，and world，1961. 我在我自己的书中，讨论了封建城市和巴洛克城市的社会地理学问题：Ira Katznelson，*City Trenches*：*Urban Politics and the Patterning of Class in the United States*. New York：Pantheon Books，1981，第二章。

② Perry Anderson，*Lineages of the Absolutist State*. London：New Left Books，404.

是再生产的装饰和工具，为了保持对这种传统观念的信心，安德森被迫认为封建国家是‘上层建筑的’，因而是阶级关系的派生物。”[①]这种变动没有把握到为了探索封建主义国家和权威形式与其生产和抽取机制之间特殊耦合形式的条件，封建主义的财产和君权的复杂关系，使得有必要采取种种方式，将不同于政治基础的经济基础撇在一边。

封建主义在一个脆弱的国家系统和一致的基督教世界观的框架内对农业和城市的生产进行组织。在前国家君主政体体制中，空间是通过家庭纽带来组织的；在国家体制中，无论怎样基本，社会都是在政治权力和控制来界定的领土边界之内加以组织的，而不是通过社会的自组织来加以组织的。在这一意义上，封建社会是由国王所统治的空间，国王不是管理“部落或亲属，而是管理领土及领土上的臣民”[②]。但是不像现代民族国家，“通过中心化的、差异化的和自主的结构”统治“多元的连接的区域及其城市”[③]，也不像民族国家，它们不统治各民族，而是统治“包含和对应一个‘百姓’（民族、国民、人口）的君主政体，它被设想为一个自然的、遗传来的传统、习俗、法律、血统的共同体”，君主政体是一个先赋的集合实体，是“所有世俗共同体中最高的、最荣耀的和最完美的共同体”[④]。

罗伯特·麦考米克·亚当斯论早期国家体系的开拓性人类学著作，以对墨西哥和美索不达米亚的研究为基础，强调了国家体系取代君主政体，带来了在可按君主政体原则来整合和管辖的地区中越来越复杂的社会中管理和统治的日益专业化。道奇生坚持，由于其社会、机构和领土的新的相互关联，这种发展对理解封建主义是必不可少的。根

---

① Gintis and Bowles，‘State and Class’，22.

② Robert A. Dodgshon，*The European Past：Social Evolution and Spatial Order*. London：Macmillan，1987，130.

③ Tilly，*Coercion*，*Capital*，2.

④ Susan Reynolds，*Kingdoms and Communities in Western Europe*，*900～1300*. Oxford：Oxford University Press，1984，250.

据目前人类学家的约定俗成的描绘，由首领统治的君主政体体系有一种天生地分化为人口统计学和政治动力的趋势。每一个新单元都再生产了它从中而来的东西所具有的特征。在对首领地位进行更详细说明的系统中，更大的结构的不同单元再生产了中心的基本因素。相比之下，按照这一文献，国家通过一个更复杂的组织结构，解决了裂变问题，这一结构使系统的各部分独立于中心，而这使更大系统的每一部分很少自足和完整，因而更依赖于君主政体的法律、管理和规范特征。①

按这样的条件来看，许多封建国家有点儿像一个混合体。一方面，空间的领土组织不是君主政体的反映；相反，君主政体在空间中对社会进行了组织。另一方面，封建社会的各单元在功能上不是分化的。相反，"尽管有角色和功能的内在分化，作为封建国家的构成模块出现的贵族身份依然倾向于复制它们之上的皇家中心的角色与功能"。封建君主政体不是一个完整的和分化的系统，而是"作为一种管理系统国王将他的权威向下分派"的系统。封建主义的整个风格，连同国王不只是将君主的土地而且将其权力转让给他的主要诸侯，意味着诸侯在自己的采邑之内可以像小国王一样行动。"毫不奇怪，这种配置受到了深层的整合问题的困扰，因为它复制了复杂首领地位某些主要的去中心化的特征。"②

"欧洲的封建主义，"金廷斯和鲍尔斯写道，"也许代表了（a）一种基于所有权的生产和索取形式，（b）一种国家形式，（c）两者的一种特殊耦合。"复杂的封建国家通过两种相互竞争但相互依赖的司法原

① Robert McCormick Adams, *The Evolution of Urban Society*. Chicago: Aldine Books, 1966; R. Cohen and E. R. Service (eds.), *Origins of the State: Anthropology of Political Evolution*. Philadelphia: Institute for the Study of Human Issues, 1978; H. J. M. Claesen and P. Skalnik (eds.), *The Early State*. The Hague: Mouton, 1978; Dodgshon, *The European Past*, 130～132.

② Dodgshon, *The European Past*, 132～133.

则的综合，将封建主义的框架确立为一种乡村和城市的生产体系：

> 国王主权，这些相互竞争的国家形式的第一种，以一种原型形式展示了统一的管理、司法、军队组织的现代体制。国家形式的第二种宗主权，其标志是君主-诸侯间的关系，四分五裂的管辖权，权威的等级分层。封建国家的统一正是基于这样一种动力学，这种动力学中潜含着权力集中和向官员分配特权的主权与宗主原则之间的对照。①

具有这些特征的封建帝国，作为罗马帝国的继承者，为数众多且脆弱不堪，② 但是，像通常那样，将它们描绘成是不堪一击的也是过于盲目的。相反，它们是十分灵巧的去中心化和组织化的统治工具，通过它们的委派系统与主从纽带，将一度自主的家庭和亲属系统整合到了一种紧密的权威模式之中，无论其连结的方式是多么松散。

封建国家有一种紧张的双面性。尽管它是四分五裂的，而且主权的到场在许多地方受到限制，但是，“宗主权原则本身总是通过一个皇

---

① Gintis and Bowles, ‘State and Class’, 20～21.

② 有关他的基准年，蒂莉写到了“主权的四分五裂，随后主权便在将成为欧洲的整个地区扩散开来，公元 990 年的皇帝、国王、公爵、哈里发、苏丹和其他有权有势的人满世界都是，他们是征服者、受贡者、收租者，而不是持久地、强烈地管制其范围内的生活的国家统治者”。此外，“在这些蔓生的、边缘的国家所组成的圈子之内，主权甚至更为四分五裂，仿佛有数百个公国、主教辖区、城邦和其他机构在他们的首府的小块土地上实施着相互重叠的控制”。500 年以后，环绕着欧洲地区，出现了一些“实际上统治着一些地区”的统治者：“不仅有奥斯曼帝国，还有匈牙利、波兰、立陶宛、俄国、条顿骑士团的土地、斯堪的纳维亚联邦、英国、法国、西班牙、葡萄牙、那不勒斯。”被这一地带所包围，欧洲的中心区许多仍被划分为“数百个形式上独立的公国、公爵领地、主教辖区、城邦和其他政治实体，它们一般只能在自己首府的毗邻内陆地区行使权力”。1490 年的欧洲，人口 8 千万，被分作 500 个左右的国家、将成为国家的国家、小国和像国家一样的组织……欧洲依然是一块主权四分五裂的土地。Tilly, *Coercion, Capital*, 39～42. 这种对封建国家的讨论，在主要论述法国和英国的同时，就统治规则而言，也适用于在法国、匈牙利、丹麦和意大利之间的日尔曼区域。

家机构网络得到实施，这里的运作是在封建诸侯之中地位最高者——君主——及其管理机构的支持下进行的”。按日尔曼的原则，尤其是按英国和法国的原则，君权比最高层次的宗主权还要高；它代表了对权威、规则的独特诉求，对正义的管理，国王是所有主子的总头领。此外，在国家框架的这一层面之内，私人所有权的观念成形了，与采邑不可转让的观念保持了一致。私人所有权的观念在封建主义的框架内得到了发展，“只是在皇家法律和法庭的基础上”获得“法律的实质，因此要将它交织到封建社会的结构之中”①。与此同时，当深深地陷入宗主权体制之中时，国家拥有了一个不同的层面。从这一视角看，国王处于封建等级制的最高端，他的地位“不必在类型上而只需在程度上区别于他之下的附属统治层次。换言之，君主，”安德森写道，“是他的诸侯的一个宗主，而不是高出于他的主体之上的一种超级主权。”②

一个封建国家的国王因此可以被视为社会组织形式中的一种元素（被以各种形式描绘为“分割的主权”③ 之一），被视为一种系统。（在这一系统中，“绝大多数的社会关系被极端地地方化，高度聚焦于许多像细胞一样的共同体中的一个或多个——修道院、村庄、庄园、城堡、城镇、行会、兄弟会，等等”④。）假如基督教世界和国家提供了包罗万象的世界观和赋予这些单元以地位的等级制实践，那么，与此同时，每一单元也拥有一种相对较高程度的制度性完整性和自主性。无论是乡村的采邑还是有城墙的城镇，每一单元也都将所有权和主权融合在一起：

① Gintis and Bowles, ‘State and Class’, 23～25.

② Perry Anderson, *Lineages of the Absolutist State*, 151.

③ 就我所知，“分割的主权”（parcellized sovereignty）是佩里·安德森在《绝对主义国家的系谱》中创造的。它被发展为一篇重要文章中理解封建城市的框架之一部分：John Merrington, ‘Town and Country in the Transition to Capitalism’, *New Left Review*, 93 (Sept.-Oct. 1975).

④ Michael Mann, *The Sources of Social Power: A History of Power from the Beginning to A. D. 1760*. Cambridge University Press, 1986, 376～377.

在封建国家等级制的基础上，采邑一般倾向于与庄园（或庄园联合体）、主子与附属的农民直接照面的场所保持一致。封建国家与封建农业生产的这种特殊耦合产生了封建社会形态特殊定义特征中的最关键特征：宗主国的基础单元与农业生产的基本单元之间的融合。①

封建主义内部政治权威的分裂因此采取了一种特殊形式，那就是将它授权给拥有私人占有剩余渠道的人。封建主义内部的所有权的单元和政治权威的单元因此是相同的。“国家的每一基本‘碎片’，”埃伦·米克辛斯·伍德发现，“与此同时是一个生产性单元，在其中，生产是在权威之下进行组织的，并且是为私人所有者的利益服务的……那么，封建主义的本质特征就是政治权力的私人化，它意味着越来越将私人的占有与对生产的权威组织整合到一起。”② 对生产方式和强制方式的控制被混合到一起，生产和维护秩序的活动在封建棋盘的每一格上都相互依赖。③

城市中心是这一系统必不可少的部分。布罗代尔，代表一种更普通的立场，从反面提出了中世纪城市“使自己进入到了自主的世界，城邦，用特权（取得的或强取的）加以防卫，有如层层叠叠的司法保护……欧洲第一个伟大城市世纪的奇迹是，城市……能够长时间引导

① Gintis and Bowles, ‘State and Class’, 27. 他们继续写道：“只有认识到在封建主义中，正如在其他社会形态中一样，阶级关系拥有一种不同于国家的政治结构，才能理解这种融合。封建的融合实际上是通过两种联合来表达的，一种是制度的联合，另一种是政治的联合。首先，国家的基本单元（采邑）与生产的基本单元（庄园）一致。其次，国家基本单元的政治结构的顶点与生产单元的政治结构的顶点一致，仿佛在庄园主个人身上得到了具体化。”

② Ellen Meiksins Wood, ‘The Separation of Economic and the Political in Capitalism’, *New Left Review*, 127 (May-June. 1981), 88.

③ Nell, ‘Economic Relationships in the Decline of Feudalism’, 330.

一种完全分离的生活”。此外，“资本主义和城市在西方基本上是一回事”①。这一阐释是双重误导性的。因为城市只是在这些特征上天生是封建的：在其保护上，在其司法特权上，甚至在它们作为汇集地和交换的中继站等经济功能上。像封建社会的其他经济单元一样，城市是集体的法人团体，享有授权权限及所有权与权力集于一身这样的封建主义特征。即使是在“强求来的”地方，城市的自主特权也得到宪章分层授予的保证，受到一个分割系统的封建主义逻辑和运作的保护，城市与地区权威之间的关系总是停留于“自主与依赖的不稳定平衡”之中。② 更有甚者，城市在封建世界中发挥经济单元功能的能力，取决于封建王权内在地分化为支离破碎的单元。因此，以城市为基础的贸易是在封建主义的裂隙中求生。只有当更大的系统在 14、15 世纪开始改变时，城市也才开始改变。③

苏珊·雷诺兹最近的开拓性研究，由于聚焦于 900～1300 年之间西欧世俗集体活动的平行纽带和模式，强有力地支持了城市是中世纪生产方式的主要部分的观点。她表明，首先，“西欧各不同部分之间的社会和社会组织（更不用说集体表现）的差异，似乎比通常所认为的要少”，其次，城市和乡村共同体之间的差异比通常所认为的要少。当然，

---

① Fernand Braudel, *Capitalism and Material Life, 1400～1800*. New York: Harper and Row, 1973, 398, 400. 相反，伊夫·巴雷尔则言之凿凿地提出了证明城市的封建品格的例子：Yves Barel, *La Ville medievale: Système Social, Système urbaine*. Grenoble: Presses Universitaires de Grenoble, 1977.

② Paul H. Hohenberg and Lynn Hollen Lees, *The Making of Urban Europe, 1000～1950*. Cambridge, Mass.: Harvard University Press, 1985, 43. 在做出这种“平衡”论的总结之时，他们也拒绝一种“诱人的过分简化——将城市仅视为中世纪文化体内的一种陌生的发展，‘现代’世俗价值和观念的温床。正如我们已经注意到的，中世纪的教会已越来越具有城市生活的特点，正是在城市之中，作为一个整体，这一系统的统一的和文明化的使命才得到解决。换言之，城市对追求中世纪的社会理想来说必不可少，尽管它们也庇护了将会挑战流行价值观的实践和反思”(40)。

③ 我曾在《城市战壕》的第二章提起这些问题，在那里取向相同但重点不同。这种关于变化的阐释是对布罗代尔因果讨论的一种倒置。

她同意，“乍一看，由于它们的共和政体宪法，重商主义的统治者，产业冲突，人格上自由的人口，城市在帝王的、领主的和农业文化的中年期仿佛是一种异常现象”。但是，这种表面的比较大抵是靠不住的，不仅因为城市在封建主义的宏观特征中找到了自己的位置，而且因为城市中的生活陈规和模式与非城市的陈规和模式在许多方面高度一致。①

雷诺兹有关城市的观点，被移植到了她有关中世纪生活顽强习惯的经过详细论证的主张之中。她表明了封建主义的分割特征是如何使共同体的横向纽带成为可能，习惯和法律又是如何为作为行动基本结构的共同主体（包括城市主体）提供一个框架的。一旦考虑到世俗社会集体行动的力量和共性，我们对作为封建主义之内的“内在”或“外在”实体的理解就会决定性地向“内在”实体的方向倾斜。这是赞成中世纪的起源、陈规和自主性的例子。

已经付出了许多努力以解释 10 世纪和 11 世纪人口集中的起源，这些人所从事的职业主要不是农业，他们组成了自己和他人认为是独特的城市社会单元。在他对相互竞争观点的概括中，哈罗德·卡特有效地区分出了商业定居理论（一种与亨利·比兰纳联系在一起的理论，该理论认为，当涉足远距离贸易的商人在主要迁移路线的关键地点定居之时，城市就发展了）；市场论（强调城市是本地的一个节点，而不是远距离贸易的一个节点）；手工业论（强调生产而不是交换，认为当工匠集中起来成为日益增加的劳动分工时，城市就萌芽了；因为显而易见的原因，许多马克思主义者发现这一理论版本是恰当的）；行会论（重视由协会来保障的法律权力，这种权力最初是因宗教和社会的原因创造出来的）；军事论（从需要组建卫戍部队的角度来看人员和活动的

① Reynolds, *Kingdoms and Communities*, 156. 在有关君主政体和基督教世界的融合作用方面，也可参见：Maurice Keen, *The Pelican History of Medieval Europe*. London: Penguin Books, 1968，第一章和第四章。在世俗统治原则与教会之间存在着反复出现的紧张状态，当然，与此同时，正像加冕礼的神圣仪式所表明的，中世纪的君主政体也存在一种实质性的宗教因素。

集中)；教会论（将集中看成是由教会的权力、特权和豁免权所带来的)；自由村论（将新城市看成是已存的更小的村庄的扩大)；罗马论（将封建城市视为罗马城市的继承者)。这些可替代选择当然不是相互排斥的，有些综合起来也许对某些地方来说比其他一些看法更有说服力。无论一个封建城市的原有基础是否是罗马城邦，一个受到防卫的居住地或城堡，抑或一个教会中心，都还依然只是孤立的点，“除非通过贸易和商业的积极影响，将它们转变为城市——这种贸易和商业会创造出第二种元素，被嫁接到已存的核心特长之上”①。于是，所有的中世纪城市要么是服务于其地区经济要求的关键之地，要么是更流动的、有时是更大范围的贸易网络，或者两者兼于一身。②

在认为城市在所有封建关系中的固有地位从一开始就损害了对一种独立的城市起源理论的寻求之时，雷诺兹并非完全不认同对中世纪城市起源的各种解释。在封建时代的开端，城市的功能和城市的特征通过地方呈现出来的程度不会大于通过农业定居点呈现出来的程度，但是没有它们，作为一个系统的封建主义将不会出现。正如弗雷德里克·切耶特所表明的，乡村世界在5～10世纪之间并不明确的时期得到了重构。曾构成罗马农业世界特征的那种零散的住家，从小的农舍到大的住宅，消失了，被具有组织过的田野的一个核心化的村庄网络取代了。新地点按前所未有的密度来确定。这种发展的主要效果，是

① Harold Carter, *An introduction to Urban Historical Geography*. London: Edward Arnold, 1983, 34～35.

② 这种双重观点是霍恩伯格和李分析欧洲城市化的分析核心。“中心地方系统(the Central Place System)根植于土地及其耕种者的稳定性。一种匀整的几何学的马赛克式的分等级的中心结构了一个地区的商业、管理和文化需要，并最终将众多地区融合成了一个完整的国家……相比之下，网络系统（the Network System）证实了可流动财富和普适的观念的反复无常的力量。假如其城市内部的关联可以加以数学般的描绘，那么将用拓扑学而不是欧几里得几何学来描绘……我们自己的偏好是保留两种模式，将它们当作细察城市间的相互关系以及复杂的城市化进程的互补方式。”Hohenberg and Lees, *The Making of Urban Europe*, 69～71.

使欧洲的农业偏离了构成 5 世纪之前乡村特征流动的、田园的、野生的经济。但次要的效果是为城市的发展提供了潜在的节点。[1]

这种原初城市基础上的城市成长，是与中世纪初欧洲的乡村财富和人口的逐渐增加同步出现的。从这一视角看，不存在任何这样的单一时刻——“要么‘前-城市’要塞成了城市，要么‘前-城市’交易地点成了城市”。城市的成长因此在更大的解释范围内得到了更好的说明，这类解释涉及人口、政治、军事、教会和经济等因素的合流，这些因素塑造了更普遍的封建生产方式的发展[2]，尽管，当然，一旦城市的发展变动不居，它也就包含了自我强化的种种元素。

可以肯定，除威尼斯之外，最早的封建城市很少有或根本没有形式上的独立性。“尽管如此，任何城市按其本质来说，都适合利用绝大多数机会，把握中世纪的管理和裁决方法赋予所有本地共同体的自主性。”当抓住这些机会时，正如在 11～13 世纪那样，城里人（townspeople）的集体活动就不必需要封建法律框架和社会、政治、经济关系之内的特殊授权：

> 一旦城里人拥有了共同的利益、信心，以及与他们的统治者或其他任何人协商的影响力，那么，他们就可以在任何他们想要有所为的主题上这么做，要求承认他们的习惯，限制他们的应缴款，或者甚至，如果他们有足够的野心的话，要求全部的新的特权。限制任何城市团体成败的东西，无论它是通过行会或正式集会而起作用的东西，将不是缺乏正规的宪法组织或法律立足点，而是缺乏政治和经济力量。[3]

---

① Frederic Cheyette, ‘The Origins of European Villages and the First European Expansions’, *Journal of Economic History*, 37 (Mar. 1977).

② Reynolds, *Kingdoms and Communities*, 160～161.

③ 同上，第 164、168 页。

简言之，具有本地和远距离贸易功能的自主的、自我管理的城镇，以及手工业生产中心，只是在其行动的独立和自由度上不同于其他本地团体，而不是类型上的不同。如果我们将城镇的这种组合品质视为是与封建主义更大框架相脱离的，那么，它将是一个犯了时代错误的目的论的问题。就像封建主义的其他组合实体一样，城镇是具有本地秩序的完整世界，其典型特征是所有权和主权融为一体。①

假如只要通过回读历史，通过将经济活动的后来定义强加给不理解的当代人，就可以将城镇视为封建主义内部的资本主义的外在代理机构，那么，不能被斯威齐-波斯坦的立场所排除的东西就是这样一种可能性：在历史变化的漫长范围之内，封建城镇也许已经孵化了一种资本主义的挑战。过一会，我们将看到我认为就是这样，不过不是采取与“外在的”立场联系在一起的方式。证明梅林顿的归纳——封建城镇的自主性即是拥有“内在的外在性”——是合理的，正是城市中心的这种双面性。他得出结论说：

> 在既决定了商业资本的这种自由的“外在性”，又界定了其限度的封建语境之外，按一种片面的、单边的意义诠释中世纪城镇的“自由”，是大错特错的。城镇的自主性不是“非封建岛屿”（波斯坦语）的自主性；作为一块集体飞地，其自由和发展不像在韦伯的阐述中那样是“按照其自己的习性”。它基于并受到主权的所有分割的限制，基于界定封建模式的服从/占有政治和经济关系的同时并存。鼓励了中世纪城镇中商业资本全面发展的，正是存在这种组合的城镇自主性——在以“数级”主权为基础的蜂窝状结构内部，仿佛有一个“集体的封建君主”。因此，城市资本主义既是内在于封建模式，又是外在于封建模式的——或者更准确地

① 对平民会议管理与扈从服务的融合的绝佳概括论述，可以在以下一书中找到：Keen，Pelical History of Medieval Europe，54～55.

说，前者是后者的条件。[①]

那么，这种商业资本主义与后来的资本主义的关系如何呢？在前者那里，资本家（"专门从事资本的积累、买卖的人"[②]）自己并没有直接雇用赚取工资的劳动者或直接组织生产，在后者那里，资本家直接控制生产。存在着一种直线运动吗？或者按皮雷纳的隐喻，资本主义发展的标志，是"一系列没有组成环环相扣的连续性，相反被危机所打断的相互分离的冲动"吗？他坚称，这种历史，"像一部楼梯，楼梯的每一级突然出现在前一级之上"[③]。但是，如果资本主义的发展像一部楼梯，那么其城市各梯级的重要性又如何呢？

三

封建城镇的商业资本主义、将首府设立在绝对主义政体政治首都的后-封建重商主义、工厂城市的工业资本主义之间的关系，明显不是一种直线向前的变化。封建城镇不是早期现代城市的直系前辈，早期现代城市也不是工业资本主义城市的直系前辈。让·德·弗里耶对早期现代欧洲城市化的重构，有力地断然拒绝了所有这一类的想法。在所确定的时间基础之上，他构建起了从 1500 至 1800 年具有一万以上人口的所有西欧城市，他能够填补中世纪城市和工业城市之间的空白，并且表明欧洲城市的长期扩张既不是直接的，也不是没有中断的。不存在任何与资本主义稳步发展步调一致的，在恩格斯所研究的于 18 世纪末 19 世纪初重新创造过的"伟大城市"中达到顶峰的、逐渐的、良

① Merrington, 'Town and Country', 78.

② Tilly, *Coercion*, *Capital*, 17.

③ 他继续写道："我们没有发现出现在我们面前的，是温和的、有规则的上升，而是一系列陡然提升。" Henri Pirenne, 'The Stages in the Social History of Capitalism', *American Historical Review*, 19 (Apr. 1914), 515, 495.

性的城市化过程。①

历史现场的模式是非连续的。中世纪创建了 3 000～4 000 座城镇的神话。② 在整个 16 世纪，这些管理和贸易中心以大体上相同的步幅增长，并且依然不大。作为一个城市系统，这些场所实际上运用了所有有能力在封建主义的条件之内履行这些功能的可用的地形学上的地方。在 16 世纪至 18 世纪末之间，这一批城镇为与日俱增的异质性和随机的城市化提供了竞赛场地。

当作一个整体来看，中世纪城市化的模式是一个相对稳定的、均匀的逐渐发展的系统，尤其在北欧更是如此。大多数城镇——1300 年北欧总数 3 267 座城镇中 3 000 座左右——是少于 2 000 居民的集市中心。2 000 到一万人之间的中等城镇占剩余城镇的大部分，这些城镇往往有管理功能和市场功能。不到 50 座城镇人口超过一万人，其中最大

---

① Jan de Vries, *European Urbanization 1500～1800*. London: Methuen, 1984. 德·弗里耶创建的数据库就其本身来说是了不起的成就。它所采取的形式是，对 1500 至 1800 年间所有时候人口至少达一万以上的 379 座城市的每隔 50 年的人口做出估计。在确定欧洲城市发展的解释对象方面，这一统计数据库为明显超越推测提供了可能性。至于对将下限设在一万人的挑剔性评论，参见：Jack Goldstone, 'Cities and Social Change', *Sociological Forum*, 2 (Winter 1987).

在一篇深思熟虑的评论中，保尔·惠特利指出，德·弗里耶试图将城市定位为一个更广阔的城市化社会中的一个领域，在留意更大范围的进程之时在一个区域框架中研究城乡之间的相互作用，这种尝试是一种策略，所追求的是对欧洲之外的城市分层研究中的那种良好效果。Paul Wheatley, 'European Urbanization: Origins and Consummation', *Journal of Interdisciplinary History*, 17 (Autumn 1986). 值得注意的例子有：Robert Redfield, *The Primitive World and its Tranformations*. Ithaca, NY: Cornell University Press, 1953; Gilbert Rozman, *Urban Networks in Ch'ing China and Tokugawa Japan*. Princeton, NJ: Princeton University Press, 1973; Rozman, *Urban Networks in Russa, 1750～1800, and Premodern Periodization*. Princeton, NJ: Princeton University Press, 1976; Paul Bairoch, *De Jericho à Mexico: Villes et économie dans l'histoire*. Paris: Gallimard, 1985; and G. William Skinner (ed.), *The City in Late Imperial China*. Stanford, Calif.: Stanford University Press, 1977. 霍恩伯格和李对欧洲城市化的权威述评部分借鉴了斯金纳论关键地方的著作。

② De Vries, *European Urbanization*, 69.

的往往更多倾向于海外贸易而不是本地贸易，这些城镇的居民平均正好超过1.9万人。①

随后，一些城市破茧而出，统治了西北欧，因而到18世纪中期，一种新的城市分层已准备就绪。1500～1700年因此代表了选择性的、集中的城市增长的一个连贯时间段，在这种增长中，巨大的新的巴洛克首都和商业中心得到了发展，它们集中了皇权和对国内与国外商业的组织，在规模上与大的城邦佛罗伦萨、威尼斯和米兰相抗衡，② 并象征着欧洲霸权地形的变化。与此同时，成千上万的更小城市既没有得到发展，也没有衰落。相比之下，1750年之后的一个世纪里，城市的增长不恰当地集中在更小的、更老的城市，以及新的小工业城市；最大的城市中心增长只是缓慢的。德·弗里耶称这一模式为"从下至上的城市化"。然而到19世纪中叶，发生了另一变化。那时，受到英国曼彻斯特这样的城市扩张的引导，城市的增长又一次是由人口和功能的巨大而快速的日益集中来引领的，只不过这一次，它们更多与资本主义的生产联系在一起，而不是与政治活动和贸易活动联系在一起，尽管更老的商业城市同样得到了十分迅速的重新发展。③

这种复杂的城市模式约束了对封建主义晚期及其后发挥作用的划时代变化的形形色色的理解；它提出了必须加以解决的谜题，并且暗

---

① 这些估计来自：Norman Pounds, *An Historical Geography of Europe, 450 B.C.-A.D. 1330*. Cambridge: Cambridge University Press, 1973, 358. 他的这种估计在以下一本书中得到商榷：Hohenberg and Lees, *The Making of Urban Europe*, 51～55.

② 1490年，佛洛伦萨有29.7万居民，米兰有33.7万，威尼斯有35.7万，Tilly, *Coercion, Capital*, 48.

③ De Vries, *European Urbanization*，第六章和第七章，第255～260页。假如这是随时间流逝而来的城市增长的变化多端的轨迹，那么，在这些世纪里，城市发展的地点也有了急剧变化。17世纪的最初一些年见证了一种决定性的变化，从地中海和一个多中心城市系统转向西北欧的具有一个单一中心的系统。有关讨论，参见：Charles Tilly, 'The Geography of European Statemaking and Capitalism Since 1500', Center for Studies of Social Change, New School for Social Research, New York, Working Paper, No. 4, Jan. 1985.

示了各种可能的解释路线。我们将看到，这些具有双重效果：将城市-空间因素引入到马克思主义对从封建主义到资本主义转变的阐述之中；暴露出了这一类尝试的局限——没有将来自封建主义转变的意义扩大到纳入中心化的民族国家的起源，便试图对这些划时代变化做出解释。没有这样一种扩展，要弄清封建晚期和现代早期欧洲城市的因、果作用是不可能的。[①] 如何有可能采取一种与德·弗里耶的城市描绘所提出的实证性挑战相一致的方式去追踪这一过程呢？

四

在非连续的城市化的故事和城市与资本主义、集权国家发展的动

---

① 以下的讨论不可能是面面俱到的。如果我们不只是着眼于封建主义向资本主义的转变去理解现代欧洲社会的形成，尤其也着眼于国家的形成及一个相互竞争的民族国家的国际地理政治系统的发展，那么，这里没有考虑的一系列问题，例如战争与军事、外交关系、殖民地征服等等的作用问题，就是相当基础的问题。我这里的目的是相当有限的：勾勒城市发展与欧洲现代性之间的关联，并且在这样做的过程中，对马克思主义的有关划时代变化的第一工程的关键主题做出评论。从宏观政治学视野对划时代转变所作的一个富有启发意义的讨论，参见：Michael Mann，*Sources of Social Power*. 曼认为“无论封建主义还是资本主义，如果被用作欧洲历史的一般分期，都将不只是一个经济标签”，并且因此建议不要将它们用于理解1500年以后欧洲的推动力。这里的引文引自第375～376页。

假如正像米歇尔·曼所写的，“资本主义和民族国家”在后-封建欧洲“组成了一个松散的但协调和集中的联盟”，而且如果我们认为“实在的资本主义，实际上在欧洲和全球已获胜长达一个时代的经济形式，实际上预设了并且将另一种权力形式（尤其是军事和政治权力）嵌于其中”（446，495），那么我们必须也要和查尔斯·蒂莉一起追问：“这种强迫和积累的主流模式是如何影响城市中的实际生活经验的，在何种程度上，城市的特征决定了这些强迫和积累的模式。”Charles Tilly，‘Since Gilgamesh’，*Social Research*，53 (Autumn 1986)，410. 不幸的是，这些充满活力的有关封建主义向资本主义转变的讨论，都没有利用论述重商主义的文献。其结果之一，是民族国家的巩固和国家的形成与现代资本主义经济的形成之间的相互关系一类的问题，都被不必要地模糊了。我第一次受到刺激是想到了马格丽特·萨默斯将转变问题与重商主义的文献分割了开来。一个引人深思的讨论，参见：Charles Tilly，‘Space for Capital，Space for States’，*Theory and Society*，15/1～2 (1986)．

态的相互联系之下且支撑这种故事和联系的，是所有权和政治权威之间关系的一种深刻变化。如果我们将封建主义不只是理解为一种生产体系而是“国家与经济之间的一种耦合”①，那么我们最好聚焦于“从封建主义到资本主义转变”的双重特征（这种转变带来了国家性质、经济特征的基本变化）之上，以及两者之间的关系之上。

在国家方面，主权和宗主权的紧张二元对立以有利于前者的方式得到了解决。一种特殊类型的国家——民族的国家，从许多可替代类型中崛起，成为了主流形式。在经济方面，私人所有权和宗主权的二元对立同样以有利于前者的形式得到了解决。国家和经济的耦合现在以集中的主权与所有权之间的决定性分离为基础。

两者在封建时代的一致因此在重商主义的时代分道扬镳。国家通过消除拥有财产权的封建主义细胞式的单元，同时肯定了其所有权的绝对权力，② 并且自我剥夺了所有权的所有权力，除了那些直接与管理和统治相关的权力之外。因为这种分裂，资本主义真的诞生了。在使用暴力和收取保护费用方面，政府现在拥有了一种（接近或与日俱增的）垄断地位，并且同时取代了领主的司法活动。与此同时，政府为那些拥有财产的人提供保护，而且随着时间的流逝，提供参与国家的代表和管理制度的前景。国家现在不干预私人经济，同时也为了自

---

① Gintis and Bowles，‘State and Class’，35.

② “打破宗主国和庄园经济的融合，有效地从地主的手中收回了确保其再生产自己的社会统治地位的传统方式。在这一方向迈出的第一步是服务的传递，这剥夺了领主在封建生产所在地的政治领导权。不承认传统马克思主义理论所承认的生产场所内部的政治结构，将导致普遍低估这一变化的重要性。” Gintis and Bowles，‘State and Class’，41.

身的利益介入经济。① 其结果是国家与商业在重商主义的原则和实践的吉兆之下达成一种强有力的协同。国家和资本证明是相互认可的。主权和所有权的范围，无论怎样相互交织，无论在一个特定的时刻何者占主导地位，现在都是相互独立的，其关系是随机的。

这种分裂有许多分叉。它对资本主义积累来说的确是基本的，因为当“国家剥夺了挪用阶级的直接政治权力以及不是直接与生产和挪用关联在一起的义务时”，留给它们的便是“私人的剥削权力，这种权力仿佛已淘洗净了其公共的、社会的功能”。从这一视角看，资本主义代表了所有权中固有的政治权力的私人化，而新的国家的出现“具有前所未有的公共特征”。在工场内部，资本大获全胜；在工场外部，资本缺乏经济上占统治地位的阶级在封建主义制度下所拥有的天赋特权。②

这种分化也深刻地影响到城市的发展（这里的城市不仅是以城市为基础的关系网络中的一个点，而且是具有独特的形式并在空间中排列开来的社会关系的地方）。因为这种所有权和主权的划分，国家和私人经济成了两种构建城市空间塑形的主要工具。我们很快会看到，它们之间的平衡像后-封建时代的城市化一样，是非连续和不均衡的。在追踪这种历史的进程之时，我们要沿路返回到恩格斯所探讨过的 19 世纪的工业城市。

---

① 参见：Frederic Lane，‘The Role of Governments in Economic Growth in Early Modern Times’，*Journal of Economic History*，35 (Mar. 1975)．拉内创造了一种模式，按照这一模式，他将早期现代欧洲的政府当成是寻求自身利益最大化的企业：“当政府确保使用暴力和收集保护费用的垄断地位时，它可以将价格提高到它生产所提供的保护的成本之上；也就是说，它征收的税可以超出保护其辖区和防止外来侵略所需要的数目。由于被视为一个经济企业，寻求自身利润最大化的政府可以利用它的垄断，将其产品的价值定得高出政府生产产品所支出的数目。它可以以这种方式从那些财产权受到政府保护的人那里取得大量的剩余保护（Surplus Protection)。这种‘取得’我称之为纳贡，因为纳贡一词对用一个词来限定生产保护与保护的要价之间的差异是有用的；这种差异，也就是保护的成本对其生产者和其消费者来说二者之间存在的差异。”(12)

② Wood，‘The Separation of the Economic and Political in Capitalism’．

假如城市的标志是将所有权和主权的权力置于单独领域的商业资本主义和国家的新关系，那么反过来，它们在塑造早期现代欧洲的新国家和新资本主义的过程中，也承担了关键任务。

封建主义的城镇，尤其是在1300年之后，从封建时代以后的视角来看，发挥了部分矛盾的作用。一方面，它们是也许可以称之为新的社会权力和商业技术的试验场（这类技术只有后来在绝对主义和重商主义之下才能获得最全面的实现）；另一方面，城镇最重要的封建特征——其高度的自主性，受调控的经济，权力与所有权的司法融合和实质融合——有助于偏离它们所开辟的政治和经济改良的进一步发展，转向它们所限定范围（乡村的与城市的）之外的场所。

封建城镇起初是商业的。它们为越来越强大的手工业生产的发展和贸易网络扩展到本地区域范围之外提供了保护和调控的经济环境。封建农业的巨大成功和乡村生产力的提高，使城镇有可能成为资本主义内部最重要的法人。当它们做到这一点时，它们也就成了内在的更好的经济活动的完整单元，同样，民族国家在绝对主义和重商主义时代也将成为这样的完整单元。随着封建主义越来越发展，越来越有能力的城镇，以及城镇中的商人，发展出了预示未来商业模式的新的商业形式。①

像两个世纪以后的民族国家一样，通过市政立法和对公民权的控制，强化了它们经济活动的法人特征。市场竞争的各单元不只是个体的商人，而是城镇本身，城镇力图强化它们与乡村和竞争城镇相对峙的垄断特权。以这些方式，封建主义内部的一些城市中心为在一个受

① Pirenne, 'Stages in the Social History of Capitalism', 508～509. 写到14世纪的封建城镇时，皮雷纳记下了最大城镇的野心勃勃的管辖范围："文献汗牛充栋，证实了在大城市中存在着举足轻重的人物，他们与外部世界保持着最广泛的联系，他们买入或输出成袋的羊毛，成捆的布，大桶的酒，数量成百上千，有许多代理人或'律师'（高级律师、贴身男仆等等）听候他们的调遣，香槟酒市场在协商他们的信用证，他们贷款给需要钱的王子、修道院、城市的账册数以千计。"

保护的政治框架中构建出经济生产与交换的技术和实践提供了实验室。同样，它们也为后来在更大规模上详细制作的节目单提供了历史和经验。

封建城镇也是一个政治的孵化器。尽管它们的自治特点是法人在封建主义内部更普遍地有可能孤立的一个例证，尽管城镇中人不需要任何政治理论去肯定他们的自主性——因为城镇已经拥有了法人的法定能力，自我管理的权力对涉足商业的城市居民来说还是尤为重要。

> 新的城市社会围绕其成长起来的村镇和老的主教城镇，在过去是由主教或尊贵的地主所统治的，他们很少或者根本不知道这一类的问题：经商之人每天都有的急务，判断合同和债务问题，调整工资和价格，劳动和销售的条件。①

因此，城市力争（通常会成功）在封建主义相互依赖的框架中扩大自己的政治自主权。

当10、11世纪达到其顶峰的皇家对贸易和市场的垄断越来越难以维持时，这些斗争就出现了。随着市场变得越来越专门化，贸易的规模越来越大而调节在新的活动领域变得越来越特别和精细，中心化的控制变得越来越不可行，对贸易和本地共同体的控制转而将对商业的调节移交到了在日常基础上处理这类事务的人手中。

因此，到12世纪晚期，封建城镇的发展已经产生了管理上的“革命”，其典型特征是比根深蒂固的城镇更多独立性，与新建立的城区不相上下的自主性，以及公共管理技术和政府活动范围上的重大进步。城镇在商业和日常生活之上的公共权威加深了，扩大了。当地政府自己关注自身围墙之外的贸易特权和围墙之内的贸易条件。为了这些目的，当城镇获得了更大的管理自己事务的能力时，就制造出了新的管

① Keen, *Pelican History of Medieval Europe*, 92.

理制度和规则。[1]

城镇的自由权力被赋予所有的市民（在城镇住满整一年的人和向团体付费的人通常都会获得这种地位）、参与城镇集会的人，在更大的城市，到 13 世纪，地方议会取而代之，获得了这种权力。一些城镇继续以其代表模式为基础，另一些城镇则以职业技艺为基础。实际上在总体上，一个特权阶级的政治精英主宰了城镇的事务，有关其基本原则往往并非没有争议。在达成共识的框架内，有关经济利益及治理的运用或滥用的生气勃勃的冲突，是一种地方流行病。

这种城市政治的活力反映了地方自治政府活动的重要性和复杂性：法庭和司法过程；工业和贸易的调整（包括税的确定，最高工资、工作时间、学徒期限的设定，价格的控制，禁止企业间的联合，确保商品被带入公开市场的规则、重量和标准的监督）；公共工程的建设和维护；确保公共健康的尝试；通过直接征税提高总收入。[2]

正是在这些城镇的限定范围内商业改良和政治改良的结合，小规模地预示了重商主义-绝对主义的未来，并当场为其提供了诸种模式。然而，悖谬的是，跟随封建时代而来的权力的集中和资本主义又被确定存在于其他地方，在这些原型城市中心之外。为什么会缺乏这种连续性呢？

答案就存在于这种悖论之中。城镇的这种孤立和自足使他们成了国王和王子的敌手——国王和小君主们力图重申国家的天赋特权，一个在 16 和 17 世纪的高度中心化、官僚化、绝对主义的（或君主立宪的）政体的发展中达到顶峰的进程。在城市最强有力的地方，沿地中海直至北海的贸易线一带，城市抵御住了中心化国家控制它们的企图，

---

① 正如雷诺兹在《王国与共同体》(Reynolds, *Kingdoms and Communities*, 168～180) 中所详细描绘的那样，在西欧的不同地区，在这一模式上有许多变化，不过，也有足够多的共性保证我用一种集体的单一的声音来再现这些发展。

② 这里的资料来源十分驳杂，对我来说最重要的是：Reynolds, *Kingdoms and Communities*，第六章；Dodgshon, *The European Past*，第六章。

成功地进入了18世纪。也有重要的例外，城市丧失了自己的自主性："在这些城市中，后封建王朝及其军队能够主宰它们，城市变成了集中化的代理机构，小君主们试图将王国的领土与皇冠更为紧密地结合在一起。"① 更古老的城市成了国家建设过程的资本的源头。因此绝对主义和君主立宪国家的产生，是以城市的天赋特权为代价的。②

这里存在着某些历史性的反讽，因为中世纪末期城市有助于国家建设者所需要的资本资源。的确，这正是蒂莉解释为什么有些国家能够在创造民族国家中起领头作用（从17到19世纪，民族国家最终成了整个欧洲国家的主流形式）。通过将战争和制造战争的能力置于国家主义事业的中心位置，蒂莉追踪了统治者力图确保他们活动所需资源的三种不同方式。在勃兰登堡和俄国这样的地方，只有很少的城市化，因此只是稍稍通过资本集中的方式，统治者就建立了他们直接从自己的臣民那儿夺取资源的直接而庞大的结构。在像意大利城邦和荷兰共和国那样的地方，高度自主的城市资本集中远比国家的能力得到了更大的发展，统治者与资本家达成了协议以提供资源，而不需创造强有力的、中心化的国家结构。但是在我们一直重点关注的地区，尤其是法国、英国和普鲁士，存在着一种仿佛居中的情境，城镇中的商业资本家的资源和王朝的能力之间达到了平衡。在这儿，统治者既建立了抽取资源的官僚机构，也与资本家达成了协议，但可以肯定，"他们将自己的许多努力花费……在将资本家和资本资源直接整合到他们的国家结构之中"。他们做到这一点，是通过诸如代议制一类的机制，如在

---

① Hohenberg and Lees，*The Making of Urban Europe*，170. 也可参见：Nell，'Economic Relationships in the Decline of Feudalism'，331～346. 对城市-国家关系的一个更有趣、更复杂多变的个案的详细描绘，参见：Marjolein t'Hart，'Cities and Statemaking in the Dutch Republic，1580～1680'，未刊稿，1987。

② 对商人与国家之间的战略博弈的有用讨论，可在以下一篇未刊硕士论文中找到：Edgar Kiser，'The Formation of State Policy in Western European Absolutisms：A Comparison of England and France'，Apr. 1986. 凯瑟感兴趣的是国家的潜在的自主性，他将有关绝对主义国家是否是自主的争论转向了对可变性的讨论。

国会中；通常任命商人到国家财政部的重要岗位；通过有目共睹的与资本家的讨价还价——建立互动的连贯规则，这类规则保护所有权，以换取国家能够出于自己的目的征收剩余。① 不同于那些沿继国家建设的“强制-集约”之路的国家，这些国家基于一种新型资本主义的资源，以及主权和所有权之间的清晰分裂。并且不像沿继“资本-集约”道路的国家，这些国家建立了能胜任的、中心化的国家机器。

民族国家终结了封建统治标志的分割的主权。它们收集起主权和政治能力，将它们聚集到中心地点。在这儿，在都城，法庭和金融、司法、军队与外交事务的专业官僚机构聚集到了一起。伦敦、马德里、里斯本以及半打其他城市达到了史无前例的规模。到 16 世纪晚期，每一城市都有至少 10 万人口，某些情况下甚至达 25 万人。绝对主义王朝在创造新的、分化的城市化方面的影响是惊人的。例如，马德里在哈布斯堡王朝 1561 年将其当作自己的首都时，只是一个只有几千人的市镇，但是，正像德·弗里耶发现的，“仅仅受到政府雇用的支持，这一中心的所在城市就从 1600 年的 6.5 万人上升到了 1630 年的 17 万人”。②

国家形成的步伐超过了经济整合的进程。由于精心制作了能够渗入广大领土的规则，给广大领土强加了秩序，并且从其中抽取资源，在一个崛起的世界贸易体系（西北欧是其核心）中用于经济发展和竞

① Tilly, *Coercion*, *Capital*, 30.

② Jan de Vries, *Economy in Europe in an Age of Crisis*, *1600～1750*. Cambridge: Cambridge University Press, 1976, 151. 他继续写道：“确实如此，巴黎和伦敦拥有更变化多样的功能，但是它们的管理和附属的社会角色对它们的爆炸式增长至关重要。在 16 世纪中期，巴黎大约有 13 万居民，伦敦大约有 6 万居民。它们已经是到那时为止阿尔卑斯山以北最大的城市。到 1650 年，两个城市都已接近 50 万的刻度——这在西欧是史无前例的……当丹麦国王弗雷德里克三世 1660 年取得绝对权力时，哥本哈根是一个拥有 2.3 万居民的城市。一个世纪以后，其人数已达 9.3 万人。”有关国家形态的政治理论，尤其是国家概念的发展，正如权力（可能受到法律的调和）、权威（即合法化的权力）等的讨论，参见：Alexander Passerin d'Entrèves, *The Notion of the State*: *An introduction to Political Theory*. Oxford: Oxford University Press, 1967.

争的新框架被创造出来。从那时到现在，资本主义，既包括商业的资本主义也包括工业的资本主义，已经在一个民族的基架之内显著地制造了自己的历史。

正是在这一新的语境中，欧洲经济找到了解决 17 世纪深刻的、多维度的经济危机的方案。① 正像政治权力和主权越来越集中一样，商业资本也同样如此。中世纪城镇密集的调节环境与地方保护主义和控制的特殊论，已经给在更大的规模上对贸易做出阐释带来了深刻的障碍。重商主义，正像埃利·黑克舍尔在他未被其他人超越的论述中所强调的，首先是一种联合的工具。在由国家所提供的框架内，调节工业和贸易的层次转向了来自城镇之上的层次。调节工具是那些它们成功地、持之以恒地开创的工具；但是场所现在是在中心，处于新的政治资本中国家的支持之下。以这一方式，通过创造更大的更有弹性的经济单元（这些经济单元与国家的疆界保持一致），克服了经济调节的僵化死板。②

国家与新经济是相互支持的。在大型的首府，财富与权力相互联手。“在每一个成功的王朝之后，都矗立着一大批富裕的银行业家族”，这些家族并且制定了种种贸易模式，而且控制着乡村的农业生产。同样，“成功的国家建设和帝国建设活动，连同走向城市人口、政府支出的集中的联合趋势，给私营经济捕捉规模经济提供了独特的、无价的

---

① 一个概括讨论，参见：de Vries，*Economy in Europe*，尤其是第一章。对中世纪末期到 19 世纪欧洲经济史的一个有用的述评，参见：William N. Parker，'The Pre-History of the Nineteenth Century'，in Parker，*Europe，America and the Wider World：Essays on the Economic History of Western Capitalism*，Cambridge：Cambridge University Press，1984，i.

② Eli F. Heckscher，*Mercantilism*，2 Vols，由 Mendel Shapiro 译自瑞典文。London：Allen and Unwin，1935. Peter kriedte，*Peasants，Landlords and Merchant Capitalists：Europe and the World Economy，1500～1800*，由 V. R. Berghan 译自德文。Leamington Spa：Berg Publishers，1983.

机会"[①]。简言之，这些城市，由于它们在其引力中心已转向北方和西方世界贸易体系中的定位，一方面充当了商业活动的地点，另一方面充当了国家活动的支点。

封建城市的经济政策和技术的国家化，连同国家市场和政治管理的增长，说明了作为国家和经济新的相互依赖最显而易见的产物的都城的发展。这种以国家为中心的商业秩序对大西洋港口（包括汉堡、利物浦、加的斯）以及朴次茅斯、土伦一类的海军中心也是一种恩惠。与此同时，古老的中世纪城镇作为赢利的场所对手工业生产来说越来越不那么友善，尤其是当手工艺人不是为直销而是为区域或国际市场进行生产时，更是如此。针对当地市场的手工艺生产在古老的、小型的城市中得以延续，在这些地方，行会的管理继续占主导地位。但是，由于受到前资本主义对由市场驱动的投资和交换阻碍的妨碍，并受到城市行会在压力之下与日俱增的防御姿态的妨碍（在晚期封建主义行会中，精心制定了甚至更为复杂的规则，不是去开发新的可能性，而是力保它们的天赋特权），力图创建企业以生产用于出口的商品的投资人逃到了封建城市的边缘，在不受管制的区域施展身手。改革几乎转向了边缘，但摆脱了城市的-封建的控制。这些新企业降低工资，降低其产品的价格，创立了新的生产技术。以这种方式，它们削弱了传统的城市产业。一点也不奇怪，许多城镇力图禁止这种发展，最终却没有获得成功。[②]

研究这种原-工业化的学者（这种原-工业化的典型特征，是在古老城市中心之外的家和作坊生产），已经主要聚焦于乡村生产。部分因为这一原因，R. A. 巴特林不赞成使用这一术语；正像他所注意到的，工业革命之前的工业发展，以不同的规模发生在相当不同的场所，其

---

① De Vries, *Economy in Europe*, 242～243.

② 有关这些问题的讨论，参见：Dodgshon, *The European Past*, 259～269.

中包括更小的城市。[1] 霍恩伯格和李同样不赞成对古老中世纪城镇生产和乡村生产之间的划分做一种过于僵硬的描绘。相反，他们提出，在针对出口的家庭生产在城市中心和乡村地区都可行的情况下，城市各地方之间还存在着一种非连续性。尽管主导趋势倾向于乡村生产，但是当制造需要大量的资本，企业主的近距离的监督，并且需要迅速适应市场趋势时，城市坐落的地方还是受到青睐。他们因此得出结论说，原-工业化“不是作为城镇或农村得到了最好的发展，而是一个既涉及乡村和城市地区，也涉及都市区域分层的种种因素的一个互补系统”。[2] 后来，接近 19 世纪初时，无论乡村还是小城市，以及它们的（半）无产阶级的人口，都是工业革命中新资本主义城市化的可用场所。

五

恩格斯调查了西方资本主义社会在可以确认的现代工人阶级形成的生死攸关的早期阶段英国工人阶级的状况。越来越多的缺乏所有权或对生产方式的控制、对他人劳动力的控制的人涌入经济区。区域性的和全国性的资本主义劳动市场挤入了大量接受工资契约的工人，保守派的家长制管理的古老束缚和相互间的义务并没有让工资契约更为温柔。在这一时代，一种阶级语言与古老的贸易用语一起成长起来，并在有些情况下补充了贸易话语。18 世纪的“没有阶级的阶级斗争”

---

① R. A. Butlin, ‘Early Industrialization in Europe: Concepts and Problems’, *Geographical Journal*, 152 (Mar. 1986) .

② Hohenberg and Lees, *The Making of Urban Europe*, 130.

世界不再存在了。[①]

但是，当恩格斯写作《英国工人阶级状况》时，新的东西并不是诸如此类的无产阶级化。早在一个世纪之前，欧洲差不多一半人口已经以出卖自己的劳动力赚取工资。[②] 史无前例的是无产阶级化的地点和密度。资本和劳动集中到了新型的城市空间之中。

我们已经看到，早期现代欧洲如何存在一种急剧的转变——都市化的中心从地中海转向西北欧，[③] 而增长最快的城市是港口和政治都城。国际贸易的增长和集权化、有能力的民族国家的商业交集证明是1500年之后250年城市发展的主要动力。1750年以后的差不多100年里，这些城市实际上没有任何后续的增长。相反，新的更小的城镇大步流星地加入了城市的行列。自封建主义内部发展出一个有城墙的城镇网络以来，还没有出现过这样一个范围广泛、斩钉截铁的城镇建设

---

① 十多年之前，埃里克·奥林·赖特提供了论述资本主义内部“客观”阶级关系的最重要著作；尤其参见他的：*Classes*. London：New Left Books，1985. 在该书中，他详述了约翰·罗梅尔的剥削观念，以创建一个用于封建社会、资本主义社会和社会主义社会的阶级分析的框架。卡尔·波兰尼将19世纪30年代英国风行全国的劳动市场当作一个标志，1834年的《新贫民法》既是全国劳动市场形成的标志，也促进了全国劳动市场的形成。Karl Polanyi，*The Great Transformation*. Boston：Beacon Press，1944. 在劳动阶级的意义系统问题上，参见琼斯的优秀文集：Gareth Stedman Jones，*The Language of Class*. Cambridge：Cambridge University Press，1983；关于18世纪的父系关系，参见：E. P. Thompson，‘Eighteenth Century English Society：Class Struggle Without Class?’，*Social History*，3（May 1978）.

② Charles Tilly，‘Demographic Origins of the European Proletariat’，in David Levine（ed.），*Proletarianization and Family Life*. New York：Academic Press，1984.

③ “在14世纪初，具有两万以上人口的城市只有大约40%是在靠近大西洋的西欧国家（德国、比利时、法国、荷兰、英国）。到18世纪初，一半以上是在这些国家。意大利此时是最大的输家；1300年，它拥有欧洲所有最大城市的1/4，但到1700年，它所占的份额下降到了1/7。此外，最大的城市现在坐落于北欧。”Paul Bairoch，*Cities and Economic Development：From the Dawn of History to the Present*. Chicago：University of Chicago Press，1988，140～141. 1500年，意大利拥有21座人口超过两万人的城市；1700年，拥有22座。相比之下，接近大西洋的西欧国家在1500年是41座，1700年是70座。

时期。现在，农村的都市化，连同纺织加工业的乡村化，与突然兴起的机械化的工业经济有了共生共长的紧密关联。后来，在19世纪，这些原生的工业城市，以及从头创造的城镇，迅速发展成大型的工业城。与此同时，欧洲大的政治和商业中心，在资本主义城市化及其空间扩张的影响下，抛弃了它们的停滞不前。① 到19世纪末，对以往所有人类历史来说一直是例外的城市生活方式，在工业国家逐渐成了标准的生活方式。

夸大19世纪城市急剧断裂的性质是不可能的。正如马克·吉罗阿德最近所发现的，“二百年前左右，看遍世界上所有城市的全景是可能的，做到这一点不必乘一架飞机上升几千码。一个人可以从海格特墓地看遍伦敦，从蒙特马里奥山看遍罗马，或者从蒙马特高地看遍巴黎”。像从前一般大，这些城市具有熟悉的品质：

> 屋顶的森林，伴有楼塔，圆顶或尖塔脱颖而出，但是拥有边缘的森林，拥有水和绿色的原野的岛屿——水和绿色的原野清晰地通向其岸边。这是人们期望城市将成为的样子，它不那么极端不同于中世纪城市——这些中世纪城市也有尖塔和楼塔从环形的城墙之后拔地而起。城墙已经大部分烟消云散了，但城市增长了，只不过人的肉眼依然能将它们一览无余。

古老的政治都城和金融中心史无前例的发展，以及新的工业城市的迅速萌芽，终结了这种熟悉感。在19世纪末的大型城市——伦敦、巴黎、柏林、纽约，“你可以爬上一座山，但你不再能对一座城市一览无余，你经常能看到一片压根没有边际、没有明显形状、没有清晰度的森林，因为通常，烟雾从城中滚滚而来，或雾霾已将其完全吞没”。像恩格斯所描绘的曼彻斯特一类的工业城，代表了迄今与过去的城市

---

① De Vries, *European Urbanization*.

主义最鲜明的断裂；它们整个颠覆了熟悉的城市陈规：

> 即使在阿姆斯特丹或伦敦这样的大型商业中心，地平线依然是被教堂和公共建筑的尖塔或圆顶所统治的；货栈，虽然令人印象深刻，还没有主宰城市。在曼彻斯特，工厂的烟囱数目上远远超过教堂的尖塔；八层的磨坊远远高出肮脏的小屋、富足的货栈（它们有些像磨坊一样大），比市政厅更为宏伟壮观。①

威廉·怀尔特1851年著名的城市画作——噗噗冒烟的大烟囱的荒原使熟悉的地标如侏儒般矮小——不仅定义了大众的想象，而且明确了一个空间——所有人都力图逃离这一空间，走向像维多利亚公园一样的新郊区，在这一类的地方，正如恩格斯所说的，还依然处于“自由的、有益健康的乡村空气之中”。

正是19世纪中期城市化这些戏剧性的特点在19世纪40年代引起

---

① Mark Girouard, *Cities and People: A social and Architectural History*. New Haven, Conn.: Yale University Press, 1985, 344～345, 258. 怀尔特的画作复制于该书第260～261页。在工业化的最早阶段，工厂建造在现成的马棚、谷仓和磨房之中。但是随着蒸汽机的发展，水利资源的释放，企业的规模增长了，建筑建造时将用作工厂的特定用途牢记在心。除了区位之外（通过掩饰其外部，努力掩盖这些建筑物的用途），一种新的实用主义型的建筑物开始出现了，这种建筑物高度区别于传统的城市布局，在空间上和规模上与住宅区分开来。这些城市特征的急剧断裂，与内在于机械化的深刻转型携手前行。最显而易见的是，这种工业化改变了劳动的性质，但不仅仅限于此。它使劳动更为抽象，更与概念分开，更少技能，更少行业的特殊性。它急剧地增加了生产力，这使更进一步地引入机器成为可能。它促进了资本的集中和劳动力的密集。它改变了劳动力的社会分工，它引入了资本主义危机的新型分期。作为技术变化的变量的一个结果，机械化有助于产生不同地区和空间的不平衡发展，它也改变了区位经济。正像罗斯·托马斯所发现的：“资本主义生产不再与权力流紧密结合在一起，或与曾经作为输出系统的乡村生产基地紧密结合在一起。区位逐渐更多地取决于运输投入和产出的成本，取决于城市所在地的外来经济或非经济。”Ross Thomson, ‘Industrialization and Capitalist Class Structure’, 1984年11月纽约社会研究新学院历史研究委员会“阶级形成”研讨会未刊讨论稿。

了恩格斯的注意。在早期现代英国，只有伦敦是一个高度集中的城市地区（到1700年人口达到了50万）。在那一年，接下来的最大城市的人口只有20万。更早的两百年前，也就是1500年，伦敦的人口只不过5万。这是一个在前工业时代英国唯一一个经历了显著增长的城市。伦敦繁荣并成长为一个政治都城，一个全国性和国际性的市场，英国巨大的贸易网络的货物集散地，一个擅长奢侈品（诸如汽车设计与制造、钟表制作、珠宝首饰）的手工艺制造中心，为其快速增长的人口提供服务的地方。

伦敦在18世纪开始丧失其与北方和中部地区在加工业方面的相对市场占有率。本地的制造业者将它们的生意迁移到新的生产中心，“要么为了逃避首都严格的工艺管制，要么更加接近原材料”。因此，伦敦的制鞋业在18世纪30年代和40年代移到了北安普敦；编织业从伦敦的索迪治和诺顿福尔盖特迁到了莱斯特、德比和诺丁汉。①

然而伦敦在18世纪继续增长，变成了西方资本主义的金融中心和最强盛的港口。特别是在1763年的“巴黎和约”以及英国政治和经济范围的扩张之后，伦敦挤满了商船和所有维持英国在全球横行所必需的附属活动。伦敦也成了全国最关键的分配中心，具有英国最大的牲畜市场、鱼类市场、水果和蔬菜市场，以及其他商品的市场。

到19世纪中叶，伦敦还有新的发展资源：专业化加工贸易的更新，例如城市中心的印刷业、成衣业和丝织业，被按照家庭包工制的模式在小商铺中组织起来，边缘地区金属厂和纺织厂及货栈的修建。在1800年到1850年仅仅半世纪之内，大伦敦的人口从仅仅110多万

---

① George Rude，*Hanoverian London*，*1714～1808*. London：Secker and Warburg，1971，28～29.

增长到 270 万；到 1900 年，大伦敦的居民已达 650 万以上。①

不只是伦敦，而且一大堆新的“大城镇”改变了英国的工业和地理风景，其中利兹、伯明翰、利物浦和曼彻斯特的急剧成长一马当先。工业化区域的较小城镇也稳健地发展。甚至在像约克郡西区和接近罗瑟蓝的马斯登这样的村庄之后，米尔诺威、奥格登、哈德斯菲尔德以及同样的原生工业村在 17、18 世纪已经建成为毛织和精纺纺织中心，其居民同样还继续耕种。纺织业继续扩张，以致到 18 世纪末，它在村庄经济基地仿佛已获得同等的地位。纺织生产依然基本上是乡村且很大程度上是孤立的定居点必不可少的层面。制造商坚持在土地上获利。通常，他们转向纺织生产是为了弥补农业赢利的不足。一如既往，定居模式是相对零散的，农村统治着城镇。大多数毛织和精纺生产发生在家庭包工制的基础之上。②

在整个 18 世纪的大部分时间，这一基础上的毛纺生产广泛分布在艾塞克斯和萨福克、格洛斯特郡和威尔特郡、索莫瑟和德文郡，以及北方地区。到 18 世纪末，毛纺和精纺商品的制造加工雇用的英国工人超过其他任何产业。英国的生产几乎一半用于出口。

这种暴涨在世纪之交以后得以继续，不过产业的特征急剧地改变了。随着纺纱机器的引入和相应需要投资在新技术上资本数量的增加，毛纺和精纺生产的空间特征改变了，尽管这种改变是逐渐的。到世纪

---

① J. B. Harley, ‘England *circa* 1850’, and J. T. Coppock, ‘The Changing Face of England: 1850—*circa* 1900’, in H. C. Darby (ed.), *A New Historical Geography of England after 1600*. Cambridge: Cambridge University Press, 1986. 一个有用的（并且得到精心说明的）述评可以在以下一本书中找到：J. David Lloyd, *The Making of English Towns*. London: Victor Gollancz, 1984.

② David Woodhead, ‘Marsden 1690～1750: A Dual Economy’, *Old West Riding*, 5 (Summer 1985); H. C. Prince, ‘England *circa* 1800’, in Darby, *A New Historical Geography*. 有关约克郡更早的城市化模式，参见：R. B. Dobson, ‘Yorkshire's Towns in the Late Fourteenth Century’, *Publications of the Thoresby Society*, 59 (pt. 1, 1983); 有关早期现代英国，参见：John Patten (ed.), *Pre-Industrial England: Geographical Essays*. London: Dawson, 1979.

中期，散居各地、生活在村庄的家庭工匠的手工纺织逐渐被聚集到暴增的城镇中使用机械织布机的工厂工人所取代。即使在这种工业化进展比在棉花或铁、煤、钢行业更为缓慢的工厂里，老式的生产也难以维持，除了在专门的、高品质的生产中。大多数厂主和工人不再或不能将纺织生产和农业生产兼于一身。随着蒸汽动力的变化，投资率、资本和工人的集中、小村变城镇、城镇变城市大幅加快。仅仅在1833至1838年的五年里，“英国毛纺厂的数量便从大约129座增加至据报告的606座。到1850年，这一数字是880座”。工厂不再是散布英国各地的风景。纺纱陷入了衰落，贫困在许多原生工业村中增加了。甚至在兰开夏郡，新资本主义的影响也是不平衡的。在19世纪前半叶，其棉花和毛纺区的人口增长了三倍，但是更乡村化的北方仅增长了大约50%。①

既发生在伦敦，也发生在外省工业化城镇的英国的非同寻常的都

---

① Alan Harris，‘Changes in the Early Railway Age’，in Darby，*A New Historical Geography*；John K. Walton，*Lancashire：A social History，1558～1939*. Manchester University Press，第六章。有关英国人口集中的讨论，参见：R. Lawton，‘Population Trends in Lancashire and Cheshire from 1801’，*Transactions of the Historical Society of Lancashire and Cheshire*，114（1962），该文也包含了曼彻斯特的有用数据。

在其论兰开夏郡的著作中，米歇尔·安德森有效地区分了三种与家庭单位和工作的紧密联系有关的生产体系。他写道，在未分化的纯粹的家庭生产体系中，“家庭和经济体系以一种并不同于……乡村地区农民的方式叠加地一起”。在半分化体系中，两者之间有更多的分离，但又不是完全的分离。在这种发育未完全的工厂生产中，雇主招募自己的主要雇员，但随后就留下他们去雇用助手并给助手发工资。“因此，家长也许会征召和雇用孩子或亲戚，以及其他人，对他们进行监管和经济控制。”最后是工厂的分化体系，在这里，对劳动的控制完全移交给了雇佣者，家庭和工作场所之间的紧密联系被这种变化打破了。Michael Anderson，*Family Structure in Nineteenth Century Lancashire*. Cambridge：Cambridge University press，1971.

市化，预示了不久将改变欧洲和美国风景的城市革命。[①] 尽管按某些重要的标准来说，任何特定城市的轮廓，都是地志学的本地特殊性、在运输网络中的位置、建筑业的结构、扩张的步伐、政治精英的喜好等等因素的产物，它们之间仍然有极大的相似性。无论古老的城市（其前工业时代的核心与新的城市发展共存，并给新的城市发展施加了诸多限制和一种秩序，新的城市发展必然倾向以城市中心作为一个参照点），还是以更加灾难性的、未经计划的方式建立起来的城市（没有工业都城诸如此类给定的参照点），通过它们扩张的市场驱动机制、以功能划分空间的独特的空间组织方式，其社会地理学、当地政府在塑造这些城市的人为环境和管理其社会关系的结果方面所承担的新作用和新责任，还是能与前工业时代的城市定居点区分开来。连同将一个城市和另一个城市区分开来的所有差异和本地独特性之外，还存在共同的、反复出现的模式。正如恩格斯所预言的，使特征得到证实的正是工业化的曼彻斯特新的空间模式、过去与未来之间的伟大铰合：

> 在曼彻斯特首先创造出来的模式以各种变化在全世界得以重复。城市（或城市内的相关当事人）推动了铁道和/或汽船航线的交通网络——城市是其中心。一个工业和制造区在城市的边缘成长起来，随之而来的大量外来工人蜂拥而入。在中心，贸易和服务也迅速增长，土地价格飙升，居民通常被推到自己的街区……

---

① 由于这一原因，英国的城市化要求马克思在《资本论》中所赋予给英国工业发展的相同的理论地位和实证地位。拜洛希（*Cities and Economic Development*，243）在其“城市与英国革命的第一阶段”一章的开头便以这一方式提出：“从社会经济的视角看，在人类社会进化的三个主要转折点中（其他两个是新石器时代革命和16世纪初的与过去的决裂），工业革命毫无疑义留下了最深的印记。然而，用50至80年的时间，英国就单独经历了这一重大的变化。英国是工业革命的摇篮，研究这一国家工业革命的诞生和城市主义之间的关系似乎顺理成章。”

> 在城市中部，万物的规格稳步地增长，宏伟的新建筑出现了：市政厅、法院、公共图书馆、博物馆、大学、美术馆、旅馆、百货商店、室内市场、火车站、剧院、交易所、银行和保险公司。现存的街道被加宽，新的街道被开辟出来（尽管无论新老其宽度通常都不敷用）。假如所讨论的城市是全国的首都，等级森严的新的全国政府大楼就被叠加到本地大楼之上。①

无论重新创造，如同芝加哥、匹兹堡、鲁贝或欧伯豪森；在古老村落或小城市的基础之上，如同里尔、圣-埃健或埃森；在现存主要城市的城郊，如同布鲁克林、维也纳和巴黎的城郊延展地带；抑或是在煤田或铁道线的枢纽，新的工业城镇的典型特征都是：有组织的工厂生产（雇用成百上千的人，用以水或蒸汽作为动力的机器进行生产），广泛的共同的解决诸如卫生、食物和能源供应等问题的方案，一种相同的社会地理学和区分工作区与生活区的进程，有区别的社会阶层，人以群分的住宅形式，甚至一种更好的住宅建在东边、工人阶级的住宅建在西边的趋势（最常见的是，工人阶级的住宅坐落在新工厂区的下风）。这种新型城市

> 人口更多，功能更专业化，并且缺乏与周边乡村地区的和谐关系（这曾是前工业城市如此重要的一个特征）……新的工业城镇，无论它是否是从小的乡镇成长起来的，都是叠置在风景之上

---

① Girouard, *Cities and People*, 269. 在绝对主义和重商主义时代已经创造为伟大的城市中心的古老都城，有显著的个性特征作为标志。相比之下，新的工业城市大同小异。在工业时代，伟大的都城在它们对空间的重组上同样也趋向于更为一样，通常涉及对中心城市的大规模的有计划的重建，贫民窟的拆迁，铁路的规划，并且在边缘扩张的特征上也趋同。有关欧洲都城的个性，参见一本短论集：Abram de Swaan *et al.*, Capital Cities as Achievements. Amsterdam: Centre for Metropolitan Research, University of Amsterdam, 1988; and Donald Olsen, *The City as a Work of Art: London, Paris, and Vienna*. New Haven, Conn.: Yale University Press, 1986.

的，是以兼收并蓄和国际性的风格，并且用没有特殊来源的混凝土和砖块建造起来的。①

这些城市是古典自由主义、个人主义和自由放任时代过于自信的资本主义的一个组成部分，较少作为资本主义的原因而是作为其结果。② 与早期现代欧洲大型政治都城的发展相比，在 19 世纪的都市化中，正如约翰·梅林顿所指出的，"城镇的主导地位不再是外加的，它现在是再生产出来的，是积累过程的一部分"③。暴涨的工业城市的节拍和特征，是和资本家的投资决定分不开的——资本家在寻找具有最

① Pounds, *An Historical Geography of Europe*, 119. 古老的大城市如伦敦、巴黎、维也纳等融合了新旧——持续的老式工作与生活模式与新的制造加工冲动共生共存。尽管如此，它们并不是不受影响和没有改变的。庞德论"19 世纪城市发展"的章节是有关欧洲 19 世纪城市化的可用的最简洁的阐述，尤其一国一国地进行了有效的综述，其中论及了法国、低地国家、德国、波兰、意大利、西班牙和葡萄牙。一个例外的对维也纳的重要的、开拓性的概括研究，参见：Elisabeth Lichtenberger, *Die Wiener Altstadt*: *von der mitterlalterlichen Burgerstadt zur City*. Vienna: Franz Deuticke, 1977. 也可参见：Paul White, *The West European City*: *A Social Geography*. London: Longman, 1984. 怀特的观点是，欧洲的城市化与美国和英国的例子相当不同，由于欧洲大陆城市有更多历史的分层特征。然而，按我的解读，他证实了更深刻的相似之处，这些相似之处来自于 19 世纪中叶布鲁塞尔、日内瓦、斯德哥尔摩、维也纳、巴塞罗那、马德里和巴黎等城市的工业化的关键影响，来自它们的迅速扩张，以拆除城墙为标志。至于美国，参见以下述评：Michael P. Conzen, 'The American Urban System in the Nineteenth Century', and John P. Radford, 'The Social Geography of the Nineteenth Century US City', in *Geography and the Urban Environment*: *Progress in Research Applications*, 4 (1981), 以及 Elizabeth Blackmar 的杰出个案研究：*Manhattan for Rent*, 1785～1850. Ithaca, NY: Cornell University Press, 1989.

② 当然不是完全没有原因。特别是在工业革命的第一时刻之后，城市有助于推动和扩散改良，开辟通向经济流动性的道路，加强劳动市场的弹性，加快社会的货币化，提供资本流通的人为形式。有关这一问题的全面述评，参见：Bairoch, *Cities and Economic Development*, 以及他的具有说服力的结论（250 ff.），和他在 345 页上所画的资金平衡表。

③ John Merrington, "Town and Country in the Transition to Capitalism', 88. 当用来为本地市场作广告时，即使像城市报纸这一类的新的城市机制也成了新资本主义发挥功能的不可或缺的一部分。

小约束和最大自然、社会优势的投资地点。工业化同时改变了资本主义和城市。技术投资力图战胜劳动力供应、市场化过程、运输的瓶颈，并力图加快生产的速度。城市的发明就是要探索找到适合于这种集中的、持久的、机械化的资本主义的场所。尽管机械化之前的城市化大多数涉及管理、商业、与工艺相关的问题以及宗教问题，现在制造则成了首当其冲的特征。建造工厂和劳动阶层的住宅，逐渐成了城市中心建设的两个主要方面。

这些城市也急剧地打破了将城市与农村联系起来的传统模式。随着 19 世纪工业城市的增长，农村变得更为乡土化。18 世纪生活和工作在乡村地区的产业工人的高比例，在 19 世纪内几乎消失得无影无踪。其结果，城市和乡村的区分越来越鲜明，成为一个具有巨大的经济和社会后果的变化。城市生产的商品所针对的是空间上远远比本地腹地广阔得多的市场，而工业劳动差不多全部成为城市的了。此外，这一变化也带来了深刻的社会转型。保尔·拜洛希发现，“因为从 19 世纪起，至少”

> 工业意味着雇佣劳动，在贸易中所雇佣的赚取工资的人的比例在这一时期也增加了。另一方面，19 世纪的乡村世界是由独立的小农所统治的。因此，西方传统经济的一个独特的生活特征被颠倒了过来：在 19 世纪，城市世界在许多方面比乡村世界更少自由。①

但是，正像我们将看到的，工场中这种自由的缩减证明只是故事的一部分。因为，不无反讽的是，在工场之外，在他们的家庭和团体之中，劳动人民取得了一种新型的独立，摆脱了他们雇主的权威和监督。

---

① Bairoch, *Cities and Economic Development*, 270.

这里，在这些革命化的城市中——规模、功能、社会地理上史无前例，综合了自由和不自由——新的工人阶级试图弄明白工业资本主义。在这样做的过程中，他们成了历史的主体。他们是如何成为主体的，又是何种主体，这正是我接下来要讨论的话题。

第六章　工人阶级图绘城市

对马克思主义来说，工业资本主义时期内社会理论的主要问题聚焦于工人阶级的形成。在很大程度上，最好将这一主题当作一个城市主题。工业资本主义的空间要求塑造了19世纪的城市：它们的增长模式、相互关联、人为环境和社会地理。反过来，19世纪城市的经验，以及尝试弄清其特性的企图，是西方工人阶级早期历史中的决定因素。①

马克思主义对城市的忽视所付出的代价在这些问题上尤为明显。人们生活在作为自然环境与人类创造物间特殊关系之产物的空间之中。在这些因时间和地点而有差异地建构出的空间世界里，他们体验社会

① 沿继这一思路的一个行之有效的、富有启发意义的尝试是：R. S. Neale，'Class and Urban History: The Historian's Task'，载其论文集 *Writing Marxist History: British Society, Economy and Culture*. Oxford: Blackwell, 1985. 该文对没有得到很好研究的城市与阶级史之间的关联做出了令人鼓舞的讨论，我从中受益良多，尤其是尼尔对结构与能动性之间的紧密关系的强调；对产权关系以何种方式塑造城市的物质形式与人类关系的强调；对涉及以何种方式感受在这些城区生存的现象问题的强调；对城市的发展以何种方式迫使单一的马克思主义阶级模式做出修正的强调。我承认不那么迷恋尼尔对建模的重视，并且不那么迷恋他用一个五级模式取代较偏颇的马克思主义方法。

秩序，阐释社会秩序，并围绕社会秩序而斗争。① 人与这一“真实世界”的相互作用，也就是与他们生活的空间维度的相互作用，必定是涉及结构与能动性所有社会理论的一个构成因素，至少是大规模的社会进程与社会活动和意识之间的一个调节因素。② 无论是何种因素，对马克思主义来说，其结构与代理人都具有确定之名，令人吃惊的，毫无疑义的，其资本主义和相互争夺的社会阶级都是城市的。

假如任何好的社会理论都能从让空间成为理解社会关系的结构化过程不可或缺的部分中受益，那么，更为明确的是，没有城市地理学的维度，充分地解释19世纪劳动阶级的形成问题是不可能的。阶级的形成是一个涉及双重意义上的经验的进程：对世界的经验和学会如何在世界之中和世界之上行动的过程。任何人都不是与普遍意义上的资本主义相遇，或是与其真正本质被偶像化的抽象商品形式打交道。资本主义存在于独特的地点与独特的时间之中。19世纪，新的工人阶级所体验的世界主要是城市世界。这些“在地形式”（shapes on the

---

① “社会系统必须在物质世界中进行自我再生产。无论我们是否认为这种唯物主义在社会系统的形成中具有一种构成作用或仅有一种偶然作用，任何社会系统都不可能掩盖自己与真实世界互相交织的需要，以及在这一过程中，对自己进行空间组织的需要……与世界相互交织……就是将一种空间的特殊性融合到社会进程之中，将其与特定的空间区域紧密结合到一起……社会组织要成为一个独一无二的地方，要将自己具体化，就必须在一个特殊的地方致力于一种特殊的形式，将一个选择的世界转化为一个自决的世界和具有封闭的可能性的世界。”R. A. Dodgshon，‘Geographical Change：A Study in the Marching Time or the March of Time?’，*Society and Space*，5（June 1987）.

② 社会科学中的某些取向（但只是明显少数的且是边缘性的少数取向）赋予空间与地方一种构成作用。约翰·阿格纽注意到，“特别是，想一想法国的社会地理学；法国的选举社会学；社会史年鉴学派；‘北卡罗莱纳学派’风格的美国区域社会学，具有‘凯’（Key）的群体生态学传统的美国政治社会学；以及也许是最重要的，历史和文化地理学，美国的文化人类学”。与这些少数派文化潮流相比，“自第二次世界大战以来统治西方社会学（尤其是受美国影响的社会学）的社会组织与社会变化理论，根本没有或者只给予地方概念有限的作用”。John A. Agnew，*Place and Politics*：*The Geographical Mediation of State and Society*. Boston：Allen and Unwin，1987，25. 他在第五章中讨论了他所看到的贬低空间的缘由。

ground）是新的以阶级为基础的“社会形式”的完整部分；[1] 对劳动阶级形成的研究，很大程度上是对劳动人民如何建构他们发现自己被迫在其中工作、生存的明显变化了的空间领域的形象和精神地图的研究。有争议的是约翰·安格纽所强调的“地方”每一种意义上的工作地和居住地的术语与内容：“场景（locale），建构社会关系所处的背景……场所（location），包含着社会互相作用背景的地理区域，由在更广的范围内起作用的社会和经济进程加以界定；地方情（sense of place），地方的‘情感结构’”，指人们所产生的对他们生活的不同空间背景的情绪情感。[2] 正是在这种映像的建构中，人以群分的社会的活生生的经验获得了命名。它们是如何获得命名的，并且对集体行动来说具有何种后果，是阶级形成至关重要的、富于变化的问题。

没有进入和通过 19 世纪壮观的城市化所产生的人为环境（这一工人阶级个人及家庭与资本主义日常遭遇的地方），马克思主义便创造了纸板式的工人阶级（“本身”）——尽管在存在的方式上，在时间和地点上都难以详细说明，却希冀工人阶级克服内在于资本主义的阶级意识和集体行动的障碍。当工人阶级没有做到这一点时，则为他们制造种种借口：劳动贵族、父权制、种族多样性、精英的社会控制、国家的压抑等等。按照这种对阶级形态的理解，劳动阶级的生活和取向的

---

① David Cannadine, ‘Residential Differentiation in Nineteenth Century Towns: From Shapes on the Ground to Shapes in Society’, in James H. Johnson and Colin Pooley (eds.), *The Structure of Nineteenth Century Cities*. London: Croom Helm, 1982.

② 他明确无误、令人深思地赞成地方视角对阶级分析的相关性，目的是克服将它具体化为“一种物或促使人们以一般方式行动的一种普遍精神”。这是一种约定，将地方理解为“能动性在其中询唤社会结构的地理语境或位置”（41，43）。此外，政治行为或集体主张，总是因地而异的。

实质内容仍然令人痛苦地没有得到很好的探讨，更不用说获得比较分析。①

20 世纪 70 年代和 80 年代新城市马克思主义之所以重要，正因为它尝试终结对都市和空间的忽略。它最初是通过聚焦于空间是如何与资本积累密不可分的，并将 20 世纪社会运动置于资本主义消费与再生产的范围之内。但是在这种将目前考虑在内的思考中，这一工作很少沿继恩格斯在其早期著作中所开辟的道路。②

通过比较，我们已经看到，最近以来，曼纽尔·卡斯特尔和戴维·哈维的著作是如何力图通过空间分析直接面对结构与能动性诸问题的，但也看到了他们努力的结果是如何事与愿违的：要么必须放弃将马克思主义当作一种享有特权的社会理论，要么必须对在封闭的经验分析中所发现的多变的、零乱的现实加以整理，使其符合传统的反

---

① 这些理想的劳动阶级是独立地存在于理论家们的头脑中的，这些理论家往往遗忘了欧文·豪的警句："劳动阶级是一种现实，无产阶级是一种观念。" Irving Howe, 'Sweet and Sour Notes: on Workers and Intellectuals', *Dissent* (Winter, 1972), 264.

假如本章的中心主题是马克思主义内部的社会理论工程必须推进一种整合——将城市-空间主题融合到结构与能动性的思考核心之中，那么，十分清楚，其他认知界对这些议题的忽略也是代价惨重的。在评论最近有关城市史的著作时，凯瑟琳发现，其中只有一些是马克思主义的或倾向于马克思主义的："悖论的是，新的城市史学家，虽然他们希望避开特有的城市的东西，但还是一再在其寻求概括的过程中被迫面对城市在城市系统内部所扮演的角色和本地发展的特殊特点对正讨论的社会现象的独立影响……新的城市历史因此也许迫使城市历史学家不论愿意与不愿意都转向长期受规避的对城市化进程本身的考察。最终，正是在这一点上，与城市建设和管理的基本联系涉及'其他'，更多的传统城市史将再一次变得更为显而易见，因为在这些决策过程中隐藏着持续的本地特征的最终根源、结构与文化在其中相互作用的基本区域。" Kathleen Neils Conzen, 'Quantification and the New Urban History', *Journal of Interdisciplinary History*, 13 (Spring 1983) .

② 深思熟虑地论证了文献的这些特点的一篇述评：Kieran Mckewon, *Marxist Political Economy and Marxist Urban Sociology: A Review and Elaboration of Recent Developments*. London: Macmillan, 1987. 该书主要以对曼纽尔·卡斯特尔和让·洛杰金 (Jean Lojkine) 的著作的批评为基础，其主要贡献是致力于发展城市马克思主义内部的微观层次的分析。

空间的范畴。假如能通过不同的渠道，采取有效的整合城市万物的方式，卡斯特尔和哈维试图扩大马克思主义社会理论的尝试，会带来明确的结论。但通过目前的这些途径，将马克思主义与城市配对为马克思社会理论第三工程的一个光明似锦的维度，会走向死胡同。

马克思主义社会理论极其需要但从来没有确保的东西，是将一种城市-地理的想象系统地灌输到对劳动阶级形成的分析之中。① 这样一种尝试——我在这一章中希望勾勒的一个例证——有三个相互联系的步骤：详述城市增长和发展的结构性决定因素；呈现这些新空间的空间塑形的特点；对新的工人阶级如何理解西方不同国家的空间做出系统的、随机的和比较的说明。②

一

在恩格斯写作《英国工人阶级状况》的时代，他认为具有阶级意识的工人阶级的形成是一个有点儿自动的过程。回过头来看，我们知道他错了。从资本主义城市中劳动人民的生活处境到他们崛起为一个共同具有抵制社会秩序的意愿和能力的反资本主义倾向的群体，其间不存在任何不可避免的道路。阶级的形成不是作为定量的事情、或多或少出现的东西。它是一个偶然的进程，其条件和内容因地方不同而各有不同。

---

① 这种概括的最近的一个例外，是 Nigel Thrift and Peter Williams 所编的一本文集：*Class and Space*：*The Making of Urban Society*. London：Routledge and Kegan Paul，1987. 这是一本极佳的文集，在下边的第七章，我将回到这一文集，尤其是 Craig Calhoun 所写的令人豁然开朗的文章。尽管该书明确地要求关注城市空间与阶级形成之间的紧密联系，但论述 19 世纪的各种文章还是令人失望地没有将城市形式当作它们分析的必不可少的部分，也没有处理比较分析问题（除了思里夫特对谢菲尔德和利兹做了一个简单的两相比较之外）。

② 因为主权和所有权分离之后的资本主义是在民族的框架中发展的，所以期望劳动阶级的形成中具有各民族的变化也是说得通的。

阶级术语本身的拥挤不堪在理解这一进程的道路上设置了种种障碍。作为描述和解释的一种辅助措施，我在其他地方已经提出，区分出阶级的四个层次或层面是有用的。① 第一个层次是资本主义发展结构内部的阶级，马克思在《资本论》中所分析的阶级层次。这是生产方式内空白之处的一种模式。相比之下，生活方式之上的第二层次的阶级，关系到实际的人如何在决定性的生活模式和社会关系中生活。阶级在这里涉及工作之中和工作之外的社会存在的组织特征。在第三层次，认知和语言倾向的层次，阶级涉及人们再现他们实际生活经验的种种方式以及他们如何建构行动常规指南的方式。我指的是布尔迪厄的意思，他用**习惯**这一概念指“一种已建构好的和正在建构之中的结构，这种结构创造了生产可分类实践和工作的图式系统，以及感觉和欣赏的图式系统”②。作为行动者，阶级的成员只可能是在一种特定的文化秩序及其独特的喜好、认知和可能性的框架之内构成的。③ 这

---

① 更详细的讨论也许可以在以下一文中找到：Ira Katznelson，'Working Class Formation：Constructing Cases and Comparisons'，In Ira Katznelson and Aristide Zolberg（eds.），*Working Class Formation：Nineteenth Century Patterns in Western Europe and the United States*. Princeton，NJ：Princeton University Press，1986，13～22.

② Pierre Bourdieu，*Distinction：A social Critique of the Judgement of Taste*，trans，Richard Nice. London：Routledge and Kegan Paul，1984，171. 他写道：“因为不同的存在条件产生不同的习惯——通过简单的转化即可运用于最变化多端的实践领域的生成-转化图式系统……习惯不仅是一个对实践进行组织的正在建构之中的结构，而且是一个已经建构好的结构：对社会界的感觉进行组织的逻辑种类的分类原则，本身是社会阶级的分化的内在化的产物。”（170）

③ 我发现 Scott Lash and John Urry 对这些问题的讨论发人深省：'The New Marxism of Collective Action：A Critical Analysis'，*Sociology*，18（Feb. 1984）. 至于对 Joh Elster 的有关阶级讨论的方法论上的个人主义的一个重要批评，则集中于他回避意识形态问题及阶级的自主性以及他认为阶级是由可能或不可能介入集体行动的个人所组成的观点，参见：Charles Taylor，'Formal Theory in Social Science'，*Inquiry*，25（1980），139～144. 一种大同小异的批评，则以于尔根·哈贝马斯的单向的和对话的范畴为基础，参见：Claus Offe and Helmut Wiesenthal，'Two Logics of Collective Action：Theoretical Notes on Social Class and Organizational Form'，in *Political Power and Social Theory*，1（1980），67～115.

些阶级倾向不只是阶级现实的镜子或反映；它们是对环境的貌似真实和有意义的回应。反过来，以语言和象征为基础的这些倾向构成了建构阶级的四个层次之上工人阶级的全部节目、集体行动的全部节目的引人注目的文化资源。共同拥有这些倾向的人们，有可能或不可能共同行动以追求共同目标。当其成员通过运动和组织自觉地采取行动以影响社会和本阶级在社会中的地位时，也许可以说一个阶级存在于这第四个层次上。正如工人阶级的倾向从一国到另一国极为不同一样，工人阶级的集体行动模式也是如此：

> 从这一视角看，阶级也许可以更全面、更多变地被认为是与阶级的四个层次之间由一定条件诱发的（但不是随机的）关联进程联系在一起的。对阶级的四个层次的详细阐述，允许我们保持按照结果定义阶级构成这一优势条件，同时提供比较历史分析的更详细更多变的对象。四个层次的每一必要性的内容一个社会不同于另一个社会；没有任何一个层次需要按照阶级的意义做出排他性的理解或分析；各层次之间的关联是问题多多、依情况而定的。
>
> 有关每一层次的内容和阶级各层次之间关系的各种问题，构成了阶级形态分析的核心。对阶级形态的一种精确的（但不是过于狭隘的）记述，是以对这些层次之间关系的一种随机的但不是未决的理解为基础的，而试图发展一种有关阶级形成中的诸多变化的宏观因果假设的尝试，则是继这一理解而来的相关任务。①

按照这一解释，阶级形成不是一种特定的结果（比如说，在有关革命意识的阐释中那样），也不是一个全有或全无的问题。相反，阶级的第三和第四个层次上的倾向与集体行动的两组变化，构成了工人阶

---

① Ira Katznelson，'Working Class Formation'，21～22.

级形成中变化的孪生分析对象：在阶级的第二层次上所经验的对社会生活以阶级为基础的理解，是在怎样的条件下发展出来的呢？这些理解应当限于工场中的关系和劳动者对他们的雇主所提出的要求的意义上，还是应当包含社会和政治生活的其他领域？在什么条件下，劳动者会坚持反对他们的雇主或房东或国家，抑或在法定的利益表达系统之中或之外反对其他目标？

我的观点将是，现代工人阶级创造的第一时刻工人阶级形成史，可以以一种全新的方式加以理解，方法是参照城市空间的表征和适合于这些命名的集体行动的种种形式的发展。努力使其轮廓和社会关系清晰可见，进而将混沌还原为模式，这种对新城市的解读，构成了对必须在其界限内生活和劳动的劳动者的一种重大挑战。他们如何在寻找可理解性和连贯性的过程中图绘城市，构成了 19 世纪工人阶级历史中结构与能动性之间的关键中介。在注意到 19 世纪的经济、阶级表达（这在那一时代为组织所有其他因素提供了基础）的过程中，艺术史家 T. J. 克拉克比较了那一时代资产阶级的确定性和劳动阶级术语的巨大流动性，前者以这样一些巨大的、野心勃勃的工程为标志：例如纳什对伦敦摄政街的开发、巴龙·奥斯曼对巴黎的重造，以及后来对资产阶级主张的杰出的图像表达——维也纳的环城大道，后者从“人民”的不确定概念到“无产阶级”理论上的密集观念，不一而足。[①] 认识这种表达工人阶级生活经验的历史性努力的挑战、机遇和决心，构成

---

① T. J. Clark, *The Painting of Modern Life*: *Paris in the Art of Manet and His Followers*. New York: Knopt, 1984, 7. “沿维也纳的环城大道而建的巨大公共场所，比其他单一资源更为经济地以其纪念碑和住所，给我们提供了一种前代奥地利自由主义精神的图像索引。” Carl E. Schorske, *Fin-de-Siècle Vienna*: *Politics and Culture*. New York: Knopt, 1980, 27. 对这一时期资产阶级确定性及“资本时代”困扰马克思主义历史学家的种种方式的讨论，参见：Gareth Stedman Jones, ‘Society and Politics at the Beginning of the World Economy’, *Cambridge Journal of Economics*, 1 (Mar. 1977).

了本章的主要主题。①

通过比较分析的方式，我将着手讨论19世纪英国和美国工人阶级形成的个案。对这一主题的讨论许多都令人失望。英国的历史编纂所关注的是解释将英国工人阶级的形成与大陆的经验加以比较时，什么东西被（错误地）视为是劳工改良主义和中庸之道的“例外论”。美国的历史编纂也持一种甚至更为根本的“例外论”：在与英国和欧洲大陆的个案加以比较时，对阶级的理解限于劳动关系，而且甚至产生了基于工党模式的温和的劳工政治组织。② 在这两种情况下，历史学家所追求的，更多是对没有发生的做出解释，而不是对已经发生的做出解释。

相反，在这里，我想表明，第一，英国和美国的工人阶级是如何通过广义上的城市空间的转型来感受资本主义的；第二，19世纪城市空间的新的分化是如何对以阶级为基础的倾向提出基本挑战的；第三，每一国家的民族特点在带来每一个案的“阶级性”上的变化如何是必不可少的。特别是，我想考察为什么在美国，一种分裂意识逐渐地分

---

① 参见：William Sharpe and Leonard Wallock（eds.），‘From “Great Town” to “Nonplace Urban Realm”：Reading the Modern City’，in Sharpe and Wallock，（eds.），*Visions of the Modern City：Essays in History，Art，and Literature*. New York：Heyman Center for the Humanities，Columbia University，1984. “表征的战场”一词来自戴维·哈维对克拉克《现代生活绘画》的评论文章：‘The Representation of Urban Life’，*Journal of Historical Geography*，13（July 1987）.

② 我曾讨论过这些问题：Ira Katznelson，‘Working Class Formation and the State：Nineteenth Century England in American Perspective’，in Peter Evans，Dietrich Rueschemeyer，and Theda Skocpol（eds.），*Bringing the State Back In*. Cambridge：Cambridge University Press，1985. 这一章部分地以这篇文章为基础。至于依广义的相同的路线对德国工人阶级的讨论，参见：Geoff Eley，‘Combining Two Histories：The SPD and German Working Class Before 1914’，*Radical History Review*，28～30（1984）. 传统马克思主义历史编纂学对美国例外论的讨论的一个变种，以美国工人阶级在斗争的一个关键时刻的日积月累的挫败为基础，可以在以下一篇有趣的文章中找到：Mick Davis，‘Why the U. S Working Class is Different?’，*New Left Review*，123（Sept.-Oct. 1980）. 追问“工联主义、劳动和社会主义之间的关系有多‘自然’”的一篇妙文，参见：Jean Smith，‘Labour Tradition in Glasgow and Liverpool’，*History Workshop*，17（Spring 1984）.

化了工人阶级：在工场是劳动者，在他们的居住区，则是种族群体的成员，或这一区域那一区域的居民，而在英国，“阶级”则团结起来而不是在工作领域和脱离工作时区分开来。在英国，劳工政治领导人直接向工场的雇佣者提出要求，而远离工作时，则在同样广义的阶级意义上向国家提出要求，而在美国，则按每一领域的不同条件坚持自己的要求。我认为，阶级理解和阶级活动方面的这些不同，主要涉及的不是工作地点之上的差异，而是居住地上的差异，这类变化的主要根源是国家当权者所创造的政治语境，这些当权者塑造了新的城市工人阶级是如何理解居住地的。正如从前一样，在分析资本主义发展与工人阶级形成之间关联的过程中，我想验证一种空间化的马克思主义的能力及其局限。

简言之，我的主题是也许可以认为是城市的“隐蔽议程”的东西；我的目的是揭示和探究城市空间的构成、意义和用途，以强化马克思主义的社会理论，并且以这种方式，评估和超越卡斯特尔和哈维所提供的选择。在追求这些目的的过程中，我想建立城市空间发展和阶级形成之间的关系的两种决定性联系：作为一个更大的城市经济网络节点的城市与作为具有鲜明内在空间塑形形式的城市之间的决定性联系；[①] 这些内在的空间塑形与集体性的创造之间的决定性联系（这种集体性的想象、认同和组织基础不仅是在时间中构成的，而且是在空间中构成的）。

假如一种城市意识是阶级形成史的一个固有部分，它会设想何种特征呢？劳动者在与他们所经验的社会地理学基本转变的关联中，会创造怎样的对过程和屏幕的感觉过滤器？它们的范围有多广泛？假如城市聚集了资本主义的新的工人阶级，其居住区劳动阶级个人与家庭

---

① 对这种联系的讨论，参见：Charles Tilly，‘The Urban Historian’s Dilemma：Faceless Cities or Cities Without Hinderlands’，University of Michigan，Center for Research on Social Organizations，Working Paper No. 248，Oct. 1981.

的近似会促进或促成以阶级为基础的集体行动吧？对特定的工人阶级这些问题的回答，主要依赖于他们在将工作场所和家分离开来的新分化之内的理解方式、谈话方式和行动方式。①

二

从底层加固了对阶级形成分析的，是这样一些主张：英国、美国和其他西方国家的确经历了一种强有力的空间重组，这种重组将人们

---

① 我清醒地意识到"工作场所"和"家"这类词可能促长一种社会性别的神秘化，这种神秘化暗含了家中的家务劳动不是工作。我要强调我的意思不是这样，正像伊莉莎白·布莱克默正确地主张的，家"依然是一个工作场所；家庭劳动依然是确保和维持生计的一个基本部分"。像我自己一样，在她对强调19世纪城市中工作场所与家的分离的观点的抨击中，布莱克默将两个最好分开来的问题合并到了一起。她写道，根据强调这种空间分离的阐释，"当男人在不断扩大的车间、工厂、库房、办公室中找到职业时，住房丧失了其经济功能，并且成为了与生产关系隔离开来的一个'范围'"。Elizabeth Blackmar，*Manhattan for Rent*，1785～1850. Ithaca，NY：Cornell University Press，1989，110. 这一妙语在逻辑上不能继承效仿。强调城市的深刻的空间重组对男人和女人的重要意义是完全可能的，这种空间重组为从事雇佣劳动和发挥家庭生活（包括家庭劳动）的功能创造了分离的地点-范围，同时不否认不付酬工作的经济意义、妇女经验的独特性、住宅范围作为现代资本主义主要意义中的一种经济构成成分所具有的重要性（布莱克默杰出著作的主题）。我自觉地使用工作场所和家分开的语言，同时将这些附加说明牢记于心，因为它是所有现代资本主义城市的一种共同的、象征性的特征。它确立了有关阶级与社会以及这些范围之间的联系的基本难题的基础。而且，在我看来，它使我们可以追问的不仅有关阶级，而且有关社会性别的种种问题变得尖锐起来。

采用与布莱克默相同的思路，Martha A. Ackelsberg明确但充满同情地批评我的早期著作忽视社会性别：'Women's Collaborative Activities and City Life：Politics and Policy'，in Janet Flammang（ed.），*Political Women*：*Current Roles in State and Local Government*. Beverly Hills，Calif.：Sage Publications，1984. 我接受我对社会性别说得太少的批评，但我不承认以下这一看法：重视工作场所和居住地之间的物质的、地理的和社会的划分，会使这种分析困难重重。相反，它启示了这样的研究——通过考察妇女及其家庭连接和管理两个领域的方式，从妇女的视角研究这种划分的潜在意义。这样的研究，其中许多事实上是越来越多的女性主义文献所创造的成果。学术界介入了我在一些著作中所讨论过的关键性的政治问题：也就是，如何能够跨越工作场所和家这一重大的分裂，铸造一种解放政治学。

赚取工资的空间和他们生活（和妇女从事不付酬家庭劳动）的居住区区分开来了；这种分裂将社会阶级相互分离开来了；并且产生了基于收入和基于生活风格的社会阶级成员之间的细微差异，其中包括对住宅的消费。正是基于这些变化，才促使对城市做出新的解读。

这些有关空间重组的各种事实的主张（它们是我对工人阶级形成的比较和以事实为根据的分析的前提），是有争议的，所以我将对它们进行详述，尤其重视英国的案例。尽管在下文中我计划比较美国和英国的阶级形成模式，我对空间重组的绝大部分讨论还是会聚焦于英国城市，部分是因为英国城市是第一批按照曼彻斯特戏剧性样式成长起来的城市，部分是因为这里有远为发达的现存的城市系统——它会引向追问旧和新之间事实上发生了多少变化，部分是因为这里基本的社会和空间变化的观念已经受到了质疑。

在一个重要的例证中，帕特里克·乔伊斯相当痛苦地抨击了工作场所和居住地分离、各阶级之间隔离的重要意义。他坚持 19 世纪中后期工业城镇“更多地留在乡村而不是夺取了城市，被认为是‘步行城市’的工业城镇通过蜂窝状的再生产成长起来，城镇在其扩张过程中慢慢地吸收了工厂周边地区”。直到世纪之交引入了电车轨道和自行车，“家和工作场所之间的联系依然坚固结实，直至这些将其分离开来”①。

乔伊斯小心翼翼地给自己对居民区的讨论作结。20 世纪城市的无个性和阶级隔离，往往过于经常地被追溯到 19 世纪，以致我们忘记了

① Patrick Joyce, *Work, Society, and Politics: The Culture of the Factory in Late Victorian England*. New Brunswick, NJ: Rutgers University Press, 1980, 118～119.

它们有多么不同。①

作为深思熟虑之词，这些咒语是恰到好处的，但是就思考19世纪城市的工作场所和家之间的分离来说，按照它们自己的特殊性来理解，它们则错过了物质变化和社会经验的要点。在写到更普遍的工业革命之时，威廉·休厄尔发现：

> 现在表现为漫长和缓慢发展的犹豫不决的开头的东西，似乎是通向当代的一个主要出发点：即使极少的蒸汽机或鼓风炉或纺织厂，也可能给以前从来没有见过这些东西的人造成强烈的印象。从他们的视角来看，现代工业是他们时代的鲜明特征，它们的社

---

① 在提醒将现代模式追溯到过去的危险时，乔伊斯附和了地理学家戴维·瓦尔德，瓦尔德强调，从20世纪的视角看，19世纪英国和美国城市的社会地理，与后来的模式相比较，是一种空间分化的比较意义上的弱模式。David Ward, 'Victorian Cities: How Modern?', *Journal of Historical Geography*, 1/2 (1975). 有关这一立场和我这里所采用的强调分化和隔离的社会地理学家和历史学家的立场之间的论争，参见以下著作中的评述：Richard Dennis, *English Industrial Cities of the Nineteenth Century: A Social Geography*. Cambridge: Cambridge University Press, 1984; Canadine, 'Residential Differentiation'. 卡纳迪涅在给他的述评作结论时，提出阶级之间的主观距离比地面上的客观差异要大。这既是正确的也是误导的。之所以说正确的，是因为从20世纪的视角看，分化的真正程度几乎不像后来将出现的那么大，而主观的区分是巨大的。之所以说是误导的，是因为正像我后文注意到的，从一个更固有的时间角度看，客观的变化确实是大的。

会是前所未有的工业社会。①

工业化的空间伴随物也是如此。与当代完全无关的是19世纪城市和20世纪城市之间的差异程度；给他们的生活和意识留下印象的是新的城市形式，它不只是将工作与住处之间的分离模式带给了富人（正如同商业城市中的情形一样），而且带给了大多数人。在某些城镇，工作地和居住地也许只有几步之遥；但它们是分开的地点，而且除了雇主提供住宅的情形之外（甚至在单一的工业城镇，满打满算也只占劳动阶级住宅的一小部分），工人逐渐聚集到与雇佣劳动场所分开，与其他社会阶层分开，甚至与具有不同的韦伯式阶级特点的工人分开的社区。这种空间和社会隔离的多元革命，即使稍稍不成熟、不完善，而且与更古老的手工业模式（以工作和住所在各阶层混居的住宅内结合在一起为特征）交织在一起，但却是19世纪英国极大规模城市化的核

① William H. Sewell, *Work and Revolution in France: The Language of Labor from the Old Regime to 1848*. Cambridge University Press, 1980, 143. 对有关工作场所和家的合而为一的前工业模式的讨论，参见：Frank E. Brown, 'Continuity and Change in the Urban House: Developments in Domestic Space Organization in Seventeenth Century London', *Comparative Studies in Society and History*, 28 (July 1986); Catharina Lis, *Social Change and the Labouring Poor: Antwerp*, 1770～1860. New Haven, Conn.: Yale University Press, 1986; John Langton, 'Residential Patterns in Pre-Industrial Cities: Some Case Studies from Seventeenth-Century Britain', in John Patten (ed.), *Pre-Industrial England: Geographical Essays*. London: Dawson, 1979; Jeremy Boulton, *Neighbourhood and Society: A London Suburb in the Seventeenth Century*. Cambridge: Cambridge University Press, 1987. W. J. Smith, 'The Architecture of the Domestic System in Southeast Lancashire and the Adjoining Pennines', in S. D. Chapman (ed.), *The History of Working Class Housing: A Symposium*. Newton Abbot: David and Charles, 1971; and J. G. Timmins, *Handloom Weavers' Cottages in Central Lancashire*. Lancaster: University of Lancaster Centre for North-West Regional Studies, Occasional Paper No. 3, 1977.

心现象特征。①

例如，在利物浦（它和曼彻斯特一样是正在工业化的兰开夏郡的两大城市之一），到19世纪中期，“能够担负得起的”上层阶级和中产阶级“从他们从事工作或商业的地方搬到了城郊地区，甚至是城郊以远的相邻小镇”。他们位于新郊区圈中的住宅区既与工人的工作地也与工人的居住地分离开来。在市中心内部，存在“鲜明的不同的经济和社会圈”。劳顿发现，“在1851年的利物浦，存在着明显的分区制”。通过将城市划分为八个区域，他十分清晰地表明利物浦的空间是如何逐渐地得到整理、在空间上将各阶级相互划分开来的，而在工人阶级内部，则按照移民率、种族、就业的稳定性、掌握的技能、工资水平的差异区分为不同的区。② 在一项可以互补的研究中，特里贝尔表明了19世纪早期所建的住宅有多少是明确地为劳工街区的雇佣工人所造的，以及这一建造和开发的过程，连同从正在购买新的环境的中产阶级那里所接手的住宅形成的滴漏特征，创造了劳动阶级住宅类型的一种分层的混合特征：地下室，出租屋，改造过的多用途房屋，连排的院落式住宅，独户的里弄房子。③ 就利物浦和其他正在工业化的城市

① 理查慈·丹尼斯对城市隔离的步伐和规模的不平衡性曾做过评论：“很清楚，地位群体（status groups）的空间隔离不是在1800年突然开始的，不过隔离的意识、对待隔离的态度以及它出现的规模，的确是在这一世纪全面发展的。19世纪早期的社会隔离形式，纵向的在建筑内部，而横向的在前街与庭院住宅之间，到世纪中期，已发展为街道或房地产的分离，尽管这些效果依然通常过于复杂，以至在分析中不能以一一列举的规模清晰地表明种种区域。只有在最大的城市，例如曼彻斯特，或在地位的极端——中产阶级和移民贫民窟——才堪称当代城市理论所期望发现的那种类型的同质的社会领域。” Richard Dennis, ‘Stability and Change in Urban Communities: A Geographical Perspective’, in Johnson and Pooley, *The Structure of Nineteenth Century Cities*, 256.

② R. Lawton, ‘The Population of Liverpool in the Mid-Nineteenth Century’, *Transactions of the Historical Society of Lancashire and Cheshire*, 197 (1955), 93, 94. 也可参见：‘Choice and Constraint in the Nineteenth Century City: A Basis for Residential Differentiation’, in Johnson and Pooley, *The Structure of Nineteenth Century Cities*.

③ James H. Treble, ‘Liverpool Working Class Housing, 1801～1851’, in Chapman, *History of Working Class Housing*.

的绝大多数人来说，厂房是过去的定居地。应当承认，这一更老的模式在许多地方的确继续存在。伯内特的劳动阶级住宅史写道：

> 在英国许多家庭工业仍在继续的地方，尤其在中部和北方的家庭纺织地区，兼有家和作坊功能的房子从前工业时代保存下来，并且至少到该世纪中期仍继续在建造之中，约克郡和兰开夏郡的手摇纺织机织工，诺丁汉郡、考文垂、麦克列斯菲尔德和斯毕塔菲尔德斯的织袜工，伯明翰市和伯明翰地区的钉子工，以及散布全国的制鞋匠、手套工、草帽编织工和其他民间手工艺人，都像他们一代又一代的祖先一样，将自己的家当作作坊。①

但是，他发现，到19世纪中期，这一模式处于迅速的、明确无误的衰退之中；的确，鉴于英国市场和生产体系的转型，“工作场所和家

① John Burnett, *A Social History of Housing*, *1815～1870*. Newton Abbot: David and Charles, 1978, 79.

的最终分离是绝大多数产业工人发展体面的家庭生活的一个先决条件"①。

新的城市空间形式不仅只是大的城镇和城市的特征,② 而且是像兰开夏郡的乔利这样更小城镇的特征。乔利是 A. M. 沃内斯十分谨慎的个案研究的主题,沃内斯描绘了它 1780 至 1850 年间的发展,其人口在此期间从 4 200 人增长到 12 750 人。在注意到"直到近年很少有

---

① John Burnett, *A Social History of Housing, 1815～1870*. Newton Abbot: David and Charles, 1978, 81. 英国城市的这种转型,已经相继得到精心的整理记录。例如,普里查德处理了莱斯特的空间转型,在莱斯特,在 1840 年,工作场所和居住地的合二为一还依然十分紧密;到 1870 年,这种合二为一已分崩离析,一种现代形式的空间组织已经发展起来。而万斯为伯明翰、普雷斯特为考文垂、特罗维尔为利兹做了同样的工作。奥尔森、沃尔、谢泼德和其他一大堆人则表明,甚至在伦敦这个整个 19 世纪手工业生产作为主导形式幸存下来的地方,也存在一种"系统的分类,将伦敦分为单一目的的、同质的专业化街区",工人阶级越来越聚集到完全独立的居住区,而总体上,工作场所和家大规模分离开来。R. M. Pritchard, *Housing and the Spatial Structure of the City*. Cambridge: Cambridge University Press, 1976; James E. Vance, Jr., 'Housing the worker: Determinative and Contingent Ties in Nineteenth Century Birmingham', *Economic Geography*, 43 (Apr. 1967); John Prest, *The industrial Revolution in Coventry*. Oxford: Oxford University Press, 1960; F. Trowell, 'Speculative Housing Development in the Suburb of Headingly, Leeds, 1838～1914', *Publications of the Thoresby Society*, 59 (pt. 1, 1983); Donald J. Olsen, 'Victorian London: Specialization, Segregation, and Privacy', *Victorian Studies*, 17 (Mar. 1974), 267; A. S. Wohl, 'The Housing of the Working Classes in London', in Chapman, *History of Working Class Housing*; Francis Sheppard, *London 1808～1870: The Infernal Wen*. London: Secker and Warburg, 1971; Harold Pollins, 'Transport and Social Divisions', in Ruth Glass (ed.), *London: Aspects of Change*. London: McGibbon and Kee, 1964.

② 这些不同的变化可以通过一组有关中型城市诺丁汉的文章来追踪:Anne Bosworth, 'Aspects of Middle Class Life: The Park Estate, Nottingham, 1841～1881', *Journal of Regional and Local Studies*, 5 (Spring 1985); Ken Brand, 'The Park Estate, Nottingham: The Development of a Nineteenth Century Fashionable Suburb', *Transactions of the Thoroton Society of Nottinghamshire*, 88 (1984); S. D. Chapman, 'Working-Class Housing in Nottingham During the Industrial Revolution', *Transactions of the Thoroton Society of Nottinghamshire*, 67 (1963); and Christopher Weir, 'The Growth of an Inner Urban Housing Development: Forest Fields, Nottingham, 1883～1914', *Transactions of the Thoroton Society of Nottinghamshire*, 89 (1985).

人写到迅速城市化和工业化对城市内在结构的影响”、“继第一个大型雇佣联盟建立以来的地理变化被忽视”的同时，他给乔利拍了三个快照：1780 年、1816 年、1850 年。① 1870 年之前，乔利是一个农业小镇，承担其乡村环境的市场和商业功能。作为受纺织机械化刺激纺织贸易增长的结果，该镇的发展在 1780 年左右开始加快。但即使这样，其风景仍然继续受到其前工业功能的限定：“没有任何地方有大的雇佣联盟形成，大多数人依然生活在他们的雇佣地或直接与雇佣地相邻的地方。”在 1780 年至 1816 年之间，该镇的人口增加了 50%，达到了 6 000人，这一增长主要是受到早期小型的纺织作坊新就业刺激的结果。在这一时期，工厂及其周围密集的房子成了该镇地貌的一部分，但是大多数纺织业的增长更多地可以通过现存作坊的扩大得到说明，而不是通过工厂而得到说明。在定居模式方面，根据可用的城镇档案、地图和一份罕见的详尽的《教区委员会测量图》，能够得出的最宽泛的结论是，“居住地依然在很大程度上受到就业地点的决定，而不是通常那样受到人口内部社会差异的决定”。尽管如此，1816 年该镇的社会地理远比 1780 年更为复杂多变。一种稍微更有差异的模式得到了发展，其特征是具有一个得到更好界定的商业中心，在偏远地方更快速增长的模式，散见但依然可辨的与特定的新职业联系在一起的聚居地，其中包括白棉工厂和棉纺厂。②

到 1850 年，该镇已经急剧转型。在 1816 年以后的那些年里，乔利已变为一座工厂城镇。一度占劳动人口大多数的手摇纺织机织工，减少到劳动力的 10%以下。利用来自 1851 年人口普查的普查员手册，沃涅斯估计“超过一半的经济上活跃的人口从事有必要经过一段路程去

---

① A. M. Warnes, ‘Early Separation of Homes from Workplaces and the Urban Structure of Chorley, 1780～1850’, *Transactions of the Historical Society of Lancashire and Cheshire*, 212 (1970), 106.

② 同上，第 111、119 页。

上班的纺织业各部门的工作”。此外，他发现，不仅家庭雇用发生了急剧的变化，而且“到1851年，家和工场的邻近也打破了，至少对相当一部分劳力来说是如此”，而“一种可辨认的社会隔离模式的前提开始得到发展”。①

正如乔伊斯所警觉到的，重要的不是高估这种模式的现代性。只有数量微不足道的工人（约4%）生活在离他们的工厂大于一英里（1.6公里）的地方；沃涅斯所研究的1 813人中，一半以上生活在他们工作场所1/4英里（0.4公里）以内的地方。在2/3不在生活场所劳动的工人中，大多数不得不走很短的距离以克服这种分离。“尽管如此，毫无疑问，自1816年以来，去上班的平均距离已经明显增加了，不仅因为许多工人生活在他们工厂以外的地方，而且由于职业有了越来越多的变化。”的确，在一项惊人的发现中，沃涅斯报告说，“工厂越新，其工人的居住地便越不那么接近”②。

兰开夏郡手工业系统消亡的空间后果，正像工业革命中更普遍的家庭生产的解体一样，是数不胜数、必不可少的。除了工厂主人支配了工人阶级全部生活的企业城（company town）之外，资本家的作用限于工作场所，这使工人获得了生活的自由，在其居住区不受资本家

---

① A. M. Warnes, ‘Early Separation of Homes from Workplaces and the Urban Structure of Chorley, 1780～1850’, *Transactions of the Historical Society of Lancashire and Cheshire*, 212 (1970)，第122、120页。

② A. M. Warnes, ‘Early Separation of Homes from Workplaces and the Urban Structure of Chorley, 1780～1850’, *Transactions of the Historical Society of Lancashire and Cheshire*, 212 (1970)，第132页。随着工作场所的多元化，工人对一个特定工厂或雇主的依赖随之减少，家庭成员被不同工厂雇用也趋于多元化。这些变化往往增加了家庭成员离工厂的平均距离。以职业为基础的住宅差异，正在为“一种趋势”所取代，“具有相同收入、教育水平或其他地位变量的人，倾向于聚集在城镇的有限区域”。悖谬的是，对一般职业（纺织工、印刷工、漂白工）的依附，也会使职业与居住的分道扬镳成为可能。Warnes, ‘Early Separation of Homes from Workplaces’, 133. 一个类似的讨论，可参见：T. C. Barker and J. R. Harris, *A Meyseyside Town in the Industrial Revolution: St. Helen's, 1750～1900*. Liverpool: Liverpool University Press, 1954.

的直接管制。这种新的自由（随着时间的流逝，扩大了的自由公民权加强了这种自由），是劳动市场和住宅市场之间新分化的附属品（劳动市场现在在地区的、全国的范围内得到详尽说明，而住宅市场则在更本地的范围内运作）。在雇用和居住的工厂结构中，两者都走向了相同的市场节奏。随着这种联系的分离，居民区不仅越来越受到建筑商和房东的考虑和策略的塑造，同时通过收入和生活风格出现了分层，而且它们也逐渐成为所有社会阶层的人试图界定、塑造和控制的环境。正是在这些新环境中，劳动人民创造了新的制度、新的关系和新的生活模式。①

资本主义城市中这些社会和空间变化与劳动阶级形成之间的随机联系，长期以来都被忽视了，马克思主义和非马克思主义的学者都是如此。研究阶级和阶级形成的大多数学者都没有将地域划分考虑在内。当然，整合空间，不是去**解决**有关劳动阶级史的种种问题，或是**解决**这一或那一背景之中劳动阶级“例外论”的问题，而只是对它们进行**重新聚焦**。19 世纪城市中自主的、分离的劳动阶级区的发展是否加剧了工人在阶级基础之上的政治意识和动员，需要具体问题具体分析。正如理查慈·哈里斯注意到的，做出这样的假设貌似有理：由于降低了阶级之间的接触，进而从居民区的视角看使阶级结构模糊不清，工作场所和家的分离和居住区按阶级（既在马克思主义的意义上，也在韦伯的意义上）隔离开来也许可以维持政治的偏狭性。但是，提出这样的观点恰恰是令人信服的：通过增加同一阶级成员之间的接触，居住区的分化也许可以提高基于阶级理解基础上的正在发展的倾向的可

① 当然，不仅限于劳动人民。想一想狄更斯在《远大前程》中对牧师约翰·韦米克的描述。韦尔什发现：“对家庭和城市、个人生活和商业之间的现代分离，在文学中没有任何一个地方像在这里一样得到如此尖锐和有意识的描绘。” Alexander Welsh, *The City of Dickens*. Cambridge, Mass.: Harvard University Press, 1986.

能性，以及以阶级为基础的政治动员的可能性。①

坎南迪涅在一个悲观主义的精神框架内结束了他对城市空间运作状态的反思。由于发现“在现有可用的研究基础上，我们没有任何有关空间隔离和社会阶级之间关系的前后一致的理论”，他反复地思索这种联系是否是有意义的，如果是有意义的，那么这种关系是否不是过于复杂和困难，以至于能够做出描述，使这一聚焦富有价值。② 与之相反，我认为这种关联是基本的，更有可能的是，他的聚焦，像哈里斯的聚焦一样，一方面集中于空间隔离之间的关系，另一方面集中于阶级冲突和合作，是过于狭隘的。因为先于交战状态的问题，是阶级本身作为社会描述和行动的一个范畴是否存在的问题。

美国和英国经验之间的比较在这里是有指导意义的——在对资本主义城市空间的客观建构上是如此相同，然而在阶级倾向的特征和集体行动的模式上又如此不同。首先，试想一想对城市空间重组所具有的共同特征。坎南迪涅自己曾谨慎地表明，尽管在两个国家土地所有权模式和土地法的特征之间存在差异，但空间广泛的决定因素还是极为相同。在美国城市中，“正如在英国一样，城市社区的地形学和经济

① Richard Harris，‘Residential Segregation and class Formation in the capitalist City：A Review and Directions for Research’，*Progress in Human Geography*，8/1 (Mar. 1984). 坎南迪涅也谈论过劳动阶级居民区的隔离的悖谬特征（‘Residential Differentiation’，244 ff.，特别是 246 页），他也提出了是否阶级冲突和阶级合作事实上不能塑造空间结构的问题，因而倒转了哈里斯的问题和道顿的因果箭头。道顿提出：“社会隔离模式的社会意义很少被考虑到，尽管它在任何意义上都不是不证自明的。物理形式的性质必须按照当代文化和社会加以阐释。高度的社会隔离可以导致自足的工人阶级社区中一种强烈的阶级认同感的形成，这一观点的确是可以讨论的。另一方面，一种距离感可能隐含对另一阶级的知识和经验知之甚少，隐含着较低程度的冲突，而在社会隔离不那么发达的地方，则有可能相反……依附于空间使用之上的精确意义，不可能作为不证自明的真理出现于历史地理学家的地图之中。” M. J. Daunton，*House and Home in the Victorian City*：*Working-Class Housing 1850～1914*. London：Edward Arnold，1983.

② Cannadine，‘Residential Differentiation’，247，248～249.

子结构在决定如何使用土地上拥有优先权”①。的确，在所有正在工业化的西方国家之中，继比早期美利坚合众国低得多的城市化模式这一最初差异之后，美国和英国19世纪的城市空间史逐渐地走向了极为相似。

米歇尔·康泽发现，在19世纪，“从一个毫无疑义的谦逊的基础上开始，美国的城市化‘赶上’了西欧的城市化”。1800年，伦敦在城市规模上仅居北京之后位居第二；那一年，美国的最大城市费城仅排名第119位，而纽约是第133位。到1900年，继美国城市系统作为一个整体经历了一个世纪的显著增长之后，纽约仅屈居伦敦之后，芝加哥是世界上的第五大城市，而在排名前50位的城市中，美国占七席，英国占六席。② 大多数美国城市，由于没有受到前工业既成形式的阻碍，其发展与资本主义发展和市场力量的节拍相吻合，产生了城市发展和社会地理较少受中介影响的特征。到1840年，美国已经具有了一致的城市系统，拥有了巨大的港口城市和工业城镇；到1880年，这一网络覆盖了整个美国大陆。

正像事物逐渐呈现出来的那样，美国风景的相对纯洁质朴状态加快了非有意的模仿过程，在这一过程中，“首先是主要在英国设计出来的一系列规则，被引向了一种逻辑结论”。美国城市的空间形式和社会

---

① David Cannadine, ‘Urban Development in England and America in the Nineteenth Century: Some Comparisons and Contrasts’, *Economic History Review*, 33 (Aug. 1980), 324.

② Michael Conzen, ‘The American Urban System in the Nineteenth Century’, in D. J. Herbert and R. J. Johnson (eds.), *Geography and the Urban Environment*. London: John Wiley, 1981, 296. 下面一文提供了对美国经验的一个有用述评：Partrick O'Donnell, ‘Industrial Capitalism and the Rise of Modern American Cities’, *Kapitalistate*, 6 (Fall 1977). 对加拿大经验的一个思考，强调了与美国的城市相反，加拿大的城市更有可能在边疆发现，是力图抢先标明国家诉求的统计政策的一个方面的反映：Gilbert A. Stetler, ‘The Political Economy of the City-Building Process: Early Canadian Urban Development’, in Derek Fraser and Anthony Sutcliffe (eds.), *The Pursuit of Urban History*. London: Edward Arnold, 1983.

地理，沿袭了最早由恩格斯所阐明的逻辑，但受到美国城市发展较少受中介影响特征的强化。因此，约翰·雷德福注意到，“利兹的有轨电车系统受到了市政压力和稍显混乱的需求元素的拖累，而与此同时，波士顿的有轨电车系统则喷发式增长，这种增长直接与国民经济的巨大推动力、城市土地市场和移民率联系在一起”。正如在英国一样，坚定的以城市为基础的工业化促成了土地利用以及劳动市场和住宅市场之间关系上的变化。随着实业的来临，“工作场所和居住地在物理和心理上的分离”也到来了，这种分离带来了“不同于生产性土地市场的住宅市场的发展，因而也带来了功能性的分区，一种功能的等级制，城市杂乱无章的拓展，以及工人阶级的住宅区”，还有倾向于服务的中心商业区的扩展。① 到19世纪中期，甚至在纽约，城市几乎也受到了更早的空间模式的限制，伊莉莎白·布莱克默得出结论说，风景“丧失了它与相互依赖的所有权的条件的联系，住宅不再庇护贸易与家庭劳动并将两者合二为一。尽管专有的房子和商铺仍然继续以住宅形式存在……纽约的大量家庭已经倒向工资和租金的现金关系。居所，现在脱离了赚取工薪的工作场所，通过一种以阶级为基础的邻里关系构成模式分散开来”②。

资本主义工业发展与工作和不工作时的日常生活物质、空间特征转型之间的关系，在大西洋两岸（的确，在整个正在工业化的资本主义世界），是通过处理土地和住宅方面的基本转型、调节土地和住宅新型市场的具体例证、一系列在这些市场运作中起关键作用的新的社会行动者（房东、房客、律师等）的崛起来调节的。城市新的土地和住宅市场的动力，依赖于一种人为的稀缺性，集中型所有制所带来的结果，“竞争性的住宅市场结构，尤其是允许〔中上层阶级〕提出拥有供

---

① John P. Radford, ‘The Social Geography of the Nineteenth Century Us City’, in Herbert and Johnson, *Geography and the Urban Environment*, 258, 281～282.

② Blackmar, *Manhattan for Rent*, 250.

他们独立使用的特殊街区的购买力”，以及随着无产阶级化的到来，劳动者获得和拥有财产的能力下降。①

简言之，在土地分配和确保土地分配的机制上发生了根本性变化。正像詹姆斯·万斯经典文章所指出的，在中世纪城市，土地所有权主要是功能性的，同时对侵占公共空间抱一种相应的放任态度。除了例如教堂、市政厅、同业公会会所等公共建筑外，城镇的特征很少有形态上的分化。这类已经存在的地理分化是由职业的集中所创造的。在这一背景下，万斯的主要论点是要表明，随着“将城市土地当作收入的一个来源（它是在城市发展过程中随资本主义系统普遍的概念包袱一起到来的），城市空间以一种基本的方式发生了变化”。“假如土地分配在中世纪主要是社会性的，在重商主义和工业主义时代，则变成主要是经济的了。”②

随着资本主义进入工业时代，通过将谋利动机引入土地利用而指向最高的经济利用的土地-租赁梯度概念业已确立起来。随着工厂和劳动阶级住宅对土地的要求暴涨，这一市场逻辑加快了土地利用和社会阶级的隔离过程。越来越少的人在一种一体化的家庭经济框架中获得住所。住宅成了市场中一个个人和家庭问题，因此“人与人之间的区分不可能不在住宅供给之中反映出来”③。现在，住宅和劳动市场分离开来了。住宅的供给成了独立于工作的供给问题。一个人对住宅类型和地点的选择受到个人或家庭是否有能力支付租金的支配。在这种对住宅的“资本主义分配”中，发展出了市场与住宅区和社会阶级的细微等级区分间社会条件之间的紧密关联；也存在一种住宅的流通逻辑，因为那些有各种途径找到新的更有吸引力的居住地的人，会将他们以

---

① Blackmar，*Manhattan for Rent*，第 104 页。

② James E. Vance，Jr.，'Land Assignment in the Precapitalist，Capitalist，and Postcapitalist City'，*Economic Geography*，47（Apr. 1971，PP. 101，102，106，115，107）.

③ 同上，第 112 页。

往的住处抛给具有相邻的最高承租能力的人。①

支持这一系列市场发展的是劳动市场和住宅市场之间联系的断裂。用美国和英国个案研究的材料，万斯决然地表明了“经济史上的少数事件”如何“可能比住处与工作场所的物理分离对城市的形式有更基本的影响”。随着这些纽带的破裂，有可能出现：工作场所脱离住宅地集中到一起，土地利用开发的清晰分层，独特的资本流在工业和房地产部门中流通，特别是，由于“住宅的功能脱离了‘生产场所’的限制，城市的规模有了巨大的变化”②。

从人的职业决定他们生活在何处向一个普遍的住宅市场的转移，根本不是简单的、一劳永逸的。在一个又一个工业城市经历了从家庭

---

① 布莱克默对战前纽约的这一寻找与过滤的过程做了一系列生动的个案研究(Blackmar, *Manhattan for Rent*)。在城市规模的增长与其内在的形式和社会地理之间存在一种内在关联。在城市的与日俱增的隔离进程中，城市的发展与资本主义积累的发展在塑造城市形式上步调一致。道奇森如是说：“假如我们被迫选择一个单一的元素——这一元素比其他元素更多地哺育了一个渐趋稳定的城市土地市场的成长，那么有一种情况是可以证明的：城市的梯级增长是一种对放开城市地租及其随之而来的特征与变动的更潜在的影响……持续的梯级增长以两种方式影响城市的土地市场。第一，它对习惯性的土地价格控制施压，并最终瓦解了这种控制的所有残余压力。第二，通过现在构成城市社区的绝对数字，它为社会分化的新表达创造了一种当务之急。阶级差异为这种分化提供了基础——采取的方式是将大数字分解为更简单的意义范畴，一个可与工业城镇的鲜明的非人格本质和资本与劳动的利润分成相兼容的系统。”Robert A. Dodgshon, *The European Past: Social Evolution and Spatial Order*. London: Macmillan, 1987, 332～333. 有关现成城区的扩大及其内部的重构之间的关系的讨论，可参见一个精确的述评：H. Carter, ‘Towns and Urban Systems 1730～1900’, in R. A. Dodgshon and R. A. Butlin (eds.), *An Historical Geography of England and Wales*. London: Academic Press, 1979.

② James E. Vance, Jr., ‘Housing the Worker: The Employment Linkage as a Force in Urban Structure’, *Economic Geography*, 42 (Oct. 1966), 307. 万斯指出，住宅的供给后来从精神上与磨坊和店铺分离开来胜过逐渐地从功能上分离开来。只有到这时候才存在一个独立于住宅市场的真正的普遍的住宅市场，住宅在其中不再依附于工作场所(309)。与万斯著作形成互补的一篇文章，提供了重要的评论：Michael Ball, ‘The Development of Capitalism in Housing Provision’, *International Journal of Urban and Regional Research*, 5 (June 1981).

生产到工厂生产、从手工业者到无产者工人阶级的转变中，可以找到多种多样的居中步骤。风景不是一致的，而是层叠的，其各部分走向了不同的节奏。不过模式的坚定性和指向性依然是清晰的：市场机制起作用的规模不断在变化和扩大。考虑到变化的步幅，“我们可以认为自由市场所创造的‘理想’风景是一个假想出来的怪兽，一种在市场天生反复无常改变目标之前条件在发挥作用但永远也不会最终实现的状态”①。但是即使是伴随（也许尤其是伴随）步幅和范围的这种市场驱动的城市化集中，劳动力的无产阶级化和住宅市场的建立也是同步的：“无产阶级的创造伴随着住宅区的创造……这是住宅普遍化（housing generalization）的一个分水岭。”② 由于这种转变，住宅区逐渐成了万斯所称的一个有意识的环境，具有其特殊的选择标准；因为这种转变，城市地理成了社会地理，同样也成了经济地理。住宅成了“共同拥有不只是一种职业或行业的个人和家庭之间一所社会交往的学校”③。这种新的共享将唤起什么东西、它将以什么方式通过这种或那种阶级范畴、区域的命名、种族或宗教的团结获得认同，将逐渐成为19世纪阶级形成的一个关键之谜。

---

① R. A. Dodgshon，‘Geographical Change’，186. 在其他地方，他写道：“在这种调整达到大功告成或创造了一种有效价格的风景之前很长时间，也就是说，在一系列特定的市场条件之下服从于最高地租之前很长时间，这些条件都不可阻挡地前后摇摆。不是面对一个单一的一致的空间秩序系统，我们所面对的是一种未完成调整的拼凑物，每一物都倾向一种与市场环境的特殊连接，有一些——像古代形成的石头一样——带有过去磁北（magnetic north）的印迹，但都见证了市场最终转变的固有趋势。”Dodgshon，*The European Past*，317.

② Vance，‘Housing the Worker：Determinative and Contingent Ties in Nineteenth Century Birmingham’.

③ Lion Murard and Patrick Zylberman，‘Industrial City and Mass Mobilization’，unpublished MS，Social Science Research Council Seminar on Mass Values，Nuffield College，Oxford，3～6 July 1979. 在这篇论文中，穆拉德和齐奥鲍曼以福柯的著作为基础，强调了工业社会的亲密关系和大众善于交际与统治阶级和中产阶级害怕与工人阶级和穷人接触之间的新的辩证关系。有关住宅的新话语强调了传染（通常出现在有关公共健康和卫生的语言中），而不是交往。

工业资本主义社会工人生活在地点上的分配机制，只是伴随自主的劳动力市场和自主的住宅市场的结合才得以出现。土地、住宅、劳动，还有资本，都一直和市场有关，而现在则接受市场的指令。在这一点上，谈论社会首先是受其经济关系所决定的，并且是通过经济价值而不是文化、政治或社会价值所塑造的，是可能的。[①] 这一时刻，仿佛是悬置于过去（商业市场受到管制）与未来（中央经济统制论者加以干预以组织市场并降低市场的分配功能）之间，正好是现代工人阶级诞生的时代。通过劳动和住宅的市场机制，城市劳动者被迫无保护地面对资本主义。

马克思主义当然也追求这种对峙，但由于缺乏一个城市空间维度，马克思主义是徒手对峙的。错失的是经济系统与劳动阶级生活构造过程中社会和空间独特性之间的关联。随着家庭生产向工厂生产的转换，以及统一的城市空间向功能和社会层面上相互分离的城市空间的转换，劳动阶级的经验在许多层面都改变了：在日期的计算上，在家庭的特征和家的意义上，在组织化生活的特征中，在国家与其他社会阶级的关系中。[②] 从事工厂生产的工人不得不安排自己的日程，将或长或短

---

① 当然，这是卡尔·波兰尼的一个关键洞见：*The Great Transformation*. Boston: Beacon Press, 1944.

② 在对这些问题的讨论中，我借鉴了阿伦·普雷德：Allan Pred, 'Production, Family, and Free-time Projects: A Time-Geographic Perspective on the Individual and Societal Change in Nineteenth Century U. S. Cities', *Journal of Historical Geography*, 7 (Jan. 1981).

的上班路程考虑在内；[1] 在有一个以上赚取工资的人的家庭中，这带来了对协作的新挑战，然而由此给现代资本主义的时间规则提供了一种新元素。家庭生活变成了集中于家和街区之内，更多地限于一种家庭的情绪机制之中。正像有酬劳动和无酬劳动的区分一样，社会性别角色变得尖锐起来。在不得不完成关键的家庭事务时，男性的工资赚取者经常不在场。工作和休闲或“自由”时间之间，现在出现了更清晰的断裂。当工作场所和家越来越分化为自主的领域时，新型的组织方式尤其或出现于工作场所（工会），或出现于劳动阶级居住区（互助会、劳工俱乐部）。国家出现在劳动者的生活中，当劳动者工作时，国家是（潜在的或实际的）时间调节器或雇佣的条件，而当劳动者生活时，国家是公共空间的调节器、服务的提供者、公民权的定义者。越来越少直接面对面，社会阶级之间的关系越来越被建构到正式的组织

① 对工作场所和家的分离在19世纪中期有意义的观点的批评，喜欢强调大多数上班的路程都不长。例如，在1860年的旧金山，工厂工人上班的平均距离不足半英里（0.8公里)。甚至20年之后，许多工人都生活在离工作地点不足一英里（1.6公里）的地方。当然，普雷德也正确地提醒我们不要将一种现代的距离感加在这些数字之上：“工厂和大型商店的工人……不得不分配一部分时间解决上班路途问题。工厂或大型商店的雇员习惯了花至少一刻钟，也许是一小时或更多时间在上、下班的路上，不考虑他或她必须走少则一至两个街区，或多则一英里或以上，差不多总是不得不走着去。”公共交通，直到19世纪末，主要是中上层阶级所占有。迟至1880年，只有17%的费城劳动力凭借有轨电车通勤往来。当然，随着公共交通价格的降低及其作为大众交通的发展，工作场所和家之间的空间分离可能增加了（首先对中上层阶级而言最大)，但这通常不意味着花在通勤上的时间实际上升了。旧金山的数据来自：Robert A. Elgie, ‘The Development of San Francisco Manufacturing, 1848～1860’, unpublished MA essay, Department of Geography, University of California, Berkeley, Calif., 1966. 费城的数字来自：Roger Miller, ‘A Time-Geographic Assessment of the Impact of Horsecar Transportation on Suburban Non-Heads of Households in Philadelphia, 1850～1860’, unpublished Ph. D. dissertation, Department of Geography, University of California, Berkeley, Calif., 1979. 两种数据都转引自：Pred, ‘Production, Family, and Free-Time Projects’, 13～14. 有关英国城市中工作场所与家的分化如何早于交通革命的讨论，参见：Colin G. Pooley, ‘Choice and Constraint in the Nineteenth-Century City: A Basis for Residential Differentiation’, in Johnson and Pooley, *The Structure of Nineteenth Century Cities*, 202～203 and 222.

之中或之间。每一生活范围——工作时和不工作时——现在都具有了自己鲜明的组织和互动模式。

由于这些变化，劳动者在如何图绘城市方面面临着新的处境选择。写到美国时，地理学家阿伦·普雷德提出，在面对工作场所和家的分裂时，给工厂工人所提供的选择，是在“两个宽泛的非经济机构规划类型中只选择其一：从事同样职业的同侪劳工所组织的机构所定义的类型；倾向于相同人种或宗教背景的个人的各种机构所定义的类型”。他进一步发现，“趋向职业和人种的机构通常是、但不总是排他的”。他推测说：

> 职业和人种取向的机构所界定的生产规划、居住地点和对自由时间规划参与的各种要求之间的关系，极有可能对理解劳工风潮的特殊立场和美国劳动阶级更普遍地不能在政治上进行自我组织起着关键作用。①

以这种方式，普雷德为美国劳动阶级形成的最基本谜题提供了一种城市-空间的解释：工人在他们工作时和不工作时在其居住区的家里思考、谈话、行动的各种方式之间的明显分裂。总体上，在他们的工作场所，美国工人是在共同的阶级团结的基础上行动的，但是在离开工作场所的人种的、宗教的和地域的密切关系的基础上：

> 工作场所和社区冲突之间的联系却异乎寻常的脆弱。每一种冲突都有其自身独立的词汇和制度框架：工作、阶级和工会；社区、种族性、地方党派、教堂和自治组织。简言之，阶级是作为一系列部分关系而存在和战斗的，因此也只是作为一系列相互竞

---

① Pred, ‘Production, Family, and Free-Time Projects’, 35.

争的社会生活基础中的一种获得体验和谈论的。①

正是这一价值、观念、组织和实践的系统，构成了美国劳动阶级形成经验的独一无二的核心。

普雷德试图通过社会-空间的解释说明这一结果的尝试是受欢迎的，但并不是令人信服的。之所以受欢迎，是因为它以一种传统马克思主义没有采用的方式直接将劳动阶级的能动性与他们在时空中的日常生活经验连接了起来；不是令人信服的，是因为其他工人阶级，包括英国在内，仅仅经验了这些社会-空间转型，却具有极为不同的结果。在英国，阶级最终界定了劳动人民言说和行动的条件既是他们工作的地方，也是他们生活的地方。很清楚，极为不同的客观空间环境可以产生阶级形成的多元模式。

暂时想一想兄弟般的秩序。在她对美国案例的缜密观察中，玛丽·安·克劳森表明了对19世纪的劳动者来说，这类组织中的成员资格有多么广泛，她并且得出结论说，“作为工人阶级社区一种中心制度的本地分会的存在，将能量和资源从构成更自主的劳动阶级机构中转移了开去”。通过将这些组织置于工作场所与社区生活一分为二的关联中，她发现“在工人阶级男人的资源和认同被整合到兄弟般的秩序和其他社区组织之中的范围内，这些资源可能被从对自主的以阶级为基础的社会和文化机构的潜在建构中转移开去了”②。

像普雷德一样，克劳森将这当作面对工作场所和家之间客观空间分裂的一种假定事实，几乎视之为一种自明之理。然而，她为美国所描绘的、为对阶级的更整体的理解（这种理解超越了工作场所和家的

① Ira Katznelson, *City Trenches: Urban Politics and the Patterning of Class in the United States*. New York: Pantheon Books, 1981, 19.

② Mary Ann Clawson, 'Fraternal Orders and Class Formation in the Nineteenth-Century United States', *Comparative Studies in Society and History*, 27 (Oct. 1985), 674, 695.

区分）提供制度基础的，正是英国劳动阶级居住区这一类对阶级意识有影响的组织。英国以劳动阶级社区为基础的组织是一种价值和组织网络必不可少的部分，它们与美国模式形成了鲜明的对照，折射并推动了阶级遍布所有社会关系而不只是工作场所的社会关系的观点。或者，以另一具有公共机构特征的例子为例，尽管倾向受限的、特殊主义的，以种族和地方认同为基础的当地政党机器善于交际和政治行动兼于一身的特点，已经给研究美国街区与政党生活的历史学家留下了印象，但同样的休闲活动和工具性活动的双重作用也构成了劳工俱乐部、兄弟会和酒吧中宪章主义分子集会的典型特征。① 尽管这类活动突出了美国一种四分五裂的劳工阶级意识，它们却有助于在英国推动一种更全球化的阶级意识，恩里克·霍布斯鲍姆称之为“高级阶级性”(high classness)。②

此外，极不同于美国模式，在美国，即使早期的工会也是在它们力图组织起来的工作地点或离工作地点极近的地方发展出集会地，而英国的各工会分会，许多是秘密的和非法的，则在劳动阶级街区聚会。劳资纠纷的组织通常以酒吧为基地，酒吧的老板往往扮演罢工协调人或工会会计的角色。许多工会与特定的酒吧是一回事，一些重要的宪章主义者酒吧同时也是产业和政治组织者的著名聚会地。兄弟会——英国工人主要的自助社团组织，也集中在酒馆。由于拥有极端的本地特征，许多这类社团是有另一种名称的工会，力图保护自己的储备和

---

① 在他对诺丁汉酒吧的讨论中，罗利写到了为“纪念托马斯·潘恩”而举行的一年一度的宴会，“高歌、祝酒、诵读”，更普遍的是，一边谈正经事，一边狂喝滥饮，“使场面充满生气”。J. J. Rowley, ‘Drink and the Public House in Nottingham, 1830～1860’, *Transactions of the Thoroton Society of Nottinghamshire*, 79 (1975), 76.

② E. J. Hobsbawm, ‘From Social History to the History of Society’, *Daedalus*, 100 (Winter 1971), 20～45.

其成员免受法律的反指控。①

由这种居住区的一组压缩的工人阶级组织所创造的“工会意识”的品质，明显不同于遍布美国的“工会意识”，在美国，从工会历史的最早一刻起，劳动联盟便和其他工人阶级生活和政治活动的其他机构和地点没有联系。

爱德华·汤普逊提醒我们，历史不知道任何规则动词。② 尽管美国的历史编纂学在它触及城市空间时，已经敏捷地在工作场所和家的区分中看到了对分化的工人阶级倾向模式和集体行为模式的足够解释，但英国的案例却是一个提醒——这样一类空间模式只可能是对资本主义和城市做出完全不同的工人阶级解读的框架。而尽管英国的历史编纂学关注解释工人阶级的渐进主义和改良主义趋势（建立在这样一种

---

① P. H. J. H. Gosden, *The Friendly Societies in England 1815～1875*. Manchester University Press, 1961. 一项对法国劳动阶级形成的讨论，同样强调了以本地性为基础的街区机构的重要性，请参见罗纳德·阿米扎德的一项个案研究。在写到法兰西第二共和国和第二帝国时，他强调了“自由社会空间”的重要性，“在这种空间中，工人能够找到来自主流文化的庇护，而其等级制的价值观和占有欲强的个人主义”解释了一种生气勃勃、斗志昂扬的阶级意识的发展。“非正式的劳工阶级聚会地的社会网络，包括咖啡厅、小酒吧、歌厅、舞厅、剧院、马戏团，在劳动阶级意识的增长方面起到了关键作用”。Ronald Aminzade, *Class, Politics, and Early Industrial Capitalism: A Study of Mid-Nineteenth Century Toulouse, France*. Albany, NY: State University of New York Press, 1981, 94, 82.

② “因为历史解释不会揭示历史如何必须最终发生，而是它为什么最终以这种方式而不是那种方式发生；历史进程不是任意的而是有它自己的规律性和理性；一般种类的事件（政治的、经济的、文化的）是相互联系的，无论如何没有一个事件相像，但采取了特殊的方式，且处于确定的可能性领域；一般的社会形态既不受‘法则’的控制，也不是静态的结构性公理的‘结果’——而是以确定的关系和一种特殊的过程逻辑为典型特征。” E. P. Thompson, *The Poverty of Theory and Other Essays*. London: Merlin Press, 1978, 242.

假设基础上：这代表了脱离一种好斗的阶级意识)[①]，美国的案例却是一个提醒——工人阶级活动的度和种类问题是独特的研究主题，将阶级建构为跨越工作场所与居住社区的社会行动的一个范畴，是一个需要解释的有附加条件的问题。

三

英国和美国工人阶级早期发展之间的最大差异不在工作地点上，而在居住地点上。在这两个国家中，邻里街区的团结为工人阶级组织提供了基础，并且为至少是潜在政治能力的未完成意识提供了基础。并且在这两国，工人阶级建构了种种工具，凭借这些工具，他们在生活中发现自己现在身处令人困惑的环境，并对其做出回应。两个社会的地方工人阶级组织所设想的形式实际上是相同的，但与此同时，其论辩的、倾向的和制度的内容却迥然不同。

---

① 佩林认为这种宽泛的文化模式是政治和社会的“保守主义”的一个结合体，“当然融合了阶级意识的深刻意义和一种极为普通的显著的委曲感”。Henry Pelling，‘Then and Now：Popular Attitudes Since 1945’，in Pelling（ed.），*Popular Politics and Society in Late Victorian Britain*. London：Macmillan，1968，165. 按一种镜像，德国许多论述社会民主的学术研究认为英国的改良主义是“自然”模式，而社会民主党历史的更极端时刻则需要解释为脱离常轨。一篇深思熟虑的评论是由 Geoff Eley and Keith Nield 提供的：‘Why Does Social History Ignore Politics?’，*Social History*，5（May 1980）. 在这篇文章中，他们突出了马克思主义将英国当作阶级形成的范例的一个重要问题：由于想当然地认为阶级性是工业资本主义内部工人阶级的一个不可避免的结果，马克思主义聚焦于战斗精神上的各种变化，将其当作脱离社会话语的实际内容、组织和阶级的竞争能力的一个或全有或全无的问题。他们发现，其结果是马克思主义历史编纂学对自由“思想图式化”的模仿——“如果工人走向设路障，他们就是‘革命的’，如果他们没有，就是‘改良主义’或‘一体化的’——这样一种观点错失了促使工人行动或迫使他们不行动的现实”。在接受这种二分法的过程中，许多马克思主义历史编纂学都让它附属于这样一种假设：一个已成形的工人阶级将会以一种普通方式“自然地”发展，而在缺乏这种发展的情况下，历史学家会为作为一个整体的工人阶级寻找一种“理论上的借口”。英国马克思主义内部的这些理解，其最普遍的是对“工人贵族”的理解。

因此，思考这种工人阶级形成的比较问题的一种方式，是追问为什么无论工会还是政治煽动都被迫进入到了英国的居民区机构中，但在美国却不是这样。在他们相对自主的社区所创造的自助协会中，脱离了工作场所，因此也脱离了其雇主的监督，英国工人学会了运用阶级的修辞和习语向他们的雇主和国家提出诉求。

什么东西说明了这种大不相同的发展呢？在这里，马克思主义的社会理论工具被证明是不够用的。对资本主义发展的结构性说明，甚至在与对城市空间的构造和再造及其社会关系的唯物主义分析结合起来之时，也不能说明阶级形成的不同轨迹。就其本身而言，马克思主义触及了对它自己社会理论（和政治）工程有用的一个主题——现代工人阶级的形成过程——的困境。即使在像爱德华·汤普逊的手中（他在这一主题上已创造了无与伦比的著作），也证明在马克思主义自身的分析传统中，对马克思主义不可能比操作这样一个公式做得更好——阶级的形成基于决定因素与意识的结合，这一公式假定一旦工人阶级通过外部条件的影响得以“形成”，共同拥有这一命运的人“将使他们自己”进入到一个能够影响历史的阶级之中。《英国工人阶级的形成》以单一国家为焦点，使汤普逊采纳了这一轻松的，但依然是目的论版本的结构性的“为自身的阶级本身”的模式，并且按照这一方式，回避了从阶级社会的经验到所有生活范围中的阶级倾向和活动的转移是否是必要的、可能的或完全偶然的问题；他也没有被迫为产生这一结果的进程提供一种井然有序的因果说明。① 尽管汤普森的方法“适合”英国的案例，它还是抑制了比较研究，因为正如美国的例子所表

① 因为这一问题，社会地理学家所写的论述19世纪空间模式、大部分聚焦于英国的大部头著作也没有这么做。其焦点一直是解释英国工人阶级的高级阶级性的物质基础，仿佛它是资本主义发展的新的产业和空间变化的自动结果。参见例如：Richard Dennis，*English Industrial Cities in the Nineteenth Century：A Social Geography*. Cambridge：Cambridge University Press，1984，以及 Johnson and Pooley 所编的论文集：*The Structure of Nineteenth Century Cities*.

明的，它将必须加以解释的东西认为是理所当然的。①

假如说马克思主义为将资本主义城市在其形成时刻的过程理解为积累的逻辑和要求的具体化提供了无与伦比的工具，而且假如说在马克思主义社会理论的框架内起作用的有关城市空间的历史唯物主义能够说明工人阶级日常生活的空间世界的基本变化，那么，一种固有的和封闭的马克思主义则不能解决其最重要的社会理论问题：资本主义社会内部工人阶级主体的偶然的和易变的形成过程。我们已经看到卡斯特尔是如何因为对这一局限有一种可理解的缺乏耐心而导致他在分析当代社会运动中抛弃了马克思主义的框架，并且看到了哈维是如何处理这一困境的——将城市意识的明显非阶级的表现强行按进资本与劳动间的区分的普罗克汝斯忒斯之床。

我的提议有所不同。在我看来，通过整合一种空间想象，并且通过对后-封建现代性的第二大规模的进程——现代民族国家的形成持一种开放姿态，马克思主义可以同时得到丰富。正像我们不久将会看到的，工人阶级解读城市的方式，不仅受到了铭刻在空间之上资本主义发展模式的深刻引导，而且受到了他们所具有的有关国家形成、公民权、选举权、公共政策如何塑造和渗透城市空间与社会关系的经验的深刻引导。正像某些最近的阐述可能拥有的那样，问题不在以经济为中心的解释对以国家为中心的解释的相对阐释能力。② 相反，我希望探讨它们如何可以做到通力协作，在这种情况下提出解决对马克思主义来说如此基本的有差别的阶级形成问题。

---

① 正如加雷斯·斯特德曼·琼斯所指出的，在英国，“社会力量和政治力量之间的等式只是过于轻而易举地制造出来的，因为许多现代英国政治史普遍地被认为是与阶级联盟相符的，而且因为，在日常言语的层次上，英国的特殊性之一是普遍运用不同形式的阶级词汇”。Gareth Stedman Jones, *Languages of Class: Studies in English Working Class History, 1832～1982*. Cambridge: Cambridge University Press, 1983.

② 例如，参见：Theda Skocpol, ‘Bringing the State Back In: Strategies of Analysis in Current Research’, In Evans, Rueschemeyer, and Skocpol, *Bringing the State Back In*.

这一阶级形成问题不仅按工人阶级对结构性发展的反应来说是基本的，而且因为它界定了行动者认同的真正特征（这些行动者通过他们的语言和行动，已经构成和重构了资本主义社会的轮廓）。我迄今为止所提出的是，通过城市，我们可以达到对工人阶级形成的早期历史的最佳理解，其途径是不仅追问人与城市形式之间的关系，而且追问“什么是我们所看到的空间模式和形式的社会意义”。[①] 弄明白新的工业城市的任务是不可避免的，哪怕只是出于克利福德·吉尔茨所说的原因：“解读城市涂鸦中的符号（对城市居民和外来观察者差不多同样困难的某种东西）对每个人来说都是必不可少的，每个人都不愿意在其中迷失、随波逐流——困惑、笨拙、愤怒、无权无势。”[②] 我的主张是，解读工业资本主义新的碎片化城市空间之上的最重要差异，可以通过与国家相关的各元素中的差异得到说明。

聚焦国家，将国家当作英国和美国案例中阶级形成模式中变化的主要根源，立即会面对论述国家社会科学文献的一个重要特征，一种将这些国家融为一体置于英美“弱国家”（weak state）题目之下的趋势。[③] 大多数对美国“弱国家”的讨论，从德·托克维尔的《美国的民主》到诸如萨缪尔·亨廷顿对都铎时期政体扩散的分析一类研究，[④] 都出于明显的历史原因将美国经验的根源归于英国。按这大部分令人

---

① Elizabeth Blackmar, ‘Re-Walking the Walking City: Housing and Property Relations in New York City, 1780～1840’, *Radical History Review*, 21 (Fall 1979), 131.

② Clifford Geertz, ‘*Toutes Directions*: Reading the Signs in an Urban Sprawl’, unpublished MS, 1988.

③ 皮特·内特提出国家属性应当作一种变量的富有卓见的论文，在赞成的基础上引证了马克思，目的是为了考察美国和英国被排除在“有必要暴力推翻国家的国家之外，因为不存在任何这样需要推翻的国家”。在这两国，国家都不是“立即可认为是一个自主行动的领域”，而且在英美，法律具有极大的自主性，而不是国家的一个细目。J. P. Nettl, ‘The State as a Conceptual Variable’, *World Politics*, 20 (July 1968), 577, 584.

④ Samuel P. Huntington, *Political Order in Changing Societies*. New Haven, Conn.: Yale University Press, 1968.

信服的分析路线，英国被理解为早期现代欧洲国家建设的异常案例。尽管从欧洲大陆的视角看是激进的，但 1688 年的“光荣革命”，却正式批准了抵制绝对主义选择的天赋权力的议会传统特权。主权不是通过将公民和市民合并到国家之中来定义的，而是按照代议制来定义的，并且最终是通过经由选举机制将国家和社会联系起来的一种政党体系来加以定义的。

尽管英国的主权结晶为一个单一的代议制政体，标明了一个极不同于美国联邦制的集权模式（在美国联邦制中，主权最终属于“人民”），但两国同欧洲大陆的国家模式相比，还是共同享有一个不同特征。英美两国不像普鲁士或法兰西的国家，不拥有对技术、职业信息的垄断权。此外，由于巴林顿·莫尔所阐明的原因，“英国整个以前的历史，它对海军而不是陆军的依赖，对不付薪水的治安法官而不是皇家行政官员的依赖，将一个弱于强硬的大陆王朝的镇压机器交到了中央国家的手中”①。殖民美国，当然共有并继承了英国国家的这些特征，并且作为一个与市民社会区分开来的自主实体相对不那么发达。②

尽管有人可能会斗胆指出欧洲的强政府与好斗的工人阶级之间的明显关联，以及英美的弱政府与工人阶级内部改良主义趋势之间的表面关联，但是，与欧洲大陆的绝对主义和官僚政体相比，英美两国弱国家的后果并不是不证自明的。沿袭这些路线的命题将不得不依赖对失真点的漫画化的描绘。大陆的工人阶级很难展现出一种统一的倾向

---

① Barrington Moore, Jr., *Social Origins of Dictatorship and Democracy: Lord and Peasant in the Making of the Modern World*. Boston: Beacon Press, 1966, 444.

② 参见：Kenneth Dyson, *The State Tradition in Western Europe*. New York: Oxford University Press，特别是第 36～44 页和 186～202 页。都存在基于共同同意观念、尊敬法律基础之上的松懈的国家，这可以用来解释英国和美国政治经验的一些共同特点，包括它们的松懈的官僚政治和它们的宪法寂静主义（constitutional quietism）。这些国家的这类独特性往往也提出了有关政治之外的秩序和组织的基本法问题。

革命活动或原生革命活动的趋势，正像英国工人阶级拥有众所周知的斗志昂扬的争论时刻，美国工人曾在工场用巨大的勇气并冒着高昂的代价和风险对资本发起挑战一样。

假如从估计一个特定的国家是强国家还是弱国家直接转向工人阶级对政体是革命的还是改良主义的是困难的话，那么，如果我们想解释阶级作为一个认知和行动范围是否将工作场所和社区结合了起来，或是限于工作场所的范围，要做出这种因果关系的宣称则甚至更为困难。举例来说，肯尼斯·戴森试图为英国开辟这样一条分析之路。在他看来，其弱国家

> 有助于粘固工业体系和政治体系的两极化……相应地，一种相对“不受约束”的资本主义经验给了它一个坏名声，创造了一种强有力的、孤立的工人阶级文化，并且加强了工业和政治领域的合作意愿。英国获得了一种特殊的阶级结构：与“他们”和“我们”的态度结合在一起的顽固不化和互不信任，没有指向国家，而是指向了和社会联系在一起的特权和排他性的堡垒。①

当然，在美国，基于阶级的“我们”和“他们”的区分主要限于工场中的雇主与雇员之间的冲突，这种美国经验似乎证明以上这一认证路线是行不通的。

不过表象也可能是欺骗性的，因为如果我们仔细研究英国和美国所采取的“弱国家”的准确的组织形式；如果我们考察两国工人阶级在早期工业时期所拥有的大量政治权利；如果我们探讨这些差异对确定工人生活在何处的工人阶级组织内容的影响，我们将可以建立这些国家及其活动的特征与阶级形成的多元模式之间更具说服力的联系。

---

① 参见：Kenneth Dyson，*The State Tradition in Western Europe*. New York：Oxford University Press，第 249～250 页。

19 世纪最重要的政治权利当然是选举权。有关参政权和阶级的常见讨论，最引人注目的是它们如何避开了与我们这里相关的阶级性问题。美国男性参政权的迅速扩张（实际上到 19 世纪 30 年代初所有成年男性都能投票）和英国选举权旷日持久的扩大（在 1832 年改革之后，只有 1/5 的成年男性构成有效选民，1867 年之后是 1/3，甚至在 1886 年之后也只有 2/3），对解释一种分化的阶级性和一种总的阶级性之间的差异至关重要。但是，政治权利的变化对阶级性的影响不是一种直接的或简单的影响。为了理解这一点，我们必须将参政权与这两个国家之间有关国家组织的另一关键差异（联邦主义与单一集权国家的差异）联系起来。

无论国家的概念和现实在英国有多么分散，在美国都有过之而无不及。尽管他对这两个“弱”国家之间的差异不够敏感，内特还是认识到了这一点。“在英国，”他写道，“要找到一个达成共识的总的〔国家〕定义总体上将是困难重重的，而在美国，这一词则有一个精确的但总体上不同的、与其欧洲的意义相悖的意义——也就是地方政府与领土的剩余领域。”① 美国国家分散的组织特征更多地承担了参政权扩大问题的责任，因为这里没有一个单一集权国家去保护或改变。一旦选举权的限制被取消（与其他民主化的改革——例如公职数量的增加、选举的正规性和频繁性的提高——通力合作），美国便拥有了世界第一参与型联邦主义的政治体系。

在这一国家组织和民主政治权力的框架之内，具有大众基础的新型政党被建构起来。这些政治组织，实际上进入了这一国家的每一行政区和邻里街区，将美国工人阶级各种子团体的空间、种族、宗教和政治认同集于一体。这种组织的行动和社会定义，发生在工人及其家庭所生活的地方。它创造了政治体系和选民之间的直接联系，选民在许多认同的基础上，但很少在这类阶级的基础上被组织到政治体系之

① Nettl, ‘The State as a Conceptual Variable’, 577～578.

中。这一模式创造了一种制度性和参与型的结构，这种结构将工人所创造的向其雇主提出要求的组织区分开来了。

美国的参与型联邦主义不只是一个基于紧密的地方团结基础之上的选举体系，它还是一个管理、税收和服务派送的系统。基于地域和种族特性的参与者的认同，对城市政治有重大意义——这种城市政治会将财政能力和分配资源授予当地政府和党派官员。这一时期见证了职业警察部队的引入、城市慈善和济贫的官僚化、公共学校系统的建立，以及公共授权的大型建设项目。政党聚焦于这些服务和城市不同邻里街区之间的关联。地方政治变成了一种分段的和分配性的社区政治。按照这种政治，工人出现在政治领域，不是作为工人而是作为一个特定地方的居住者或是一个特殊（非阶级）群体的成员。尽管在国家和州的政治议程上也有许多和阶级相关的经济问题，包括内部的改进、关税、银行业的控制、奴隶制，但选举过程对大部分城市工人来说还是与这些议题隔离了开来，因为它在其他地方得到了关注。与美国相比，中央集权的英国国家将公共分配政策集中于中央。不像美国的联邦政府，国会和白厅承担起社会政策和工作条件的调控的新的主要责任。对工厂的监督、济贫法和公共卫生改革，直接影响了工人阶级的生活。此外，这种国会立法，将官僚机构带入了直接负责执行法律，这反过来又给国家的进一步扩张和集权提供了动力。中央政府的增长是令人震惊的。在 1797 年，中央政府工资名单上的 1.6 万名雇员，大多数是海关、税务和邮政部门人员。到 1869 年，这一数字增加到了 19.8 万人，这反映出了国家管理机构所承担的新活动。就整个 19

世纪而言，公共支出实质上增加了 15 倍。[①]

假如资助和不动产是 19 世纪前期行政部门的两大标志，那么到世纪中期，资助已做出牺牲，“以拯救主要的支柱，不动产”[②]。政府管理的职业化，成为 1830 年至 1870 年期间标志的一个过程，进一步将所有社会阶级的注意力集中到了伦敦国家机器的中心之上。由于国会和英国政府承担了社会政策和调控工作条件的新责任，而且由于它们重组了自己将执行调控、配送服务合理化的事务，它们潜在地进入并影响了工人阶级在工场的生活，尤其是在居住区的生活。每一新的国会法案和每一新的管理扩充和改革的潮流，甚至更明显地将工人阶级的注意力聚集到了国家及其活动之上。

从英国工人阶级成员的视角看，他们所面对的国家不是一个“弱国家”。哈罗德·珀金敏锐地称之为 19 世纪的“为国家的战斗”——力争参政权——的第二个层面，强有力地强化了工人阶级与集权国家之间的相对紧张关系。[③]

---

① Harold Perkin, *The origins of Modern English Society*. London: Routledge and Kegan Paul, 1969, 123～124. 有关国家的这一急剧扩大的一种生动活泼的历史编纂的争论，存在两种主要的各执一端的观点。一种观点认为这种增长主要是人道主义者和功利主义的公务员和国会议员的倡议的结果，一种观点认为它是统治阶级力图消除以阶级为基础的对工业资本主义的抵抗的结果。相关讨论，参见：Oliver MacDonagh, *Early Victorian Government*, 1830～1870. London: Weidenfeld and Nicolson, 1977; Paul Richards and R. A. Slaney, 'The Industrial Town and Early Victorian Social Policy', *Social History*, 4 (Jan. 1979); Robert D. Storch, 'The Policeman as Domestic Missionary: Urban Discipline and Popular Culture in Northern England, 1850～1880', *Journal of Social history*, 9 (Summer 1976); D. C. Moore, 'Political Morality in Mid-Nineteenth Century England: Concepts, Norms, and Violations', *Victorian Studies*, 13 (Sept. 1969); John Milton-Smity, 'Earl Grey's Cabinet and the Objects of Parliamentary Reform', *Historical Journal*, 15 (Mar. 1972); Henry Parris, 'The Nineteenth Century Revolution in Government: A Reappraisal Reappraised', *Historical Journal*, 3 (Mar. 1960); and David Roberts, 'Jeremy Bentham and the Victorian Administrative State', *Victorian Studies*, 2 (Mar. 1959) .

② Perkin, *The origins of Modern English Society*, 310.

③ 同上，第 308～319 页。

正如政府的服务和调控渗透到了工人阶级的生活并因此强化了居住地以及工作场所的阶级认同一样，英国工人对选举权的要求也不可能建立在别的基础之上，而只能建立在阶级的基础之上，因为按明确的阶级标准来说，工人阶级已被排除在外。希瑟林顿在 1831 年 12 月于《穷人的保卫者》中写道，只是随着普选权的到来，“阶级一词才会融进其他更全面系统的名词之中，而且流血根本不会接踵而至”①。尽管在 1832 年前后，工人阶级的改革组织在组织上是地方的，但不像美国的政治机器那样，它们将自己对公民权的要求指向了中央，也就是国会。

工人阶级和他们所在国之间相互作用的结果之一，是在英国社会的各个地方创造了一条共同的基于阶级的断层线（fault-line）。英国工人阶级的自治组织在两个方面是朝外的。不是强化基于阶级之间的地域、收入或技能的地方特殊性，它们跨越这些断层线将工人的活动和情感相互联系了起来。此外，它们将政治参与、公共政策、工联主义等阶级问题与居住区的议题连接到了一起。在这一方面，宪章运动提供了 1832 年之后这些趋势具体化和深化的例证，它与美国以邻里街区为基础的工人阶级自助组织所起的作用形成了如此尖锐的对比。

宪章主义为工人阶级的倾向和组织提供了统一的支点。宪章运动利用了从世纪之交以来便摇摆于经济行动和政治行动之间的工人阶级，并且将两种行动融合于一个全国性的以社区为基础的社团网络之中。花了大约 20 年，宪章运动创造了一种独特的英国整体的阶级意识，这种意识不仅被用于投票竞选，而且被用于济贫法所引起的骚动、工联主义、工厂改革、欧文社会主义、一种不胫而走的千禧年说、破坏机器。

在所有这些活动中，宪章主义折射出了一个条件急剧变化的时期

---

① 转引自 Patricia Hollis（ed.），*Class and Class Conflict in Nineteenth Century England*. London：Routledge and Kegan Paul，1973，80.

工人阶级的巨大分歧。在有许多实质性的工匠的地方，宪章主义者协会往往强调自助和独立的价值。在手摇纺织机织工占主导地位的地方，骚动的形式和内容往往更为刺耳。在家庭工业占主导地位的地方，工人更愿意从中产阶级改革者那里寻找联合和指导。[①] 但是总的说来，宪章主义有一些一致的主题：试图构筑一种基于阶级认知的劳动者独立的政治声音，正式阐明经济问题与政治表达之间的联系。在其最充满活力的时候，宪章主义吞没了其他工人运动，并且赋予它们以共同的定义。J. F. C. 哈里森认为，其关键特征是“其阶级意识的基调与性情……持许多不同看法的宪章主义者强调他们的运动关注作为一个阶级的劳动者的利益”，他们“认为需要阶级团结而他们的领导人则说着阶级斗争的语言”[②]。

从渐进主义的历史编纂难题的视角看，宪章主义似乎是工人阶级改良主义的另一个实例。从与美国比较的角度看，宪章主义的重要特征是其作为一种阶级体制的范围与深度，以及它为现存的以阶级分析为基础的政治和经济秩序提供了一种民主的、功利主义的可替代选择。“人民宪章”不只是一种政治文献，而是将所有社会范围联系在一起的一系列以阶级为基础的一致要求。[③] 这种取向反映在组织层次之上。不像美国的邻里街区具有阶级特殊性的政党，而是另外的超阶级的体制，宪章主义“党”完全是独立于托利党和辉格党的，而且随着时间的流逝，宪章主义者脱离了中产阶级的联盟。

假如宪章主义断开了工人阶级与其他阶级的联系，那么，它将工

---

① J. F. C. Harrison, *The Early Victorians, 1832～1851*. London: Weidenfeld and Nicolson, 1971, 156.

② 同上，第 157 页。

③ 托尔夫森写道：“隐含在宪章之中的，既是一种对政治结构转型的要求，也是一种更广泛的原则——劳动者应当实施对他们自己生活的每一层面的控制……使宪章主义在意识形态上和中产阶级自由主义区分开来的，是这样一种通常心照不宣的信念：阶级是进步和正义问题的症结。”Trygve Tholfsen, *Working Class Radicalism in Mid-Victorian England*. New York: Columbia University Press, 1977, 85.

人的政治热望与经济热望结合了起来，它作为一场运动受到了经济条件和经济斗争的影响。在 1832 年成功地设法利用国家否定工人参与选举的统治阶级和政治家，在此前后试图粉碎工会。其结果，宪章主义有可能变成工人阶级的共同核心，并且自认为是一种整体的共识而不是一种分化的阶级意识，与完全不同于其美国版本的工联主义通力协作。正如政治公民权的缺席迫使政治骚动进入工人阶级所在地的自主机构之中一样，国家与工会行动相关的立场也产生了相对较弱的联合，迫使工人将他们在工作场所的组织尝试带入居住区相对受到保护的空间。

存在了 1/4 世纪的 1799 年和 1800 年的《联合法案》，使早期工会组织岌岌可危并迫使劳工活动转入地下，转向友好街区的酒吧和兄弟会。甚至在该法案被撤销后，国家也用习惯法去禁止罢工活动。1825 年以后，工会受到骚扰，虽然没有受到法律上的镇压。诸如此类的联盟不再是不合法的，但限制贸易的行动是不合法的。1825 年的《联合法案》本身没有使罢工不合法，但它将罢工是否是禁止贸易留给了司法判定。这种法律环境不禁止发展联盟；相反，在 19 世纪 20 年代末期和 30 年代，还出现了公共联盟企图的暴涨，有时是在宏大的规模之上暴增。但是，“1825 年之后，调用习惯法反对工会达到了前所未有的程度”，这带来了这样一种状况：迫使工会使自己的计划和活动处于以社区为基础的协会之内，尽可能做到秘而不宣，摆脱当局的视野。①此外，压制的法律气候，与经济循环的运作给工会活动施加的压力结合在一起，使工会成为特别脆弱的体制，在经济衰退的时期，政府可以将禁止工会的角色留给经济势力，但是当经济循环转好且工会变得更为勇敢时，政府可能会祈灵于这一教条生效：“工人团体所采取的任何明显积极的行为按阴谋论的性质来说都可能是一种错误，即使在安

① D. F. McDonald, *The State and the Trade Unions*. London: Macmillan, 1960, 23.

静地实施罢工的地方也是如此。”①

在美国，国家对工会的压制相对温和的特征使一种得到清晰界定的、公开的、以工场为基础的工人组织成为可能。在美国，工人也能够在习惯法之下联合起来；但在美国的联邦体系中，不存在任何反工会的起诉全国立法或中央指示。在一地提起的诉讼不会带到另一地。在一个由同伴而不是地方官来决定的审判系统中，控方发现很难定罪。在整个19世纪，美国的工会受到了经济危机的反复打击，在这一世纪的后几十年，则面对一种公共的和私人的试图压制劳工组织的潮流。当然，在工人阶级形成的早期，工会和法律之间的问题是极其重要的。在经济繁荣时期，总体上不会禁止工人加入工会。例如，在19世纪30年代中期，高比例的工人，在纽约市大约占2/3，属于在工场公开组织起来的工会。②

在英国，作为比较而言倾向压制法律气候的一个结果，组织起来的劳工过于脆弱，不足以为反抗资本的行动提供一个独立的基础。极不同于戴森对英国工人阶级的描绘（处于一个弱国家的环境中，将其怒火指向资本而不是国家），英国工人被推出了工作领域而同时进入了政治领域和居住区，尽管工会从没有像加入工会联盟那样加入宪章主义，但是，“绝大多数的工会成员都支持宪章”③。

总之，美国和英国的国家组织形式及其与政治权利相关的宪政和公共政策，对本国工人阶级联盟的政治内容、两国工人阶级居住空间的命名和意义有极不相同的影响。在美国，为选举的政治骚动是不必

① Gerald Abrahams, *Trade Unions and the Law*. London: Cassell, 1968, 28.

② 参见我的讨论：Katznelson, City Trenches，第三章。

③ Peter William Slosson, *The Decline of the Chartist Movement*. London: Frank Cass, 1967（初版，1916），46. 也可参见：David Jones, *Chartism and the Chartists*. London: Allen Lane, 1975; and Brian Brown, ‘Industrial Capitalism, Conflict, and Working Class Contention in Lancashire’, in Louise Tilly and Charles Tilly (eds.) *Class Conflict and Collective Action*. Beverly Hills, Calif.: Sage Publications, 1981.

要的，社区为基于跨阶级政党的组织提供了地点，这些政党通过动员以地域为基础的非阶级的宗教和种族团结向选民发出呼吁。反过来，也允许工会公开、独立地存在。在它们的拥抱之中，美国工人阶级被构成为劳工阶级。

在英国则不是如此。在英国，只有居住区制度能够让工人既向雇主也向国家提出要求。由于受到法律、镇压、国家组织和公共政策的共同挤压，以地方性为基础的自助组织将工人阶级生活的独立维面融合成了一种共同的、深入骨髓的阶级意识。

这种整体的政治文化比宪章主义的骚动来得长久。谨小慎微的人，渐进主义者，改良主义者，可以肯定，英国工人阶级在 1848 年之后继续呈现出惊人的独立和缺乏顺从。[①] 浸透了团结主义冲动的自主的工人机构，依然是在工人阶级社区中创造出来的。19 世纪末期的工会和社会主义组织，既不必重新开始，也不必面对美国在世纪之交那样的阻碍尝试创造工党和社会主义政党的支离破碎的阶级性障碍。

当工人阶级社区的自主机构与更广的社会之间新的和解构成时，将英国工人阶级与美国和欧洲大陆工人阶级区别开来的渐进主义与阶级性的结合，凝固成了 19 世纪 50 年代一种著名的、持续的模式。正像约翰·福斯特所强调的，这是一个在城市层面上上演的过程。尽管有可能辨别 19 世纪 50 年代英国社会广泛的全国性的自由化模式，社会和文化控制的诸问题归根结底是局部的关系问题。在人们劳动和生活的地方，不得不一座城市接一座城市地对秩序加以修复和重造。问题的关键是在与新的态度和行为一致的潜在兑换之中，赋予工人的地方机构以自主和能力（最重要的是，通过撤销直接的压制），扩大工人在党派生活和工厂中可能起到的作用。兄弟会，劳工俱乐部，酒吧，

① 有关讨论，参见：Tholfsen, *Working Class Radicalism*, and H. I. Dutton and J. E. King, 'The Limits of Paternalism: The Cotton Tyrants of North Lancashire, 1836～1854', *Social History*, 7 (Jan. 1982).

不墨守成规的教堂，被给予了发挥功能的法律空间和象征空间。自由党和保守党的领导人，将工人阶级出身的人融合到了党派生活之中，条件是允许他们继续传统的激进的议题——有限的工作日，大众的选举权，只不过限于常规政治框架之内。①

来自过去的激进作用力在这一政治世界仍可以延续，但只是限于它们适应新的共同限制的范围之内——这些限制涉及在短期内什么东西是可能的，什么是合法的政治活动。工人阶级机构的自主性，公认地可兑换为一个政治表达和经济表达的有限领域，不过，与美国相比，这一领域依然以对阶级的全面理解为基础。按照这些条件，工人机构足以作为阶级自我发展的代理机构，但只是足以充当社会秩序和一定程度的社会变化的有效代理机构的局部政体。正是带着这一遗产和传统的包袱，英国工人阶级进入到了第二次工业革命。

四

这种比较尝试提出了扩大这种分析进一步的难题、方法论、命题和方式。首先要做的一点是要强调其历史性。早期工人阶级形成的时刻，正处于资本主义和城市发展脱离其他宏观结构（最明显的是国家）

① John Foster, *Class Struggle and the Industrial Revolution: Early Capitalism in Three English Towns*. London: Weidenfeld and Nicolson, 1974. 参见对福斯特的批评：D. S. Gadian, 'Class Consciousness in Oldham and Other North-West Industrial Towns, 1830～1850', *Historical Journal*, 21 (Mar. 1978), and Gareth Stedman Jones, 'Class Struggle and the industrial Revolution', *New Left Review*, 90 (Mar. - Apr. 1975). 当然，对工人阶级改良主义的经典讨论是：Walter Bagehot, *The English Constitution*, London: Collins, 1971.

获得最大自主性的时期。[①] 由于这一原因，马克思发展社会理论的尝试，对现状做了立竿见影的回应。这种社会理论认为，资本的逻辑及其固有的前提是政治、文化和意识形态的基础，并且言下之意，也是空间和社会地理的基础。此外，马克思选择英国作为说明的材料给有关工人阶级形成的问题增加了其他背景和时代不可能维持的简单性与直接性。我们已经看到即使在熟练如爱德华·汤普逊这样的历史学家手里，选择英国作为个案是如何使马克思主义得以可能做出有关资本主义内部工人阶级倾向与集体行动的可用曲目的无端假设的。它因此能够将有关工人阶级形成的问题限制在好斗和革命行为的时机选择之上，而不是聚焦于劳动者所据有的与资本主义如何可以得到表达、支持和挑战的问题联系在一起的相当广泛的可替代选择之上。

甚至在传统马克思主义社会理论享有特权的时期，对城市和空间的关注也突出了工人阶级的物质性和意义之间关联的随机性，而这迫使了与国家意义之间的遭遇。由资本主义积累和土地与住宅市场的势在必行强加在城市与城镇之上的由功能和阶级引起的空间隔离，按照英美阶级形成的比较条件和内容的案例材料来说，证明是一种语境的变量而不是一种因果变量，其主要差异可以通过组织、压制、政治整

---

① 在写到19世纪末的时候，罗杰注意到这一有限时期城市发展的结果："公共卫生的法令迅速增加，有限的住宅改善计划的发展及其最终转化为城市规划项目，中央政府的合法侵入，辅之以对地方法规的采纳，所有这些都先后影响和扭曲了土地市场的运转。从19世纪中期相对不受约束的立场看，由于价格机制全盘负责清理市场并将土地分配给不同的用途，市场越来越掺杂了制度的干预，尽管制度的干预承担了启蒙理性的责任（虽然有时是误导的）。" Richard Rodger, 'Rents and Ground Rents: Housing and the Land Market in Nineteenth Century Britain', in Johnson and Pooley, *The Structure of Nineteenth Century Cities*, 68. 这一文章包含了对苏格兰和英国城市土地和住宅市场的有效比较，罗杰的另一文也是如此：'The Invisible Hand: Market Forces, Housing and the Urban Form in Victorian Cities', in Fraser and Sutcliffe, *The Pursuit of Urban History*. 对城市自由市场的逐渐削弱的主题的研究，也可参见：Anthony Sutcliffe, 'The Growth of Public Intervention in the British Urban Environment During the Nineteenth Century: A Structural Approach', in Johnson and Pooley, *The Structure of Nineteenth Century Cities*.

合和公共政策等与国家相关联的因素得到解释。①

我们应当也能记起，即使在资本主义和阶级发展的特殊时刻，在多数英美工人及其家庭的城市空间经验都不是普适的。许多劳动者，在如矿区、农垦区等形形色色的背景中，在大城市的服装业街区，都没有经验过工业城市司空见惯的工作场所与家的分离。当工场与居住区紧密地交织在一起时，具有政治上相关倾向的"阶级性"往往是更全面和更强烈的，富有战斗性的政治行动也证明更有可能出现。当工作场所与社区合二为一与一个政治上的排他环境结合起来时，情况尤其如此，但即使是在美国，两种范围的结合，对城市和农村社会主义政党的获胜，对次要团体的平民主义运动来说，都证明是一种必要条件。

如果正在工业化的城市中工作场所与家的分离拓宽了马克思主义所预见到的与工人阶级倾向和集体行动相关的可能性的范围，空间的城市化进程也具有使现代资本主义的阶级结构复杂化的效果。阶级的第二层次——资本主义社会内生活方式的层次——不仅涉及劳动者在工作场所的经验，而且涉及他们在居住区的经验。这一领域与工作场所与日俱增的脱离，以及普遍化住宅市场的自主性，使阶级结构更为复杂。第一，它分裂了以马克思主义的术语连同韦伯式的、以市场为基础的思路来理解的工人阶级。由于购买居住环境的能力越来越独立于劳动市场的功能化过程，将不同生活风格具体化的值得拥有的邻里街区的分级等级制得到了发展，并且立即淡化了资产阶级与无产阶级之间的区分，并产生了一种符合所有马克思主义有关工人阶级成员标准（无论怎样精确定义）的人们之间的新型分化。第二，它为基于地域、人种、宗教、种族、移民的近因和其他非阶级标准之上的集体行动的倾向与模式的发展提供了物质基础。赋予这些联系的基础以特权

① 对这些主题进行论述且涉及它们与19世纪法国、德国和美国工人阶级形成模式的关联的论文，可参见：Katznelson and Zolberg, *Working Class Formation*.

地位的城市图谱，是在新的城市社会地理的基础上建构起来的。第三，它在一系列新的行动者创造活动中起引导作用，这些新的行动者包括：处理财产转让的律师，住宅稽查员，卫生访视员，消防、警察、卫生工作人员，财产税征收员，规划师，投机建筑商，等等。他们的任务就是组织和管理城市住宅区内新的住宅市场和生活品质。这些个人没有整齐地陷入马克思主义的阶级结构范畴之内，而是构成了新的中产阶级发展的一个重要的以城市和邻里街区为基础的层面。

随着城市空间的转型，政治大幅度地拓宽了。政治逐渐地不仅（的确，有人可以说越来越少地）与将劳动和资本置于直接对立的问题关联在一起，而且与鲜明的城市事务联系在一起：住宅、分区、财产税、地租控制、建设的调控、交通计划、贫民窟的拆迁、卫生、防火、水（和后来的气、电）的供应——简言之，与以工作场所和居住区的区分、社会阶级和群体的分离为典型特征的法律、政策、基础设施和城市服务联系在一起。[①] 当然，这种新政治的内容，正如19世纪末期美国的政党机器和英国的地方自治社会主义所证实的那样，不是直接受其主题-素材所决定的。

---

① 对这些主题的卓越思考，可参见：Avner Offer, *Property and Politics, 1870～1914: Landownership, Law, ideology and Urban Development in England*. Cambridge: Cambridge University Press, 1981. 互补的讨论，可参见：Blackmar, *Manhattan for Rent*, M. J. Daunton, *House and Home in the Mid-Victorian City*, and David Englander, *Landlord and Tenant in Urban Britain 1838～1918*. Oxford: Oxford University Press, 1983. 对建筑业的研究，参见：Peter J. Aspinall, 'The Internal Structure of the House-building Industry in Nineteenth-Century Cities', in Johnson and Pooley, *The Structure of Nineteenth Century Cities*.

第七章　重绘城市

我们已经看到，塑造早期工人阶级认同、动机和行动的阶级范畴的形成，是如何证明远比恩格斯所预见的更不可预料，① 作为劳动者一个一致标志和指南出现的阶级，是如何可以按照工人阶级图绘城市的方式加以理解的。以这种途径，有可能在某些情况下（但不是在所有情况下）弄清为什么阶级逐渐地界定了政治和社会的行动者在工作场所之外、在居住区和家中的认同。这样，一种城市空间想象也就可以有助于讨论马克思主义有关阶级和阶级冲突的其他意义重大的谜题。自 19 世纪早期以来，工人阶级形成史的任何时段，工人阶级都没有完成向社会主义转变的理论戏剧所派定给他们的基本社会变化代理人的角色。此外，在 20 世纪晚期，当资本主义明确地在全球规模上得到重构时，阶级范畴本身的意义也受到了质疑。马克思主义与城市的联姻，通过帮助我们理解为什么全面的马克思主义意义上的战斗精神只存在

① “意识形态斗争在它是一种阶级之间的斗争之前，是一种关于阶级的斗争。Adam Przeworski，‘Proletariat Into a Class：The Process of Class Formation from Karl Kautsky's *The Class Struggle* to Recent Controversies’，*Politics and Society*，10/1（1980），371.”

于理论领域，通过给我们提供一个视角去思考目前阶级和团体形成的模式，可以澄清这些问题。

一

由于没有踏上将城市空间、资本主义发展、阶级形成联系起来的旅程，在对它希望面对的目标以及它期望成为这种成功联姻代理者的物质分析中，马克思主义拒绝对自己承认其中的一个关键维度。假如我们再次思考阶级的四个层次的第二个层次的内容，再次思考不同资产阶级国家内作为生活方式来经验的社会组织的内容，就会对这一点获得最好的理解。因为剥削——资产阶级从无产阶级那里榨取剩余价值——在阶级分析的第一层次，也就是资本主义经济发展的结构上，是阶级关系关键的对立的和动态的特征，是资本主义“运动法则”最重要的宏观分析特征，马克思主义在第二层次上经不住诱惑，差不多专门将注意力放在资本主义的工作场所之上。最普遍的马克思主义方法将这两个层次融合到一起，将资本主义的抽象逻辑和工场的位置当作是“经济”，当作是资本主义社会、政治和意识形态关系的“基础”。无论他们是通过演绎法还是归纳法，事实上所有马克思主义的社会阶级方法都创造了基于技术和社会生产关系分析基础之上的定义和范畴。在阶级在生产和非生产劳动一类的范畴内被抽象讨论的地方，或者在阶级参照人在活跃劳动力之内的特征得到更具体理解的地方，情况就是如此。

这种分析策略付出了许多代价。我在其他地方注意到，一大代价就是“一笔”取消了“有关资本主义积累和全国经济史的关键层面为一方、劳动市场和工作场所的组织为另一方之间联系的一系列重要问题。正如资本主义工业化的所有研究者所知的，资本主义的增长和扩张证明能够培养许多种不同的工作地点和工作”①。第二大代价，对这里的分析更为关键，是压抑了下班后社会组织的特征。19世纪和20世纪工业资本主义主要是一种城市资本主义。甚至当我们按马克思主义的术语，将工人阶级当作一个在资本主义工场中工作以赚取工资并处于商业与公司的等级制内的从属地位的个人所组成的群体时（并且假如我们将那些没有进入劳动力市场以出卖他们的劳动力以换取工资的人的阶级地位的难题放在一边），那么我们的确也可以记忆犹新：他们也生活在特殊类型的居民区中，在那里，他们陷入了住宅、家务、公私物品消费的经济（以及社会、政治和文化）关系之中。像工作地点一样，这些地方也是在阶级的第一层次运转的资本主义发展动力的产物。尽管生活场所和住宅市场不是由资本独立塑造和决定的，但理所当然，资本主义城市存在着共同的重要特征，包括社会地理的重要特征，因为将这些城市组织起来，主要是用来适应作为一种增长和扩张的动态系统的资本主义要求的。

由于陷入了城市的社会和政治关系之中，劳动者体验了资本主义的城市面相。他们的这种体验，不仅是在结构上和空间上隔离开来的工作世界之中，而且在居住区的家庭生活和社区生活之中。通过与城市联姻以直面阶级在工作场所和离开工作场所时的社会组织的各种维面，马克思主义可以更好地谈论它对工人阶级的失望。顺着这条道路，马克思主义可以更好地理解为什么它最珍视的对革命意识的期望，从来在理论上不会更为动听，并且更为积极。在更好地理解今日的马克思主义在发现一种新的谦虚谨慎的同时，也许可以从思想的过时中获得拯救。

马克思主义社会理论力图不只是限于理解资本主义内部的日常生

① Ira Katznelson, 'Working-Class Formation: Constructing Cases and Comparisions', in Ira Katznelson and Aristide Zolberg (eds.), *Working-Class Formation: Nineteenth Century Patterns in Western Europe and the United States*. Princeton, NJ: Princeton University Press, 1986, 16.

活，或弄清对分析发出挑战的决定因素、结构和能动性。对马克思本身来说，能够分析特定的完整的资本主义社会的社会理论工程，安居于他全面理解和塑造时代变化的野心勃勃的工程之中。特别是，马克思力图提供种种方式以说明变化、历史和能动性，因为他认为资本主义的危机趋势只要能与特殊情境中主体的自觉行为联系起来，就会成为历史性的时刻。因此，有关资本主义的社会理论对马克思是有意义的，并且对忠诚的马克思主义者也是有意义的，因为它承诺有助于从资本主义向社会主义的转变。

20世纪不乏这样的时候：资本主义的结构性危机似乎为西方的工人阶级提供了抛弃资本主义体系的机会。但是在任何地方，这些可能性都没有化为现实。相反，每一这样的实例都证明是资本主义的一次重建，其标志是发现了新的积累之路，创造了可以复兴资本主义经济体系的新的社会知识和公共政策。在这种资本主义的重生过程之中，西方工人阶级已经与资本主义达成了和解，并且表现出了对资本主义的忠诚。随着无产阶级履行它所肩负的历史任务的反复失败，资本主义逐渐地因为种种危机而得以长存，而不是因为马克思主义所说的那种危机而得以长存。

经典马克思主义没有预见到结构性机会与迷失的能动性之间这一分裂。相比之下，马克思主义在过去的一百年里力图弄清其反复的政治失败。由于一心想获得迷失的无产阶级，马克思主义者所关注的是弄清其令人痛苦的缺席。

在这一方面，马克思的著作少有帮助。无论是因为他像《资本论》的第三卷结尾的片断所说的那样耗尽了时间，还是因为他将阶级形成的各种问题当作理所当然，马克思的理论著作都根本没有默认存在一个没有完整意义上的阶级斗争的阶级结构。甚至在他对法兰西的1848和1871年的卓越研究中（它的确不是大获全胜的战胜资本主义的故事），马克思也将这些暴动视为未来更基本的变化的彩排。像他的其他著作一样没有预见到这种可能性：一旦现代工人阶级适应了资本主义的存在，他们就有可能放弃推翻资本主义生产方式的努力。

由于这一问题证明对19世纪末、20世纪的政治是如此根本，西方马克思主义力图弥补马克思的沉默。他们要么越来越多地对两个阶级的结构做出复杂的结构性说明，正如在埃里克·奥林·赖特的学术研究中那样，重视马克思对资本主义积累的逻辑说明，要么以爱德华·汤普森首创的方式，撰写全国工人阶级的详瞻历史。

这些著作只能部分地阐明核心的马克思主义的阶级难题，因为它没有与“阶级本身和为阶级本身的”大问题决裂。无论变得怎样柔和，有讨论余地的正是这一目的论的轨迹。假设要对阶级结构做出准确描绘，对劳动人民的倾向和行动形成很好的历史理解，那么，用汤普森的话来说，我们依然摆脱不了这样一个事实：工人阶级的社会存在及其社会意识之间的关联，证明不仅在阶级作为一个整体的范畴方面比期望的更不可预料，而且能够支持一种没有相应的“革命意识”的坚定的阶级意识（甚至在像英国这样的地方，工人阶级也是在对阶级的全盘理解基础之上形成的）。此外，在缺乏工人阶级努力创造社会主义的情况下，资本主义的危机和重建也提出了阶级作为命名和表征资本主义社会核心群体之基础的可持续性问题。因此，缺乏对“社会存在”和“社会意识”问题重重联结的连贯一致和令人信服的说明，不仅是马克思主义社会理论对结构和能动性研究的最薄弱特征，而且本身就是政治无力的一个根源。

可以肯定地说，过去一个半世纪西方历史的一个标志，是基于工作场所和家的区分两端的阶级基础之上的深刻矛盾。阶级也为劳动人民组成政党和工会提供了结构和话语基础。然而，自从恩格斯19世纪40年代斗胆进入曼彻斯特发现第一个具有成为无产阶级潜力的工人阶级以来，没有任何一个单一的西方工人阶级扮演了这一角色。今天在任何地方，资本主义也没有处于被社会主义所取代的险境之中。曾有过这样的时刻，最近的例子横跨大萧条的开端至二战后的那些年，但这样的时刻已经烟消云散了。今天，完全在经典用法意义之上的阶级斗争并不存在，也许，例外只存在于工人阶级对马克思主义-列宁主义-斯大林主义体系中的社会主义的微弱攻击之中。

同样令人痛苦的是，对传统的阶级范畴本身是否有能力在阶级有时的确提供了对日常社会和政治生活常识背景中的社会现实做出描述，西方马克思主义越来越缺乏信心。这种苦恼在“劳动的进军停滞不前”的哀叹之中自行呈现出来；在使阶级关系成为一种一致的、临时的符号学中呈现出来；在对能动性的思考从工人阶级向新的社会运动的转移中呈现出来。

这种孪生的烦恼——缺乏无产阶级为社会主义而行动的意愿，阶级范畴图绘资本主义政治和社会的能力受到挑战——为马克思主义学者带来了深刻的危机。当然，马克思主义者知道有必要和这些分析上所面临的挑战达成协议，并且他们也尝试这样去做：在社会性别和等级制、工人贵族、种族划分和种族、压迫和社会控制；与繁荣结伴而行的行贿；资本主义的文化霸权，以及其他这一类的原因中，寻找阶级意识的障碍。这些原因中的每一种都是工人阶级历史的一种独特的、重要的特征，但继续有缺陷的是这样一种起支撑作用的逻辑：阶级形成的“自然”进程受到了偏离阶级形成的关键调节因素的阻碍。第二种策略聚焦于阶级结构本身，特别是中产阶级的兴起。这是这类讨论中最有趣的研究的中心问题，并且在某种意义上成了非马克思主义社会学和社会理论指责马克思主义过时落伍的一种批评镜像。① 但如果阶级结构的错综复杂现在对资本主义来说是有机组成部分的话，那么，可以赞成基于资产阶级和无产阶级两个基本阶级之间的斗争观基础之上的阶级斗争吗？第三种反应是将特殊时间和特殊地点的工人阶级历史的软弱无力解释为被统治阶级战胜的历史，或受到工人阶级领导层背叛的历史，但通常没有

① 这一策略的一种明显变种是在生产内部确定工人阶级共识的来源，将其理解为一种意识形态和政治进程，也理解为经济进程。参见：Michael Burawoy，*Manufacturing Consent*. Chicago：University of Chicago Press，1979；and Burawoy，*The Politics of Production*. London：Verso Books，1985.

一个比较的或理论建构的参考框架，因此没能回答为什么这一模式出现在所有情况之下这一难题。第四种策略是提出，在西欧和北美使工人阶级作为一种政治规划介入其中的主流社会民主与改革政治的组织、意识形态和纲领性特征，包含了它们自身强有力的妥协和社会整合的逻辑。这一解释中许多是有说服力的，但是有关无产阶级在资本主义危机时刻沉默不语的问题，这一解释许多也是使用冗辞的。

马克思主义所拥有的作为 20 世纪晚期资本主义指南的持续适用性，基于它是否能比迄今为止更有说服力地为人们对工人阶级的失望做出解释。在第六章，我试图揭示一种重新空间化、富有穿透力的马克思主义如何能够以对立于早期工人阶级形成的总体论模式分批对原因做出辨析。在这一章，我将在完全的马克思主义意义上讨论马克思主义阶级斗争的历史缺席问题，并考察将工人阶级的认同（即对当代资本主义加以组织、认知、讨论、行动的方式）的衰退与城市人为环境的最近变化连接到一起的随机关联。

二

在 19 世纪资本主义城市新的社会地理学内部描绘出各社会阶级之间的空间界线，有助于确定工人阶级成员住宅的近似性，以及他们与其他阶级的隔离。从 19 世纪末期到第一次世界大战，这些城市的空间模式化过程逐渐结晶为一种毫不含糊的现代形式，其典型特征是工作场所与家的更鲜明的区分（工作场所与家的距离随着工人阶级可利用公共交通的程度的增加而增加)①，城市空间按阶级隔离开来，作为自主的住宅市场运作的一个结果，住宅的分化与日俱增。② 在更早的几十年只是取得局部现代形式的诸种模式的固化过程，与工人阶级的形成有一种矛盾关系。一方面，它证实了此前工人阶级通过了解他们新的社会和空间现实精心编制起来的独特的城市图画。对阶级局部和总

---

① 按照某些解释，19 世纪城市空间重组之后的主要驱动力，是交通技术的革命，而不是资本主义积累的动力和新的独特的住宅与劳动市场的协同作用。我发现这种解释没有说服力。正像我们在第六章中所看到的，分离的动力早于19 世纪末公共交通向所有社会阶层开放。的确，正如丹尼斯所强调的，与单一的技术决定论相反，在交通方面的投资使上班的距离更远成为可能，只有在工作场所与家的分离已经处在进行中才讲得通："一旦存在城内交通，尤其是一旦竞争的铁路公司之间，或是独立的公共汽车、有轨电车以及四轮轻便马车驾驶者之间存在竞争，才有可能合理地提出：在竞争者预期获得更大利益或避免利润受损的情况下才有可能采纳改革。但是要解释公共交通方面的最初投资，我们必须弄清为什么投资者将他们的钱投入新的东西，而不是业已证明的东西。"注意到城市结构的变更先于交通方面的变化，丹尼斯继续写道："言外之意是，交通服务加快了城市的发展和变化，它们允许郊区化、隔离以及步行距离之外的居住区和工作场所之间的分离，不过它们没有启动变化。" Richard Dennis, *English Industrial Cities of the Nineteenth Century*: *A Social Geography*. Cambridge: Cambridge University Press, 1984, 110～111. 在新的交通技术（尤其是铁路）具有最大影响的地方，很少创造一种新的城市社会地理学，而是要求急剧的转型，以容纳它们的常规路线、中心城市的终端以及与它们相邻的地点。就这样的交通而言，铁路的最大影响在于减少了城市之间的贸易和交流的障碍，而不是改变城市及其郊区内部的经常往来。也可参见：John Kellett, *The Impact of Railway on Victorian Cities*. London: Routledge and Kegan Paul, 1969; Harold Pollins, 'Transport Lines and Social Divisions', in Ruth Glass *et al.*, *London*: *Aspects of Change*. London: McGibbon and Kee, 1964; 尤其是：John P. McKay, *Tramways and Trolleys*: *The Rise of Urban Mass Transportation in Europe*. Princeton, NJ: Princeton University Press, 1976. 麦凯强调了"欧洲城市交通变化的范围和内容"是如何"长期滞后于迅速发展的工业化和城市化的"，以及公共机构的决策和私人投资在构造和扩大城市交通方面的重要意义。

② 即使在那些希望强调 19 世纪中期城市的前现代特征的社会地理学家看来，这一时期也毫不含糊地留下了这些空间模式占主导地位的痕迹。参见 David Ward 的三篇文章：'Victorian Cities: How Modern?', *Journal of Historical Geography*, 1/2 (1975); 'Environs and Neighbours in the "Two Nations": Residential Differentiation in Mid-Nineteenth Century Leeds', *Journal of Historical Geography*, 2/6 (1980); and 'The Place of Victorian Cities in Development Approaches to Urbanization', in John Patten (ed.), *The Expanding City*. London: Academic Press, 1983.

体的理解都在新的环境中得到了重新确认——交谈和组织的现存模式已经彰明了空间新的分割。物质性和意义证明是相互印证的。[1] 另一方面，由于劳动市场的全国化，工人阶级共有一种超越了特定地方性命运共同体的感觉与日俱增，交流和交通显著增长，新的网络的建立成为可能，阶级和空间之间的关联因此越来越复杂多变和犹豫不决。

通过逐渐掌握这一双重进程，我认为我们能够最出色地重新讨论如何说明挥之不去的一个谜题：尽管强有力的工会和政党组织的建立，既对资本主义的生活条款发起了挑战，也慷慨激昂地宣示了社会主义，但工人阶级，无论是具有分裂或总体意识特征的工人阶级，在任何地方都没有以经典马克思主义认为理所当然的革命方式变得政治化。一旦有关资本主义控制的基本斗争被确定为损害了正在经历其劳动贬值的工匠的利益，那么，社会冲突就不再是有关马克思主义社会和政治理论中的最根本问题的冲突，不再关乎生产方式的转型。从马克思主义的视角看，社会阶级之间的交战成为第二位的了：不再关系到诸如此类的资本主义的存在，而是关系到资本主义时代之内的生活条件。

在一篇告诫性的文章中，克里珊·库玛令人信服地提出：工人阶级史中的这种断裂，必定引起对这样一种温和的进化式解释的怀疑——这种解释认为，阶级诞生之初的工匠工人阶级与19世纪末非熟练与半熟练工厂劳动者工人阶级之间有一种高度的连续性。最激进的斗争是由前者所发起的，一种改良主义整合模式构成了第二种工人阶级的特征："堪与1850年之前的工人阶级相比的一种政治化的工人阶

① 我曾讨论过这一主题：Ira Katznelson，*City Trenches*：*Urban Politics and the Patterning of Class in the United States*. New York：Pantheon Books，1981，第三章。

级，再也没有在英国看到过。”①

但是，为什么从工匠特性向无产阶级特性的转变必定会让工人阶级缴械呢？库玛认为，新的无产阶级由于没有跨越阶级界限铸造成同盟而不能走得太远，但是他自己的证据——工匠也力争与重要的同盟一起展开斗争——削弱了这种观点。

开始走向更好的解释是由克雷格·卡尔霍恩在《阶级、地方和工业革命》中所提供的。这篇文章的前提是批评马克思著作中的尖锐划分：在其对资本积累的逻辑说明和对其社会理论的描述中处理阶级斗争。前者将阶级斗争视为是内在于工作场所的抽象的资本主义生产关系之中的；后者假定了这种阶级斗争势在必行的在特定时间和地点的转化。卡尔霍恩断言，两者的迷失都在于既没有对城市做出空间上的特定研究，也缺乏一种组织分析——这种分析坚持：工人阶级直面资本主义所必不可少的机制和范围，必然不只是一系列本地系统。他坚称，没有这样一种能力，完整的马克思主义意义上的阶级斗争是不可能的。

因此，卡尔霍恩文章的核心部分是将阶级形成的组织分析和空间分析结合到一起。不像将地方置之度外的阶级形成研究，卡尔霍恩强调以本地社区为基础的关系对第一次工业革命中阶级性的全国性的独特特征的发展所具有的重要意义。被隔离开来的工人阶级居住区内部直接的、面对面的社会关系，增强了在某些情况下逐渐基于阶级理解基础之上的信任和团结。然而，他认为，即使在一种英国模式的全盘阶级性界定了工人阶级对城市和资本主义解读的地方，正好在工人阶

---

① Krishan Kumar, ‘Class and Political Action in Nineteenth-Century England: Theoretical and Comparative Perspectives’, *Archives Européennes de Sociologie*, 24/1 (1983), 18. 有关 19 世纪早期和晚期工人阶级之间的断裂的讨论，也可参见：Eric Hobsbawm, ‘The Making of the Working Class 1870～1914’, in Hobsbawm, *Worlds of Labour: Further Studies in the History of Labour*. London: Weidenfeld and Nicolson, 1984.

级最愿意挑战资本主义生产方式的基本前提的时刻，地方主义的阶级认知也阻碍了工人有效地介入资本的能力。“为了在资本主义所派生的阶级斗争中脱颖而出”，卡尔霍恩坚称，“阶级——资产阶级，无产阶级——必须在资本积累的相同层次上组织起来。”在这种早期时刻，这种跨地方组织更轻易地为在人数上相对较少但拥有更多资源的资产阶级成员所实现，而不是为分散的城市工人阶级所实现，工人阶级封闭在他们的工厂和居住区之内，阻碍了他们直接面对作为一个系统的、超越了这一或那一地方经验的资本主义。① 尽管本地的地方环境为工人提供了情感援助的基础，但不像工作场所，居住社区不包括“要面对的敌人，也没有组成一个达及所有相关人员的有效的广泛的关系网络”。② 因此，第一个历史悖论是：正是在受到困扰的工匠团体最愿意挑战资本特权的时候，他们缺乏这样去做的交通和交往的基础——直面作为一种生产方式的资本主义间接的、跨地方的特征；“在19世纪早期，马克思所提出的阶级斗争，至少是资本主义与无产阶级之间的斗争，是不可能的”③。

从协作和交流的组织问题的视角看，完全的马克思主义意义上的阶级斗争只有在19世纪末期才变得有可能。正像经典的马克思主义很少将注意力放在他们工作地点之外真正的劳动人民身上一样，马克思和恩格斯也很少谈论特定的工作场所之外的阶级的组织维度。“其结果之一是当阶级从经济理论中推导出来之时，它们的集体行动被认为是仅仅追随对共同利益的理性认识。”相反，卡尔霍恩强调看到以下一点

① Craig Calhoun, ‘Class, Place and Industrial Revolution’, in Nigel Thrift and Peter Williams (eds.), *Class and Space: The Making of Urban Society*. London: Routledge and Kegan Paul, 1987, 51.

② 因此，卡尔霍恩提出，因为阶级“过大且四分五散，以至不能在直接的人际关系的基础上被动员起来……间接关系的大规模组织变得必不可少”。同上，第53页，第59～60页。

③ 同上，第54页。

有多么重要："当社会通过间接关系的大型系统编织到一起时，阶级成了集体行动的重要社会基础。"[①] 在19世纪末期，拥有全国范围和竞争中心权力的政党的工会正好成了这类组织的载体。就这点而论，这些机构不能只被理解为阶级形成的产物，而要理解为阶级构成和重构的机制（当然，还有其他社会范畴的构成与重构）。[②] 直接的面对面的联系，无论在工厂还是在居民区，卡尔霍恩强调，本身不能"赋予阶级以集体能动性"。他坚持：

> 因为这些集体属性要为持续的、有效的暴动提供基础，其成员必须通过某些居中的代理机构相互联系起来。工会以这种方式为其成员工作，因此处于阶级斗争直接的发展路线之中（如马克思所设想的），不必与一种更革命的阶级意识区分开来（如列宁所设想的）。工会与工人阶级的政党在它们代表松散的组织成分，或将这些直接参与的成分组织到行动之中来（后者更接近于马克思的阶级斗争概念）的程度上，的确千变万化。在这两种情况下，这类动员极不同于基于例如本地团体基础之上的直接关系的动员。

---

① 因此，卡尔霍恩提出，因为阶级"过大且四分五散，以至不能在直接的人际关系的基础上被动员起来……间接关系的大规模组织变得必不可少"。第56页。在一种引人深思的讨论中，卡尔霍恩提出，现代国家为工人阶级成员之间的间接的社会组织纽带的发展提供了原型。"在过去的几百年期间，"他写道，"绝对主义以及最终的议会国家的发展，减弱了个人控制和协作在正式的组织结构之中的作用。封建主义和在中世纪末期成长起来的城市的统治特征的直接的、个人的关系，被官僚政治的间接关系所取代。"而且，有人也许可以加上一句，被公民身份的间接关系所取代。此外，国家不仅是阶级在组织中的间接显示的一个模式，而且是"产生它们的进程的"一个关键"组成部分。它不仅使一种更广泛的市场组织成为可能，而且分离了其自主性，而完整的城市生活则既维护了经济领域，也维护了政治领域。除了内容上的差异之外，这使国家发挥作用的规模的变化成为可能。国家同时成了更持久的、更有效的和更强有力的……无论出于何种原因，尽管马克思主义者长篇累牍地争论国家和政党之间的关系，他们还是没有考虑到它可能与国家和全体公民之间的关系极为相似"。同上，第58～59页。

② 这一主题是Przeworski有关这一主题的许多著作的中心部分。尤其参见他的：*Capitalism and Social Democracy*. Cambridge University Press，1985.

此外，它依赖于1840年之前没有得到发展的通信和交通基础设施水平。[1]

随着四散的工人团体因全国性铁路和电报网络的精心建构所带来的相互作用的支出的急剧减少，有可能建立全国性的工会和政党机构。但是，随着这一发展而来的是出现了第二个悖论：正是在完全的马克思意义上的阶级斗争取得了自身必要的基础结构之时，它逐渐受到了工会和党的新的工人阶级机构组织命令的束缚。由于正式的组织陷入了获利的可能性之中（民主政体的放任原则使这种获利得以可行），众多工会和党都以天生短期的和受限的方式追求阶级利益，无论它们对更基本的社会变化的花言巧语的承诺是什么。假如“这些组织在资本和政治权力集中的相同层次上对行动的协作是必不可少的”，它们便“与它们所代表的阶级区别了开来”。党和工会只是按一种片面的和角色特殊的方式与这些阶级打交道。它们有它们自己的再生产命令。除了充任职员和进行管理的积极分子之外，它们“似乎是非基本的消费品，而不是生活的必要部分”。对这类组织的参与，缺少基于直接的面对面的关系基础之上的社会运动那种充满活力的强度。间接的阶级斗争因此是“资本主义的一部分——或至少是资本主义民主的一部分”[2]。

我发现这一分析引人深思但并不十全十美。尽管卡尔霍恩像库玛一样，聚焦于19世纪早期工人阶级和晚期工人阶级之间的分裂，并因此聚焦于地方化的、直接的集体行动模式与全国性的、间接的集体行动模式之间的差别，但他颇低估了地方与全国、直接与间接之间的整体联系。他也没有仔细考察19世纪早期城市图画之间的联结，连同它们所导致的部分或全部的阶级特性的可替代选择，以及后来的阶级组

---

① Calhoun, ‘Class, Place and Industrial Revolution’, 60.

② 同上，第64～67页。

织的“现代”模式。缺失的还有，没有基于它们与解读城市的更老模式之间的联系，对新型组织的不同潜力做出任何比较认知。①

再一次，让我们想想宪章运动。卡尔霍恩将这种大型的以阶级为基础的运动当作一种转型期的运动，因为它连结了工人的居住区、嵌于其中的工会组织，并且具有一种因陆路交通的改善而成为可能的突然崛起的全国性基础设施。他用“转型期的”来指一种逐渐走向终结的模式，而不是指一种预告未来的模式。因为，在他看来，全国性的组织层次不久将压倒地方的组织层次。

这没有说服力。不存在任何单一的从阶级政治的当地城市背景向全国性组织和网络的转移。假如正像卡尔霍恩所强调的，资本主义是跨地方和抽象的，并且因此需要在可比较项上与工人阶级异议人士遭遇，那么，它也依然在深层和本质上是经验性的和地方性的；在工人及其家庭的日常生活之外，难以想象跨阶级的遭遇。

毫不奇怪，城市层次依然是现代工人阶级政治的一个构成层面。它的确是卡尔霍恩错误地使之与以地方性为基础的关系对立起来的新工会和政党不可缺少的部分。尽管其全国性范围是一种真正的革新，不忽视这一点是至关重要的——它们作为组织的存在依赖于它们的联合特征。工会以独特的工作地点为基础，政党以选区为基础，而工作地点和选区是特殊的社区。工会和政党体现了劳动人民工作和生活所在地的日常生活。的确，如果工会和政党组织没有成为这些城市经验不可缺少的部分，他们将没有任何能力招募和动员追求者。正像卡尔霍恩正确地否定了阶级是一个抽象问题而不是一个组织问题的观念一样，坚持这样的观点是必要的——阶级的组织层面以城市的物质性为

① 可以肯定，卡尔霍恩对这些问题并非完全沉默。他对面对面的关系的不朽意义相当敏感，但往往做出二分：基于这些以社区为基础的关系的冲突（他主要是按易招致批评的民粹主义来看的）；基于跨地方阶级组织的冲突。他将地方与全国联系起来的讨论最令人满意的，是对宪章运动的讨论，我在紧接着的讨论中将加以评论。

基础，因此城市以种种方式，受到处于他们所面对的空间和组织条件之中的工人阶级的图绘与再绘。

但是，考虑到更早的19世纪的城市映像，工人不可能随心所欲地对这些挑战做出回应。19世纪末、20世纪初不同国家中工人阶级集体行动的全部可用曲目，都得到了19世纪更早发展起来的工人阶级形成模式的启示和限制。工会的抱负的范围，它们与政党的关联，形形色色的工党、社会民主党和社会主义政党的存在，它们对资本主义的再现，以及它们动员追随者的能力，都在极大程度上依赖于工人阶级形成的第一时期的结果。在这一世纪的末年，英国工人组织可获得的选择，不同于那些向美国工会和政党敞开的选择。在这儿，工人阶级初期的分裂意识，在19世纪初期和中期的日常政治中，通过城市生活中工作场所与家之间空间分化的加剧得到再生，将工会引向了回避政党政治的受限的（如果是好斗的）工场劳工主义；与此同时，它也将政党引上了在非阶级认同基础之上对工人进行动员的道路。在这种语境中，像工党一类的政党基础，假如不排除一种先验的东西，是极难建立的。美国依这些路线所做的尝试极不成功，尽管资本主义的剥削加剧了，并且存在卡尔霍恩所强调的基础条件的高级形式。简言之，有组织的革命的内容，在很大程度上是由谈论和争执工作场所和社区的早期分离的措辞所决定的。

19世纪70年代以后，美国从南欧和东欧大规模移民，作为由此带来的美国工人人口统计学转型的一个结果，美国和英国原有的差异甚至变得更为显著。新来者进入到居住地按语言和组织关系被建构成有别于工作场所的城市世界之后，迅速使城市邻里街区种族关系的混杂更为显著，同时在工厂跨种族的劳工-管理层的斗争中加入了许多东西。

对世纪之交底特律的两项重要研究，连同它们的不同侧重点，捕捉到了在一个新的工人阶级组织能力的时代里对阶级形成以往模式的重申，并且相当清楚地揭示了新的城市环境的特点以及它们向工人阶级对城市的再解读所提出的挑战。第一项研究，奥利弗·祖兹《不平等的变脸》，通过聚焦邻里街区、家和住宅市场，提出了工人阶级的工厂与居住地之间持续的与日俱增的分离，使种族邻里街区成为“共同体的空间停泊地，城市大被褥的主要色彩”，移民区因此成为相对自主的环境。工人阶级，因种族特征和地方而四分五裂，抵制第二次工业革命的同质化力量。“由于种族纽带在工业化进程中依然是如此强劲有力，尽管存在条件的极端不平等，美国的社会结构依然摆脱了有组织的阶级冲突的威胁。”① 移民街区不只是新来者渴望亲近的产物，而且是将亲戚和熟人拉到一起，也将相同职业和收入水平拉到一起的移民链条的产物。此外，正像凯瑟琳·康曾所发现的，一旦一个地区获得了一种种族特征，它对具有相等或更高地位的非群体成员便变得较少有吸引力。“因此，工作地点和廉价住宅，与群体的多样性程度联系在一起，强烈地影响到居住集中的程度。”② 居住集中的程度是由上班的路程所决定的。工作地点越是独立于住宅区的所在地，就越有可能出现这样的情况：跨种族的工作地点有可能从不同的、种族上有差异的地区吸引到它们的劳动力。③

第二项研究，瑞查兹·奥斯特赖克的《团结与分裂》（*Solidarity and Fragmentation*），考察了相同的移民工人阶级，目的只是为了找到工人阶级意识和集体行动的坚定模式，尤其是19世纪80年代，尽管与祖兹所强调的种族性和邻里街区存在重要的差异。工人阶级的团结与城市生活的这些分裂特征相抗衡，不时地证明是工人阶级倾向的主要塑造者。“在一种矛盾的社会环境中，总是存在一种内在张力，在这

---

① Olivier Zunz, *The Changing Face of Inequality: Urbanization, Industrial Development, and Immigrants in Detroit, 1880～1920.* Chicago: University of Chicago Press, 1982, 178, 5.

② Kathleen Neils Conzen, 'Immigrants, Immigrant Neighborhoods, and Ethnic Identity: Historical Issues', *Journal of American History*, 66 (Dec. 1979), 610.

③ Zunz, *The Changing Face of Inequality*, 178～183.

种张力中，阶级意识的程度是其表达具体机会的一个结果。在这些载体（例如“劳工骑士”）兴盛的地方，阶级意识便高涨；当不兴盛时，阶级意识则衰退。”①

这种极不相同的对工人阶级底特律的解释，讲述的是同一个故事的两面。尽管祖兹将我们的注意力引向了先前存在的阶级形成的模式如何以种种方式为铸造一种敏锐的地方化的种族认同和社会性提供了一个坩锅，而奥斯特赖克则表明了同样的个人是如何介入工作场所和家之间区分的劳动一端的。假如正像祖兹正确地坚持的，种族性削弱了苛刻的马克思主义意义上的阶级意识，并且为参与政党生活提供了主要基础，那么，它没有证明与美国劳工运动中的一种相当热情高涨的参与不相匹配。正像这一时期的英国一样，劳工组织利用此前不可用的交通和通信技术去建立将分散各地的地方工会联合在一起的工会或工联。而且，正像在英国一样，在希求基于工作地点的联盟基础之上以进入如工党这样的党派政治领域方面，在劳工运动内部存在着不少张力。然而，尽管在英国，这一问题得到了解决——在有利于建立一种新型的基于工会运动的政党时保持老的模式和经验，但在美国，在“劳工骑士”于19世纪80年代迅速瓦解之后，拒绝使劳工运动致力于政治介入的美国劳工联盟（AFL）的“面包加黄油”的工联主义，到该世纪末崛起为工团主义的独尊形式。由于美国劳工联盟相信社会主义和其他第三党的政治行动主义是无益的，它力图通过只是上演那些它认为可能获胜的冲突以保护自己的行动领域。② 按这种方式，不仅对城市老的意见分歧的解读得到了加强，而且工人阶级在工作场所

---

① Richard Jules Oestreicher, *Solidarity and Fragmentation: Working People and Class Consciousness in Detroit, 1875～1900.* Urbana, Ill. University of Illinois Press, 1986, P. xviii.

② 对美国劳工所做选择的富于同情理解的讨论，参见：Richard Oestreicher, ‘Urban Working-Class Political Behavior and Theories of American Electoral Politics, 1870～1940’, *Journal of American History*, 74 (Mar. 1988).

和家中生活最完整的和最少斗志的特点也得到了加强。劳工运动聚焦于最有技能的人身上，聚焦于争取更高工资和更好劳动条件的斗争之上；在邻里街区中，工人因承租和购买住宅的能力所形成的分化，渗透进了空间的种族定义和党派政治。奥斯特赖克认为，其结果是高层阶级内部种族对立的一幅综合画面，这一画面与给人留下深刻印象的跨种族团结并存：

> 为了有轨电车工人的利益殴打警察的工人，拒绝惠顾沙龙出售面包的烘房工人，礼赞凿石工的纠察线的意大利凿石工，要求对有用的街头劳动（street work）进行平等分工的波兰街头劳动者，1899 年拒绝惠顾联合抵制剧院的工人阶级戏迷，都证明团结的概念有效地将许多行业和国籍的工人联合了起来。①

值得注意的是，奥斯特赖克所引证的具有阶级自觉的集体行动的每一例证，都是与工作相关的。与 19 世纪中期对城市的解读一脉相承，美国工人阶级继续被构成为一个阶级，但阶级只是被理解为劳动。

尽管在阶级形成模式上存在着持久的差异，但英国和美国工人阶级在世纪之交所共有的城市关系的特征仍然具有重要的变化，这种变化向他们发起了挑战，既要求他们重新解读城市，也要求他们在重新解读的过程中采用诸种明显缩减了马克思主义意义上的战斗性前景的方式。这些变化涉及城市空间的结构化过程和国家在城市舞台上的新角色。

资本主义城市继续急剧地增长，并且越来越相互交织为积累和交换的地点。当它们增长时，形式的暧昧不明——这在最近引发了社会地理学家有关早期工业城市的现代性程度的争论——让位于各种空间分离的愈演愈烈，这种空间分离与从前以家庭为基础的生产安排遗传

---

① Oestreicher, *Solidarity and Fragmentation*, 229.

下来的跨阶级的、混合的土地利用模式交织在一起。这种澄清在英美两国有一个矛盾的层面，与之伴随的是强有力的冲动——一方面，加剧阶级的直接性和强度；另一方面，显著地消除战斗性的前景。

城市空间日渐深化的特征之一，涉及工人阶级和非工人阶级之间的空间划分。伴随到目前为止长期存在的这一趋势的出现，工人阶级街区和机构的自主性与日俱增，“阶级的相互隔离和排斥”①，他们的组织和生活方式也因此出现了。随着大型工厂及其等级制的生产组织的创立，现在也日趋明显的“我们”和“他们”之间的划分，在工作场所之外也变得更为清晰可见。

与此同时，住宅市场的运作，随着时间的流逝，逐渐地将工人阶级划分为轮廓分明的亚群体，这些亚群体占据着城市极不相同的各部分，具有不同的住宅和设施标准。这种阶级内部的分层奠定了工人阶级内部的差异和意义的新基础。

在美国，工人阶级空间分化的这种模式由于十分多样的种族异质性而复杂多变，但是英美两国——其实是所有工业化的西方资本主义国家——共享了这种对空间的重组。英国的案例是一个提醒：美国城市的种族划分，强化了因居住环境的购买力所带来的工人阶级群体之间这种共同空间上根深蒂固的分化。的确，正像祖兹小心谨慎地证实的，这种市场的稳定规划和地位驱动的过程，重构了美国种族的邻里街区的特征，进而产生了某些与英国的安置相融合的东西。尽管在19世纪80年代的底特律，种族性作为空间分割的一种原则，足以强大到将具有完全不同的市场属性的种族团体成员共同带入种族飞地，但是到20世纪20年代，除了依然因种族隔离被迫挤在一起的黑人之外，城市的社会-种族地理已经改变。种族群体成员现在寻找适合自己收入和生活风格的住宅。其结果之一，是邻里街区甚至在它们按市

① Kumar, ‘Class and Political Action’, 41.

场条件来说变得更同质的时候，也呈现出了更多的跨种族的一面。①波兰人、爱尔兰人、意大利人、犹太人以及其他白人种族群体逐渐地越来越一起生活在通过住宅市场而分层的地区。随着工人阶级社区的这些变化，居住模式和种族认同越来越不那么直接。康曾注意到，最初，种族性作为美国的意义和行动的一个中心范畴迅速崛起，依赖于共同的居住地。这种集中在这第一阶段是必不可少的，有助于以地方性为基础的种族组织的发展。但是随着自主的住宅市场的持续运作所产生的变化的到来，种族性非空间化了，因为它稳定地丧失了它特定地方的基础结构。随着这一变化，种族性开始转化为更文化和更象征的东西；反过来，后来在20世纪，这又结晶为全国性利益团体形式上的团结。②

城市这些实地的变化，实际上是与卡尔霍恩所强调的阶级基础结构全国化同一时间出现的。工会和政党组织能够利用一种空间上根基深厚的、因此也是放大的阶级意识——这种意识有助于他们克服障碍走向团结和集体行动。然而，工人阶级内部这种新的空间划分，通过使他们偏离进入到新的关注领域，有助于限制他们的政治视野。其结果，正是在工人阶级的能力得到他们新的跨地区机构的加强之时，尽管在目标上受到他们组织的当务之急的限制，工人阶级的资源也还是受到了阶级内部空间划分的调剂和引导。

当新的住宅市场发生作用时，地理学家戴维·沃德发现，“城市住宅模式与日俱增的分化”将工人阶级区分为：

> 更小的具有自身小范围的有关成败的版本……期望是按照收入和地位的些微成就来构想的，而不是对作为一个整体社会的重

---

① 参见祖兹第13章对20世纪早期底特律新的社会和空间飞地的讨论。他推测生活空间方面的这些变化使一种新的产业阶级意识更容易获得。

② Conzen, ‘Immigrants, Immigrant Neighborhoods’, 612 ff.

组……当老的社会地位的基础消失、有技能和没有技能的人之间收入差异缩小时，通过具有相同职业和收入的人搬入居住区的住宅，体力劳动者寻求他们在社会中的地位更显著的定义便越可观和越可行……社会差异在一种空间秩序上而不是一种外在表象上越来越标准化……对向上流动的那部分工人阶级来说，一个附带着公认的社会联想的新地址，为他们上升的社会地位提供了一个崭新而显著的基础。①

这种观点与英国马克思主义者更熟悉的陈述有些相像，也就是“工人贵族”，导致了工人阶级没有能够更具有战斗性。这一传统的著作研究工资和工作条件（包括技术工人和工厂工人之间的划分）、工会和政党领导人与追求者之间在世界观上的差异，以及城市邻里街区的分化——我发现这一焦点最相宜——目的是为了找到一条划分工人阶级的断层线。这种分析的结果是认识到了“贵族”是如何出卖其他准备与资本一决高下的工人阶级的。正像亨利·佩琳所发现的，“马克思主义有关工人贵族理论的一个基本特征是，这一假定的小部分工人阶级在政治上是保守的，并且将其保守主义强加到了工人阶级机构之上，由此隐蔽了、但在任何意义上都没有消除工人大众潜在的战斗性”②。

这种对工人贵族的理解有难以捉摸的品质。正像许多批评家已经

---

① David Ward, ‘Victorian Cities: How Modern?’, 148. 着重号为我所加。

② Henry Pelling, ‘The Concept of the Labour Aristocracy’, in Pelling, *Popular Politics and Society in Late Victorian Britain*. London: Macmillan, 1968, 41. 以恩格斯 1885 年一篇力图解释他对 19 世纪 40 年代的期待为什么没有得到证实的文章以及列宁对帝国主义的论述为基础，埃里克·霍布斯鲍姆将工人贵族的概念引入了当代历史学界。有关这一概念的发展，参见：Friedrich Engels, ‘England in 1845 and 1885’, 收于马克思、恩格斯的选集中：*On Britain*. Moscow: International Publishers, 1934, 67, 99; and E. J. Hobsbawm, ‘The Labour Aristocracy’, in Hobsbawm, *Labouring Men*. London: Weidenfeld and Nicolson, 1964.

注意到的，对特定产业背景之中的技术工人和体力劳动者的关系以及居民区工人关系微观层面的研究，正好标明了“工人贵族”一词是多么不准确，要详述工人贵族在何地真正地面对和牵制了更激进的工人大众是多么困难。与理论的预期相反，尤其是对19世纪晚期来说，经验证据表明了“政治上更好斗和激进的，恰恰是更富裕的工人，而更低等级的工人则要么呈现出无动于衷，要么呈现出保守主义”①。尽管佩琳所做的这一批评也许是正确的，但它忽视了这一点：其最深层的缺失，是支撑“工人贵族”立场的理论机器。尽管在考察缺乏战斗性的组织和空间决定因素上非常准确，但这种理解拒绝与工人阶级是内在的革命的观点决裂，这产生了一种相当唯心主义的归咎责任。相反，和卡尔霍恩与沃德一起，我们会更好地聚焦于工人阶级生活的组织和空间特点是如何全面削弱了经典马克思主义的阶级意识和战斗性的可能性。组织的需要使领导者和追随者深陷其中，对城市新的空间设计确立了新的问题、议题和家庭流动，这类策略以一种精细的分级方式将工人阶级相互区分开来，而不是将一小部分特权群体从它设法抑制和出卖的群情沸腾的大众之中区分开来。

工人阶级的这种画面是一种意识形态的建构，假如以某些方式接近，会相当不同：从工人阶级形成的更早时刻遗传下来的意义系统和集体行动之间的复杂互动，工人阶级工会和政党组织新的跨地域特征，城市邻里街区日益加深的隔离——这种隔离与因具有不同的获得住宅使用途径的亚阶层带来的邻里街区的分化联系在一起。正是这一类的结合，带来了工人阶级能力的提高，有能力在工作场所或离开工作场所后直面资本；在这两个领域中调控、投入他们的不满感；在这两个

① Pelling, ‘The Concept of the Labour Aristocracy’, 56. 也可参见 H. F. Moorhouse 所做的有力的批评：‘The Marxist Theory of the Labour Aristocracy’, *Social History*, 3 (Jan. 1978), and ‘The Significance of the Labour Aristocracy’, *Social History*, 6 (May 1981).

领域追求其目标时动员组织的资源和团结一致；但它也带来了一种处境：限制了作为雇佣工人、公民和以阶级为基础的市民社会成员的工人阶级的视野和灵感。这样，阶级的间接维度和面对面的维度通力协作，使工人阶级将会扮演无产阶级的前景缩小到了最小程度（这种无产阶级将面对作为一个整体的资本主义，具有用一种新的、社会主义的生产方式取代资本主义的目标）。

假如社会地理的重大变化激起了对阶级和资本主义的新解读，那么，同样，对城市空间的塑造也不再是以高度独立性运作的资本的特权。国家在塑造城市环境中明显更重要的角色，迫使工人阶级将工作场所与家的问题不仅称作工人在劳动和住宅市场直面资本家，而且称作市民直面国家和新兴的有关土地、城市环境和市政服务的政治问题。

第二次工业革命的新资本主义，不再赋予资本以构成第一次工业革命之典型特征的自主性。政治经济学家所开的自由市场的处方证明是不可承受的，因为民主政治的范围产生了驯化繁荣与破产的循环圈、缓和市场-地方粗暴运作的运动。此外，当资本主义在规模和范围上，于国家和国际层面上都得到增长时，国家形成了对市场本身发挥作用的组织——通过调控、关税、税收政策和帝国的主张。作为国家和资本主义关系这幅不断变化的织锦的不可或缺的方面，城市的治理走向了在由积累和公民权相互冲突的主张所确立的张力领域内对空间进行塑造和重造。城市增长越来越不是资本逻辑直接强加的问题，而越来越是有计划的国家干预的产物。道路建设、贫民区的拆迁、卫生和水的基础设施的提供，诸如此类，都成了政治化的了，而关注的目标是形形色色的社会阶级。[1] 统治阶级了解高度集中和心怀不满的城市工人阶级的爆炸性潜力，他们也清晰地勾起对这种潜力的回忆，不仅通过诸如巴黎公社这样的戏剧性事件，而且通过重复出现的基于居住区的网络和团结的城市抗议、游行和暴动。在这些情境中，阶级隔离的城市成了中上层阶级极为惧怕的对象，他们不能确定“危险阶级”下一步将干什么。作为“恐惧、坏良心和友善之混合物”的产物，“工人阶级的状况，尤其是在大城市，〔成了〕维多利亚中期关注的主要主题”[2]。

尽管这些城市问题和其他工会和政党议题之间的关系因时因地多有变化，但是不注意这些问题，工人阶级新的组织在任何地方都不可

---

① 一个关注的范围不那么广但给人以启示的讨论，参见：Colin G. Pooley，'Housing for the poorest Poor：Slum-Clearance and Rehousing in Liverpool，1890～1918'. *Journal of Historical Geography*，11 (Jan. 1985). 对这一系列问题的不同角度的讨论，参见以下著作——对维也纳重建中税收减免和税收政策的讨论，参见：Carl E. Schorske，*Fin-de-Siècle Vienna：Politics and Culture*. New York：Knopf，1980，第二章；对财产政治的组织的讨论，参见：Avner Offer，*Property and Politics，1870～1914：Landownership，Law，Ideology，and Urban Development in England*. Cambridge：Cambridge University Press，1981；对作为一种话语和一系列实践的城市规划的阐释，参见：Anthony Sutcliffe，*Towards the Planned City*. Oxford：Basil Blackwell，1981，and Richard Fogelsong，*Planning the Capitalist City*. Princeton，NJ：Princeton University Press，1986.

② Mark Girouard，*Cities and People：A Social and Architectural History*. New Haven，Conn.：Yale University Press，1985，356. 部分作为1884～1885年工人阶级住宅皇家委员会工作的一个结果（该委员会发现，私营部门，甚至在加上建筑受托机构和慈善团体之时，也不能满足合适的工人阶级住宅的迫切需求），1890年国会通过了《工人阶级住宅法案》，该法案扩大了地方政府建房的能力。这样或那样的全国性政策的发展与地方政府的现代化同步前进，最戏剧性的堪称范例的是伦敦郡议会的创立，限制了以前对地方政府负责的乱七八糟的私人礼拜堂和伦敦与威斯敏斯特城。结果是地方问题的新的政治化：费边社会主义与社会自由主义在市政选举中竞争席位，作为工人阶级动员的一个特征的市政社会主义的兴起，创造出新的地方手段以影响工人的日常生活，特别是在住宅区的日常生活。公共住宅也成为欧洲大陆关注的一个主要焦点，在欧洲大陆，正像在维也纳的著名案例中一样，城市也成了一种坚定自信、如愿以偿的社会主义党派政治的场所。

能成功地动员工人，它们成了新的阶级认知不可缺少的部分。更一般地说，更熟悉的地方层次与经验上更为遥远的全国-组织层次之间的联系，界定了工人阶级政治生活的措词与内容。正如卡尔霍恩所暗示的，城市不是不再重要，只是在其重要性上有了不同。

西方工人阶级在大萧条期间的现代资本主义最深刻危机中没能扮演革命的无产阶级，不是诸种中介因素的一个结果（这些因素使自身置于一个有阶级自觉的工人阶级和其战斗性的集体表达之间）。相反，要求工人去直接面对资本的各种组织限制了工人的政治活动，将工人从统治阶级中区分出来的那些空间模式分裂了工人的生活经验和灵感。在工人阶级组织和地方关系的相互关联之中，对革命的马克思主义工程的阻碍变得难以逾越。工人因此能够在20世纪30年代和40年代期间成为一道坚定自信的阶级风景，但是通过马克思主义期望的棱镜来看，这种阶级政治是阶级斗争中的一种政治匮乏。①

三

马克思主义与城市的关系今天处在不确定的土地上。现在有问题的是阶级政治本身。对马克思主义如此关键的阶级认同和行动者，退化成了曾是资本主义制度下阶级形成最重要场所的城市之中的个人倾向与战略性群体行动的基础。此外，城市本身不再看似那么好界定。城市和乡村之间的清晰界限，在面对无形的、蔓生的城市模式时难以找到。认为这些发展是相互关联的不无道理，不过是如何关联的呢？

在讨论这一问题时，我征引并评估了新城市马克思主义内部对城

① 资本主义没有度过这一时期而一成不变。在工人阶级政治活动的影响下，国家与资本主义经济之间的相互作用、国家与其公民之间的相互作用显著地改变了，为国家在组织资本主义市场方面提供了更坚定自信的角色，并且通过福利国家和重新分配的公共政策，减轻了市场对财富、收入、服务的分配。

市的持续性和特征，对有关今日资本主义中令人困扰的阶级地位和阶级斗争的争论的充满活力的讨论。鉴于这些主题的广阔区域，我的意图不过是提供一种梗概性的理解——这种理解将这些问题结合起来，克服了旧的、不受欢迎的分开讨论——并且表明在马克思主义与城市的联姻中，依然可以找到某些更有说服力的回答。

我进而考察了两种最引人注目的力图表明城市和城市空间的变化如何影响了当代阶级形成模式的尝试，也就是马克·戈特迪纳和埃里克·霍布斯鲍姆的尝试。他们表明，最近的复杂的城市社会地理学的转型如何走过了一条漫长的道路，进而有助于我们说明传统马克思主义的阶级范畴正丧失了他们在资本主义世界中心的把握能力；但是我认为，他们在这么做时，在许多方面并不完全令人满意。

他们的著作基于他们与许多城市取向的马克思主义者共有的有关城市变化的观念，这些马克思主义者一直试图弄清 20 世纪最后几十年资本主义的重构过程。假如 20 世纪 60 年代和 70 年代，马克思主义者对城市的兴趣的最初复兴，使有关国内资本的积累和地方社会运动的问题充满了空白之页，那么，今日相关杂志和书籍的压倒一切的主题，就是资本主义的重组，以及伴随它而来的作为一种独特空间的城市的转型，有些人也认为是城市的消除。假如恩格斯是马克思主义论城市著作的关键创始人，以及它所丧失的机会，那么，列斐伏尔是作为论新资本主义的适当著作的先驱而重新崛起的，因为他坚持我们将注意力从作为一个已决的、封闭的地方城市转向一个更流动的空间概念。①

假如在这些大部分（但不是全部，我们将看到）富有说服力的讨论中，不存在任何单一的有关资本家、都市、重构的版本，那么也存

---

① Mark Gottdiener，'Space as a Social Force of Production：Contribution to the Debate on Realism，Capitalism，and Space'，*International Journal of Urban and Regional Research*，11 (Sept. 1987) .

在共同的线索。[①] 资本主义已经变得更为全球化和相互依赖。生产和贸易的国际化已经携手共进。“福特主义”的制造业已经衰退，而服务、设计密集型（design-intensive）产业以及高科技产品在结构经济、塑造社会关系方面变得越来越显著。在这种去工业化和再工业化的双重进程中，资本和劳动变得越来越专业化和流动多变，资本的循环越来越迅速，并且越来越少地局限在特定的地方。微电子方面深刻的技术革命已经改变了通信，并且使信息而不是产品成了发达资本主义的关键商品。生产更倾向于加工而不是生产。业务与地方的脱节已经变得如此显而易见以至于服务于美国顾客的美国保险公司可以在遥远的爱尔兰乡村处理其索赔。[②] 劳动力和资本市场的离心化和灵活性是经济的新标志。政府则通过国防预算的缩减、公司的研究和开发、交通基础设施、新产业和种植园选址的竞争投标为这些发展提供担保。按最具雄心的解释，这些趋势被认为是构成了资本主义发展的一个全新

① 论述资本主义重构的文献汗牛充栋。最佳的这类著作有些是由曼纽尔·卡斯特尔和戴维·哈维提供的。卡斯特尔特别关注通信的变化和技术的转型。哈维，在一个将最近的变化当作应证了马克思在《共产党宣言》中的观点——“所有固定的东西都烟消云散了”是资本主义变化的一个标志——的证据的框架之内，采用了法国调节学派的语言对从战后的福特主义的积累制到新的弹性积累制的转变进行了按时间顺序的记录。哈维特别关注弄清资本主义基础的这种变化和对时间与空间的经验的惊人变化及其在后现代主义中的文化表征之间的联系。我在下文会回到这些主题。参见：Manuel Castells, *The Informational City*. Oxford: Basil Blackwell, 1990; Castells, 'High Technology, Economic Restructuring, and the Urban-Regional Process in the United States', in Castells (ed.), *High Technology, Space, and Society*. Beverly Hills, Calif.: Sage Publications, 1985; David Harvey, *The Condition of Postmodernity*. Oxford: Basil Blackwell, 1989.

② Sandra Barwick, 'Sleepy Castleisland Enjoys Home Comforts in the Global Office: A US Insurance Company has Set Up a Claims Office in an Irish Market Town', *Independent*, 30 Aug. 1988, 4.

阶段。①

新资本主义正在改变领土的组织与空间的劳动分工。大型都市——伦敦、纽约、东京、巴黎、柏林——都处于从制造业中心向知识中心转变的途中。除这些特大城市之外，大的制造中心在规模和意义上正在衰退。空间正在被重塑。工作场所和家的新塑形差不多被掷于乌有之乡的中途，处于通信和高速公路、飞机所创造的交通的关键地点之上，因为房地产将乡村风景改造成了办公、生产和生活用途。地方因马萨诸塞的128大道或伦敦西部的M4走廊这样的能指符号而名闻遐迩。具有既存建筑形式的地方被置于竞争的不利地位，因为它们背上了老式制造业已定型的部署和集团劳动支出的包袱。除了国际金融、服务、贸易节点之上的这些例外之外，城市因为撤资和放任而萎缩。资本主义现在的增长，要么在“老的制造业地区的飞地之内，要么……〔在〕一系列迄今与资本主义工业化广泛的地理边缘相一致的

① 有关这类文献的讨论和代表性例证，参见：Saskia Sassen，*The Mobility of Labor and Capital*：*A Study in International Investment and Labor Flow*. Cambridge：Cambridge University Press，1988；Doreen Massey，*Spatial Divisions of Labour*. London：Macmillan，1984；Erica Schoenberger，'From Fordism to Flexible Accumulation：Technology，Competitive Strategies and International Location'，提交给国际社会学协会“技术、重构与城市/区域发展”学术研讨会的论文，Dubrovnik，Yugoslavia，June 1987；Alan J. Scott，'Flexible Production Systems and Regional Development：The Rise of New Industrial Spaces in North America and Western Europe'，*International Journal of Urban and Regional Research*，12（June 1988）；Peter Hall and Ann Markusen（eds.），*Silicon Landscapes*. Boston：Allen and Unwin，1985；N. S. Dorfman，'Route 128：The Development of a Regional High Technology Economy'，*Research Policy*，12（1983）；Michael Piore and Charles Sabel，*The Second Industrial Divide*. New York：Basic Books，1984；John Urry，'Class，Space and Disorganized Capitalism'，in Keith Hoggart and Eleonore Kofman，*Politics*，*Geography and Social Stratification*. London：Croom Helm，1986；Scott Lash and John Urry，*The End of Organized Capitalism*. Cambridge：Polity Press，1987；以及一个优秀的论文集：Alan J. Scott and Michael Storper（eds.），*Production*，*Work*，*Territory*：*The Geographical Anatomy of Industrial Capitalism*. Boston：Allen and Unwin，1986.

地区”。①

以列斐伏尔的空间概念为基础，对这些主题的理论上最具雄心和自我意识的马克思主义的阐释，是马克·戈特迪纳的《城市空间的社会生产》。就像恩格斯在19世纪40年代力图在曼彻斯特找出新工业资本主义最高级的空间例证一样，戈特迪纳也以今日的“令人震惊的城市”最高级的空间例证——20世纪70年代和80年代美国分散的空间安置——当作自己著作的前提。戈特迪纳的前提是，其标志是资本、生产、人员和权力集中的传统城市，已经不再是一种生产力：

> 城市生活变成便携式的了，因此“城市”也是如此。取代一度代表发展过程中历史进程年代的紧凑的城市形式，我们现在拥有了特大都市的人口，这些人分布在永远在扩大的地区并被加以组织，而这种永远在扩大的地区在形式上是杂乱的，在范围上是巨大的，在社会的组织规模上是等级制的。

这种新的空间形态学代表的不是以往模式的一种延续，而是一种急剧的断裂，不只是对阶级和阶级斗争的特点和意义具有深刻的意义，而是对经济、政治、文化所有层面都具有深刻意义。最重要的是，这种新的多核心的增长具有分散的特征，“人员、商业、产业和管理在广

---

① Scott, ‘Flexible Production Systems’, 179. 有关讨论，参见：Thierry Noyelle and Thomas Stanback, *The Economic Transformation of American Cities*. Totowa, NJ: Rownan and Allanheld, 1984; Peter Hall, ‘Technology, Space, and Society in Contemporary Britain’ and Annalee Saxanian, ‘Silicon Valley and Route 128: Regional Prototypes or Historic Exceptions?’, in Castells (ed.), *High Technology*; Manuel Castells, ‘High Technology and Urban Dynamics in the United States’, and John D. Kasarda, ‘Economic Restructuring and America’s Urban Dilemma’, in Mattei Dogan and John D. Kasarda (eds.), *A World of Giant Cities: The Metropolis Era*. Beverly Hills, Calif.: Sage Publications, 1988; and Christopher B. Leinberger and Charles Lockwood, ‘How Business is Reshaping America’, *Atlantic*, 258 (Oct. 1986); and Michael Peter Smith, *City, State, and Market: The Political Economy of Urban Society*. Oxford: Basil Blackwell, 1988.

大的地区四散开来，连同对这样的区域进行当代重构，重构为多中心的领域——绵延很远很远，遍布整个国家，尤其是在一度被认为免于城市发展的那些地区”①。

戈特迪纳指责针对城市发展的主流生态学方法和马克思主义方法都没有正面对待这种新的空间塑形，没有认识到城市不再可能被认为是分析的一个对象，而只是更大的空间重组进程的一部分。② 鼓励回归列斐伏尔的空间生产观，戈特迪纳力图发展适合资本主义新的空间处境的理论。他认定，必须将最近的空间发展理解为受到了全球公司的兴起、干涉主义国家、技术革新的提速的结构性联结的渗透。这些发展具有一种鲜明的资本主义的缠绕状态：“产业逐步的更无拘无束的性质”，资本循环更流动多变，资本和劳动力的细分过程，“代表资本积累过程和不同部分资本之间竞争关系”的不平衡发展。在“晚期资本主义”内部，支撑这种进程的关键力量是由环绕土地和财产分配的利益和冲突所提供的。地产现在是“资本主义空间重构的前沿”。不再完全或甚至主要是私有的，地产通常组合了“公-私联合体，这些联合体也包括有组织的劳动因素，并通过极端依赖增长的地方官僚机构支持自身”。这些增长网络——其利益、活动、政治——通过将政治经济的特征与行动者能够改变空间组织化过程的意志力结合到一起，产生了新的空间关系。在美国，这种变化带来了现有大都市地区住宅和工作场所的分散，以及南方和西南方阳光地带人员和生产的改变。戈特迪纳得出结论说：“空间的生产主要不是单独因为经济进程而出现的，而是，更具体地说，是因为一种共同的国家-房地产部门的连接而出现

---

① Mark Gottdiener, *The Social Production of Urban Space*. Austin, Tex.: University of Texas Press, 1985, 4, 5, 9.

② 更根本的是，戈特迪纳拒绝马克思主义将空间形式当作社会进程的容器和对更根本的物质关系的证明，马克思主义赞成在“晚”期资本主义发展的多元社会进程（包括但并不限于积累过程）的交集中赋予空间本身以基本地位。空间是在经济、意识形态、管理和政治进程的交集中社会地产生的，因此具有多元的形而上地位。

的，这种连接构成了空间转型的前沿。”[①]

戈特迪纳将这些戏剧性的变化与阶级形成问题联系了起来。在这些新的状况之下，他提出，有问题的不是工人阶级如何图绘城市，而是缺乏一个要图绘的城市，并缺乏对城市加以图绘的工人阶级。在他看来，对空间的新的去中心化的组织，已经将在地的社会关系转变成了对阶级团结（或的确是所有单一的、连贯的社会结构愿景）的深层伤害。

他看到了一个巨大的悖论在起作用。通讯的提速、信息的散播以及交通途径（尤其是道路——汽车所有权已经相当深入地渗入了西方的各种工人阶级之中）的急剧扩大，已经比过去任何时候更剧烈地将工作场所和家之间的关系分割了开来——因此将基于劳动力经验的阶级和基于地方性的阶级区分了开来。在居住地方面，这些变化已经产生了迄今为止人口方面更好的隔离，因为对人们来说，决定生活在哪里的因素主要是通过高度自主的住宅市场的运作构成的。结果是社会和政治视野的收缩。“社会群体的空间隔离”，戈特迪纳写道：“已经使大量人口摆脱了对弱势群体的责任，因为前者不再与后者毗邻而居。”甚至更重要的是，他提出，本地空间，丧失了街道和公共区域，已经基本收缩到了独立的单门独户的家中。在这种情况下，结果，居住社区消失了。“邻居由于缺乏共同的经验变得越来越疏远，尽管在他们之间存在着点头之交，因为通勤者个人化的网络取代了过去一度具有密集社会关系的本地化社区。”空间变得抽象了。它丧失了自身可触可感的标志。具体地方的社会关系和文化减弱了，甚至消失了。“本地社区变成了缺乏大街上的互动、具有有限服务和对公共空间有限使用的私人化领域。”[②] 假如19世纪居住空间的革命为工人阶级兄弟般的、实用的和政治的组织提供了物质的支撑，那么，新的空间模式，通过改变

---

① Gottdiener, *Social Production*, 199, 200, 209, 222, 227～228, 241.

② 同上，第285～286页，第289～291页。

日常生活的经验，正好在一个卡尔霍恩所认识到、在本章前文中讨论过的工人阶级形成的基础结构性障碍得到决定性克服的时刻，减小了阶级倾向和集体行动的可能性。

尽管戈特迪纳公开声称自己的目标是撰写合乎抽象空间的新奇状况和熟悉的城市形式逐渐破碎的城市理论，他的列斐伏尔式的道路还是将他带到了抛弃马克思主义与城市工程的地步。相比之下，霍布斯鲍姆在工人阶级的命运方面，从远为传统的马克思主义工作方式的内部，得出了与戈特迪纳相当一致的结论。他的方法重申了马克思主义分析的结构性活力，并通过对城市空间的分析将它扩展到用来说明现在通行的阶级和群体形成的非决定性模式。在霍布斯鲍姆看来，目前的阶级危机，基于人们所经验的资本主义社会界的基本转变——这类转变已经削弱了工人阶级的倾向和集体行动的物质与空间基础。

霍布斯鲍姆首先试图根本不参照城市与空间而在马克思主义内部说明阶级危机。他 1978 年纪念马克思的演讲《劳工的前行止步了吗?》，采取了一种为英国劳工运动唱颂歌的方式。除了一个唯意志论的结束语之外，这一演讲是对头戴布帽（主要是男性）的制造业工人阶级可预言的（如果是有限的）劳工主义政治有点犹豫不决、深感遗憾的告别。尽管出现了资本主义日益惨淡的结构性处境，左派现在却不得不面对工人阶级能动性土崩瓦解的现实。“我的结论是，工人阶级在过去一代的发展到了这样的程度，以至提出了一系列有关它的未来以及工人阶级运动的未来的十分严重的问题。使这一切更为悲观的是”，他继续道：“我们今天处在一个资本主义世界性的危机时期。”①

尽管霍布斯鲍姆指责工党做出了坏的选择，他论证的重点还是在

---

① Eric Hobsbawm，‘The Forward March of Labour Halted?’，并由 Raymond Williams，Robin Blackburn and Tony Benn 等人加以评论，载于：Martin Jacques and Francis Mulhern (eds.)，*The Forward March of Labour Halted*? London：Verso Books（与《今日马克思主义》联合出版），1981，18.

劳工前行的停滞不前较少是由于主体性和组织领域的进展，更多是由于作为一种客观生活方式的阶级领域的发展。在19世纪末发展起来，直到20世纪中期才繁荣起来的工人阶级的“共同风格”，在经历了工作的组织、生活标准的提高、引入了社会性别和国籍的劳动人口的人口统计学变化方面的技术与行业转型之后，没有幸存下来。工会和工党没能应对的正是这些变化的挑战。

也许因为是从相当传统的马克思主义有关生产和制造业工人的特权地位的前提来写的，霍布斯鲍姆从左派那里引出了伤心的哀嚎——对工人阶级的历史作用做否定性的解读，对马克思主义作为一种处理当代资本主义社会的社会组织的社会理论和政治理论所具有的能力持浓厚的怀疑主义态度。此外，他的演讲先于撒切尔政府在国内坚定的意识形态的保守主义、西方其他地方广泛的混乱不堪的左翼政党和工会运动、东欧和中欧公认的马克思主义政体的崩溃。在这些发展的压力之下，马克思主义的说服力甚至更进一步受到损害。如果，在20世纪初期，马克思主义不得不面对没有阶级斗争的阶级处境，那么，它现在则不得不直面没有阶级的资本主义的前景。

正是霍布斯鲍姆本人，在他1986年的纪念赫伯特·古特曼的演讲中将有关20世纪末资本主义社会中阶级解体的论争转上了“大城市中的劳工”的主题，这实际上也是在新马克思主义的城市研究框架之外，但在马克思主义内部所做的试图将城市空间问题与当代工人阶级的形成联系起来的唯一尝试。在对工人阶级前行的停滞不前所做的这第二种阐释中，数以千百万计的资本主义城市——“工人阶级的大集中”——被认为是工人阶级意识和运动的条件。“很清楚，没有特定阶级的居住的集中”，诸如工人阶级的动员和左翼政党的大规模选举“将会困难得多，或者甚至不可能”。正是工人阶级的隔离（在大型的廉价公寓楼达到极端），将积极分子和追随者集中到了明显的无产阶级环境中。住房和租金与工作地和工资结合起来，成了工人阶级意识的关键问题。“实际的社会运动特别有可能在‘城中城’里突然燃烧起来，在那里，工资、租金、社区情感和阶级组织是保持一致的。”①

我随后将转向我认为是这一观点缺陷的东西——它缩减了马克思主义与城市结盟的成果。当然，霍布斯鲍姆的文章依然是重要的，它将城市及其社会空间关系当作以阶级为基础的倾向和集体行动的模式的必要条件（如果不是充分条件的话）。通过将这些问题带到前台，霍布斯鲍姆激励马克思主义在理论和政治上面对20世纪末的空间变化，对阶级作为发达资本主义内部一个有意义的政治范畴的存在所具有的潜在意义。在19世纪，貌似有理的是，恩格斯认为，也通过集中工人阶级从而对资本主义的力量和生产加以集中的城市化，将有助于对资本主义转型的代理人加以组织。② 霍布斯鲍姆坚持认为，20世纪末资本主义城市社会地理的种种变化，已经使甚至稀释了的对具有阶级自觉的无产阶级的期望走向了破灭。

霍布斯鲍姆提出，工作场所和家的分离已经发展到这样的地步，以致今日在城市空间中不存在一个足以维持工作场所和非工作场所的团结一致的工人阶级政治的基础。郊区化使城市去中心化，随着制造业和服务业在城市之外找到了新的地点，城市减弱了工业的生产能力。工人阶级的通勤模式已经扩大，折断了“日与夜、或他们生活的地方和他们工作的地方之间的联系，对劳工组织的潜力具有实质性的影响”。市中心区逐渐地越来越挤满了“五花八门的穷人，没有技能的人，社会的边缘人和问题重重的人，无论什么种族和其他少数派的人”。此外，城市改造、道路建设、中心商业区的再开发已经破坏了传统的工人阶级邻里街区。“所有这些对大城市劳工运动的影响，已经剥夺了它们以往的凝聚力。”现在，“大城市的劳动人口正从‘无产

---

① Eric Hobsbawm, ‘Labour in the Great city’, *New Left Review*, 166 (Nov.-Dec. 1987), 43, 47.

② 这是一篇受到忽视的文章的主题：Nigel Harris, ‘Urban England’, *Economy and Society*, 3 (Aug. 1974).

阶级’的地位和意识回到前工业的和五花八门的‘劳动穷人’的地位和意识……劳工运动正在丧失或已经丧失了过去习惯赋予他们以力量、赋予他们以集体权力感的工人阶级的许多集体认同”①。团结一致的阶级政治已经更多地被四分五裂的寻求联合的少数族的政治所取代。

四

戈特迪纳和霍布斯鲍姆意味深长地将马克思主义历史中过于经常地分开考虑的问题联系了起来。当然，他们都以自己的方式这么做的——不足以全面理解正在进行中的城市变化的复杂分层，并且以一种过于未加调节的、单向的方式将空间分析与阶级分析联系了起来。

城市-空间转型的范围和密度给两人留下了深刻印象；确实是如此。然而，霍布斯鲍姆从少数“大”城市所做出的都市风景的变化对阶级形成的影响的概括，戈特迪纳对城市终结的信心满满的推理，还有马克思主义内部目前对城市占统治地位的描绘，以及共有的对变化的时间排序和将目前的趋势简化为城市生活的物质和空间基础的方式，都存在某些悬而未决的东西。

理所当然，对城市文献有关积累制度和城市特征突如其来的变化的阐述的某些怀疑，也是合乎常理的。毕竟，许多人并不像我们一样享有生活在据说是关键时刻的特权，能够如此迅速地如实地理解这些变化的深刻特质的人甚至更少。在如戈特迪纳所述的资本主义历史及其空间组织新阶段的变化之中，空间上高度凝聚的“福特主义”资本主义的危机，据说在 20 世纪 70 年代早期到中期突如其来地变得显而易见。只是自 1973 年的石油危机和 1974～1975 年的经济衰退以后，各种“后福特主义”的因素以一种足够强劲的方式呈现出来汇集一处，

---

① Hobsbawm, ‘Labour in the Great City’, 48, 49.

对一种新的积累制作出了界定。

“这种新型的经济、社会和文化的深刻变化”，内格尔·思里夫特有效地提醒我们，“常常比关注新事物的时代评论员们倾向于认识到的花费更长的时间，更为复杂，且更为保守”。19 世纪英国分水岭式的变化——在一种压缩的时间和地点之内仍将出现的最戏剧性的这种逐步变化——根本不是简单的新事物立即取代旧事物的问题。“维多利亚时代的英国，”思里夫特发现，“向工业资本主义转变的范式，已经被社会和经济史家揭示为马力和蒸汽动力、人力和机械动力、服务取向的英国东南和工业性的北方的全盛时期。”假如旧式的生产和空间现在被取代，那么它们将继续有价值，假如是在一种新的语境并以一种新的方式。只将注意力转向新型的社会存在，仿佛它们不能与旧的社会存在保持紧密的关系，将只会造成很少的分析意义或政治意义。① 同样，认识新的处境的诸种方式，必须利用传统的语言和理解工具。群体和阶级倾向在新形势之下的形成，很难发生在过去仿佛不存在的情况之下。

有关城市空间结构最近变化的文献强调非连续性，但是正如诺曼和苏珊·费恩斯坦所说的，它们最重要的品质的典型特征，是与资本主义城市的更早时刻具有实质的连续性。费恩斯坦等人没有追问西方

---

① N. J. Thrift, ‘New Times and Spaces? The Perils of Transition Models’, *Society and Space*, 7 (June 1989), 127～128. 思里夫特对这一分析模式中的其他一些危险也发出了警告。一个陷阱是仅做出有关模式的关键因素的错误选择，导向了对即将发生的东西的思维狭隘的理解。因此一些评论家集中于将灵活的生产体系当作目前变化的试金石。当然，灵活的生产导致一般产业的重要变化……但是追问是否是最重要的进程在起作用的确是合情合理的。假如必须在生产范围中找到变化的重要触发器这样的假设隐含在许多评论家的阐述中，那么哪里错了呢？20 世纪 80 年代之内的变化，也许可以同样描述为是与金融和商业资本的重构结合在一起的虚拟资本的增加、收入的重新分配、由扩大信用所助长的巨大债务、阶级与消费的关联工程的结果。怀着雄心壮志，试图创造一个更多变的、灵活的、谨慎的和随机的重构模式的是：A. Warde, ‘Industrial Restructuring, Local Politics and the Reproduction of Labour Power: Some Theoretical Considerations’, *Society and Space*, 6 (Mar. 1988) .

资本主义1973年以后的生产和空间重构，但他们敏锐地强调了对困境与瓶颈的回应之中这种组织化是资本主义历史的通病，对最近变化的分析所认识到的旨在说明工业和空间重构的机制是资本主义发展的长期耳熟能详的标志。这种重构包括："固定资本的欠稳定"；一体化公司的地理上的分离；工业逃往更低生产要素成本的地区；不在地主所有权（absentee ownership)；新国家进入资本主义的核心；新的国际劳动分工；职业结构中服务与控制雇佣工作（service-and-control employment）的与日俱增的重要性。①

的确，对城市在早期现代欧洲的作用的考察中，我们已经看到，如何在已经确立的空间和规章的边缘寻找经济场所，是现代欧洲经济一个重复出现的、必不可少的特征。去中心化和在一个相对边缘的地方寻找一个更大的改进领域，以技术、交通、公司的组织、金融实践的竞相提高为典型特征，的确是19世纪工业革命的标志。现在，正像那时一样，道奇森发现，现存的工业情结和工业区域具有几分"绝境的性质，一种承诺提供有限可能性和收益递减的轨迹"②。力图寻求更大机会的企业资本，试图在一个新的、较少限制的地方找到机会。从这一视角看，固定资本和循环资本之间的张力——建成集中的区域以捕捉特定的地点优势与寻找新的较少受束缚的可能性趋势之间的张力，为资本主义维持其革命特征提供了关键机制。此外，在空间中寻找优势的资本流动，继续具有我们在19世纪和20世纪初的城市已经发现的影响：工作世界和家之间联系的变化，城市分化为工作区和住宅区，

---

① Susan S. Fainstein and Norman I. Fainstein, 'Technology, the New International Division of Labor, and Location: Continuities and Disjunctures', in Robert Beauregard (ed.), *Economic Restructuring and Political Response. Urban Affairs Annual*, xxxiv. Newbury Park, Calif.: Sage Publications, 1989, 24.

② R. A. Dodgshon, 'Geographical Changes: A Study in Marching Time or the March of Time?', *Society and Space*, 5 (June 1987), 190. 也可参见：Dodgshon, *The European Past: Social Evolution and Spatial Order*. London: Macmillan, 1987, 第9章和第10章。

因收入和住宅品质形成的对空间的迄今更为精细的分配。

戈特迪纳创造了一种新的空间技术，在其中，从集中到离散的线性趋势不可避免。这一观点有两大问题。为什么要假设对生产和空间一种特定的再塑形必定要在每一地方扩展自己的范围，或者当它四处扩散时，为什么要假设它对每一空间地点、市民社会、文化、政治以及集体认同和行为的构成具有同等的效果？工业革命的情形明摆着不是这样；这是为什么？西方资本主义国家中经济活动和城市空间组织中正当其时的显著变化，很难是整齐划一或单层面的。老式的福特主义工业区不只是冲锋陷阵，消失于一种灵活的积累制中；更为典型的是公司的尝试——试图利用资本和劳动之间的阶级力量，在一种更全球化和富于竞争的气候中保留福特主义的模式。尽管在生产形式和劳动市场方面存在一种新的多样性，但在老工业区，这些却没有累计成一种新的积累制。一种多层次的复杂性，而不是一种突然出现的同质性，构成了当前处境的典型特征。①

戈特迪纳论点的另一重困难，是他对目前的变化蓄意做了过度的描绘。假如对空间的动态重组和分层界定了何时可能事实上是一个关键的分歧时刻，那么现代资本主义依然毫无疑问是城市的。在大批突然出现的新的生活中心和工作中心中，绝大多数将生活和工作凝聚到了一起，即使是以种种私人化的、随意扩展的方式——这些方式与原先的、更密集的城市居民有点格格不入。具有熟悉形式的城市并没有消失，按最近的趋势，它们也没有可能会消失，即使它们在形式和功

① 一篇缜密的述评给我留下了深刻印象：R. Hudson，'Labour Market Changes and New Forms of Work in Old Industrial Regions：Maybe Flexibility for Some but not Flexible Accumulation'，*Society and Space*，7（Mar. 1989）.

能上经历了显著变化。简言之，离散的趋势伴随着城市集中的相反趋势。[1] 戈特迪纳所强调的美国多中心风景的节点极少处于“乌有之乡”，而是要么处于城市定居点内部和附近，要么处于与城市定居点的功能性关联之中。杰克逊维尔、休斯敦、丹佛、洛杉矶、圣地亚哥、西雅图，仅举美国几个增长最迅速的中心，像以往的城市一样，集中了人员、文化、资本和权力，毕竟它们的集结，尤其在其外缘，具有许多使它们看似在其历史空间中连根拔起的特点。在这些城市和它们的大都市区，以及波士顿、纽约、芝加哥，还有其他东部和中西部城市中心，可以发现一个集土地利用、住房模式、工场类型，以及与地区、全国和全球经济的联系于一身的复杂、紧密的混合体，高科技与以往的劳动密集型的制造业和服务业的模式相互交织在一起。住宅市场看似整齐有序而又混乱不堪。多样性与可预测性一决高下。[2]

总之，没有任何证据表明存在一种从作为生存之地的城市的逃离。相反，假如工业革命带来了农村地区的乡村化，那么，通过剥离其非农业功能，新的通信和交通技术的结合，以及农业生产力的大幅增长，现在已经使农村地区城市化成为可能。如果我们考察一下北美和西欧自二战以来的城市化趋势，我们会发现，与 19 世纪城市建设时期相比，随着城市化频率放慢，生活在城镇和城市的人口却同步地稳定增长。贝洛赫认为，这一趋势较少是逃离作为工作和生活场所的城市，更多是城市生存的四处扩散和“城市化水平的一种重要协调”。[3] 城市

---

① “城郊房屋的快速发展与闹市区房屋的快速发展不相上下，郊区的‘有计划社区’的扩大与时尚化的居住和重造的娱乐场闹市区的崛起相媲美”。尼尔·史密斯对马克·戈特迪纳的《社会生产》（*Social Production*, *American Journal of Sociology*, 92 [Sept. 1986]）的评论。

② 沿这些思路对当代洛杉矶的讨论，参见：Mike Davis, ‘*Chinatown*, Part Two? The “internationalization” of Downtown Los Angeles’, *New Left Review*, 164 (July-Aug. 1989).

③ Paul Bairoch, *Cities and Economic Development: From the Dawn of History to the Present*. Chicago: University of Chicago Press, 1988, 220.

的平均规模没有增长，但是生活在城市或与中心城市具有必不可少和相互依赖联系的大都市地区的人口却继续增长（郊区土地是否包括在城市的法定定义中，与其说是一个司法问题，不如说是一个空间配置或生活方式的实质问题）。尽管有现在的离散的例子，但20世纪作为一个城市的世纪仍继续在加剧。正如贝洛赫所发现的：

> 1800年左右，发达国家的总人口只有不到3%生活在十万以上人口的城市。到1900年，这一比例上升到14%，1980年则接近50%，在高度发达的国家，这一比例甚至在大约60%，而1980年，整个发达世界具有一百万以上人口的城市约110座。①

假如构成目前时段典型特征的不是城市的遗赠，那么似乎将它区分开来的是城市形式的多样性，变化的提速，在广义的风景意义上不是城市的风景所占的份额减少。这种新的城市化在特征上是高度矛盾的，综合了中心化和去中心化，一种工作场所与居住地之间更坚决的断裂和种种将这些领域结合到一起的新方式，一种与日俱增的空间同质性和重要性提高了的地方认同以及各地之间对资源的竞争。苏珊和诺曼·费恩斯坦的结论是恰当的："一般而言，我们也许可以说，这些力量正在降低技术对一种特殊形式城市发展的必要性，而不是强加一种突然出现的类型。"②获得复兴的传统城市，郊区的随意扩展，原先边缘地区新的集聚是同时发展的。城市之间在劳动的新分工之上存在一种变化，有一些（通常是主要大学的所在地）正在成为研究和开发的中心，有些则是总部的大本营，提供综合的法律和银行服务，有些则用新技术制造商品，有些则长于白领信息加工处理，有些则是边境

---

① Paul Bairoch, *Cities and Economic Development: From the Dawn of History to the Present*. Chicago: University of Chicago Press, 1988, 226.

② Fainstein and Fainstein, 'Technology', 25.

口岸，还另有一些是退休人员中心。[1] 在像纽约和洛杉矶一类巨型城市中，所有这些活动可能都出现了，但是在大多数城市中，在经济活动的等级制中都存在一种功能分层。城市从商人员和政府官员寻求种种方式以使他们特定的场所成为成功的“增长机器”，他们为追求这一目标（以及追求努力使增长看似与价值无涉）所采取的策略在构成地方政治、社会运动以及冲突的特征上具有一种造型的作用。[2]

从这一角度看，我们不是在见证城市的终结，而是在见证城市类型的蓬勃发展和多样化过程。空间的经济和社会组织新的偶然性，的确包括戈特迪纳所认识到的结果，但不是目前技术、公共政策、投资趋势的排他性的或不可避免的终点。20 世纪末资本主义新的复杂的、高度多变的空间模式化过程因此创造了一种处境，在这种处境中，对一些个人和家庭来说，“空间完全已经通过时间对空间的取消社会化了”[3]，并且通过邻近性在其中无足轻重的抽象空间景观取代作为物质实体的城市而社会化了；但是对另一些人来说，而且依然是相当大一群人来说，多样的物理城市依然是日常生活迫切特征（the pressing features）的场所。

五

在面对阶级的可变性是集体认同和行动的主流形式的挑战时，霍布斯鲍姆与戈特迪纳力图找到挑战发达资本主义的可替代的基础。霍

① 对自然出现的城市的这种分类，引自：Harvey Molotch and John R. Logan, ‘Urban Dependencies: New Forms of Use and Exchange in U. S. Cities’, *Urban Affairs Quarterly*, 21 (Dec. 1985) .

② 将城市当作一台“增长机器”是 John R. Logan and Harvey L. Molotch 论述城市发展和财产关系的重要著作的核心部分：*Urban Fortunes: The Political Economy of Place*. Berkeley, Calif. : University of California Press, 1987.

③ Kevin Cox, ‘Review Essay’, *Political Geography Quarterly*, 3 (Jan. 1984), 81.

布斯鲍姆以一个劝告性的注释结束了他 1978 年的演讲。尽管工人阶级政党和运动复兴的障碍是强大的，“但没有任何自主的悲观主义的理由”，因为毕竟男人和女人必须在历史为他们所提供的环境及其局限之内行动……创造他们历史的是他们自己。不过，他忠告说：

> 假如劳工运动和社会主义运动要恢复自己的灵魂、动力和其历史动议，我们，马克思主义者，必须做马克思的确会做的事：认识我们发现自己所处的陌生处境，对它做出现实主义的分析，并且具体地分析劳工运动失败和胜利的历史的和其他什么的原因，不仅阐明我们将想做什么，而且阐明我们能做什么。[①]

第二个演讲通过建议基于老式政治诉求的超级代谢为这些目标提供了内容，采取的方式是回归爱德华·汤普森在他讨论 18 世纪时贴上的没有阶级的阶级斗争的标签的东西[②]：“现在我们正以某种方式回复到‘下层’和‘苦力’的前工业时代的‘城市人’的政治版本，”霍布斯鲍姆问道：“回复到那个时代的平民主义政治不是合乎逻辑的吗?”[③]在这一点上，霍布斯鲍姆忠告对集体认同和集体行动的基础做出基本反思。同样，戈特迪纳提出，重新关注力争将生活经验的各种特征民主化的社会主义策略，不过他对阶级的告别甚至更为显著。“新的政治议程是围绕可以称之为社会空间实践的东西来组织的”，他提出，“只有通过与过去的观念——聚焦于某些称之为工人阶级的抽象物的观念——一刀两断，才有可能进步”。此外，这种新政治，要求与有益于构建反抗目前主流增长策略的人际网络的具体地方的组织和认识决裂。

---

① Hobsbawm, ‘The Forward March’, 18, 19.

② E. P. Thompson, ‘Eighteenth Century English Society: Class Struggle Without Class?’, *Social History*, 3 (May 1978) .

③ Hobsbawm, ‘Labour in the Great City’, 51.

为了在分析和政治上可行，他忠告说，马克思主义现在必须放下城市和工人阶级，将其当作过去时代的遗迹。①

霍布斯鲍姆对前工业形式的城市的再解读工程和戈特迪纳对后阶级政治开出的处方，以一种过于确信的方式沿继了他们对城市的潜在分析，两者都只是对特殊类型而不必是代表类型的城市空间的种种变化的局部说明。此外，戈特迪纳和霍布斯鲍姆通过极为不同的方式获得了相当相同的策略性结论。但他们对区别于阶级和阶级斗争的政治的呼唤大同小异，不应模糊他们分析的不可调和的特点。戈特迪纳切断了将地方、社会地理、倾向、集体行动捆绑到一起的关系，而霍布斯鲍姆则拉紧了这种关系。两种方法都不完全令人满意。每种方法都值得更仔细地观察。

由于拒绝销声匿迹，以往的城市形式在城市情境中的时间和空间分层极为复杂，新的城市化模式的轮廓还有待建立，并且由于变化的幅度前所未有地更为迅速，相关的距离更为压缩，城市、郊区、乡村之间线路模糊，因此空间和地方之间的关系似乎失去了宜于居住和对城市进行分析的良好状态。不只是自 19 世纪末以来城市生活才如此令人困惑，甚至令人恐惧。空间变化的随机特征，老的和新的、同质的和边缘分化的城市混合形式突然出现的混杂，以及在技术、交通、通信巨大变化的影响之下所出现的时空压缩，使人们难以对城市的现实获得一种连贯一致的把握。建设与重建的循环出现得更为迅速。熟悉的风景改变了。城乡之间的界限模糊了。信息迅速扩散。生活节奏加快。边缘性、碎片化和可塑性已经成了这个时代的标志。

我们已经看到，在世纪之交，时间与空间出现令人震惊的变化的相同时刻，分化理论力图理解城市的新特征，但事实上没有将城市变化置于社会进程的框架中加以重新描绘。一种使可塑性内在于社会理论的相同冲动在今天仍在起作用。而且，模仿在地处境的迷乱是不无诱惑

① Gottdiener, *Social Production*, 272.

力的。

在戈特迪纳为他令人兴奋的对城市和空间大型进程的后果分析作结时，他抵达了与拉克劳和墨菲极为相似的地方。在《领导权与社会策略》中，拉克劳和墨菲通过将结构和主体之间的社会理论的张力（这种张力有益于一种实际上不受约束的、单向转动的能动性）置于一旁，澄清了对阶级倾向和行为的侵蚀以及社会运动的新的多样性。从本质主义中退了出来，他们抛弃了强烈的结构-因果解释（为某些更弱的陈述留下了空间，承认“在总体的决定与局部的限制之间，存在着一大堆中间的可能性”），尤其是马克思主义的解释（马克思主义的解释将一种特权地位赋予了在反资本主义斗争中具有客观利益的工人阶级身上）：

> 现在处于危机之中的是社会主义的整个观念系统——这一观念系统基于工人阶级的形而上的中心性，基于具有一个大写字母“R”、作为从一种社会向另一种社会转变的奠基时刻的革命（Revolution）的作用，基于一种完美的整齐划一、同质化的集体意志的幻景之上——这种集体意志将使政治活动的时刻不得要领。①

这种解决方案是外科手术式的：将工人阶级的领导地位、阶级结

---

① Ernesto Laclau and Chantal Mouffe, *Hegemony and Socialist Strategy*: *Towards a Radical Democratic Politics*. London: Verso Books, 1985；也可参见：Laclau and Mouffe, ‘Post-Maxism Without Apologies’, *New Left Review*, 166 (Nov. -Dec. 1987), 94, 96, 104.

构和范畴从社会主义的工程中切除了。① 按照他们的演绎，真正的历史上的工人阶级没有被理解为是由物质性和意义的多层次的进程所构成的，而是完全按照集体认同的意义和话语建构来理解的，仿佛整个是一件自发的事情。其结果，正如普热沃斯克所说，“是一种极端的非决定论，在这种非决定论中，每一事物都是可能的，因而政治工程的成败完全是意志的问题”②。戈特迪纳区别于拉克劳和墨菲的地方在于，他接受了工人阶级在资本主义内部的特殊角色，但只是在生产和

---

① 艾伦·伍德对拉克劳和墨菲的令人失望的悖谬性的反驳，重申了传统马克思主义经济基础-上层建筑的社会理论的强烈的决定论，并且，以这种方式，证实了拉克劳和墨菲对马克思主义分析的有害特征的描绘是想要将能动性简化和还原成结构性必需品。Ellen Meiksins Wood, *The Retreat from Class: A New 'True' Socialism*. London: Verso Books, 1986. 也可参见：Norman Geras, 'Post-Marxism?', *New Left Review*, 163 (May-June 1987); Laclau and Mouffe, ' Post-Marxism Without Apologies'; Norman Geras, 'Ex-Marxism Without Substance: Being a Real Reply to Laclau and Mouffe', *New Left Review*, 169 (May-June 1988). 在他的第一篇文章中，杰拉斯指责拉克劳和墨菲“对马克思主义是什么”做了“一种漫画化的和贫困化的阐述……一言以蔽之，拉克劳和墨菲是按照最毫不妥协的必然论者或决定论者的术语、最严格的经济主义的术语，按照——如果有人必须——最简单的‘本质主义’的术语来定义马克思主义的；并且随后因为是决定论者、经济学家、‘本质主义者’而将马克思主义打发掉了”（第48页）。这种指控有一些优点，但在这一情形下，它离题了，因为它忽视了拉克劳和墨菲的批评的激进品质。在他们看来——而且这是需要认真对待的一种观点——尽管马克思主义的理论机器有强烈的趋向还原主义和决定论的趋势，马克思主义写作还是取得了诸多成就。最好的马克思主义著作修正或解决了马克思著作的某些核心设想。我自己对待他们批评的方法，是坚持马克思著作的不同工程之间的差异，并且将他著作的分析体系在逻辑上是封闭的层面与那些可以更好地视为开放的、推测的层面区分开来。当他们责备总体化的马克思主义的自负时，我与拉克劳和墨菲完全保持一致；但我不同意他们的解决方案，这种解决方案意味着脱离所有种类的唯物主义或实在论的观点，无论它有怎样的来源出处。我认为这是件应当有些遗憾的事情：杰拉斯选择以一种令人不快的方式去追求自己的批评，谴责拉克劳和墨菲的个人动机，指责他们是寻求时髦和名誉的机会主义者。这不仅是可笑和冒犯的，而且它将有关他们著作的论争的性质从相关的问题之上转移了开去。伍德的著作，尽管也是论战性的，却是负责的。她的书的问题是她对古老真理的重申，仿佛对它们的重申就意味着对拉克劳和墨菲的立场的反驳，意味着一种直面马克思主义的社会理论和阶级分析中诸多难题的连贯一致的方式。

② Adam Przeworski, 'Class, Production and Politics: A Reply to Burawoy', *Socialist Review*, 19 (Apr, June 1989), 96.

空间的最近转变之前。现在，空间关系已经变得抽象和普遍化了，他也认为社会认同和策略的选择已经成为一个从相互竞争的可能话语中进行公开选择的问题。戈特迪纳的唯物主义变成了反唯物主义；准确说来，它是偏向于更普遍和抽象空间的地方的解体，所采取的是列斐伏尔的方式——有效地使这种不受限制的唯意志论成为可能。

假如戈特迪纳现在选择的是不受压抑的能动性，霍布斯鲍姆的演讲则过度偏向其他方式，仿佛人们是作为社会、结构和空间属性的载体而出现的。当霍布斯鲍姆转向城市时，值得欢迎的是他的分析在处理城市社会地理和阶级意识的关系时，所采取的是以有益于工人阶级倾向和集体行动模式的结构与空间决定因素的方式，将独立与自主性从能动性中提取了出来。当然，我们已经看到，共同拥有关键的空间特征的 19 世纪的资本主义城市，是由工人阶级以相当不同的方式图绘出来的。我们为什么要认为只有一种可能的图绘现在是有用的呢?

在对拉克劳和墨菲所施行的带有倾向性的个人攻击的批评中，诺曼·杰拉斯认定他们“与马克思主义背道而驰的”话语理论“将很快达到其极端，这种极端将继续由资本主义和阶级重新创造出来”[①]，而不是通向对具有成为系统挑战之基础的能力的可替代的认同。这些选择并不是相互排斥的选择。

当城市的社会地理发生变化和多元化时，以往对城市的图绘证明是不够用了。由于城市空间处境的范围和复杂性，而不是因为话语选择大体上是居高临下的和开放的，阶级（和群体）形成的问题再一次伴随多元的解决方案脱颖而出。当然，这些并不是未决的。它们既受到比以前远为复杂和多变的城市生活特征的限制和塑造，也受到一种当务之急的限制与塑造——群体和阶级形成的模式必须依然以使它们真相大白的方式图绘出实际的城市空间。阶级和非阶级范畴为什么不能在这种图绘中加以使用，没有任何先验的理由。在有些背景下，阶

① Geras，‘Post-Marxism?’，80～81.

级认同在重要性上可能有些减弱；在另一些极为相同的背景中，它们可能在显著度上有所增强。现在必须面对的是阶级认同的这种可变性与城市的社会和空间组织之间的关系。

此外，我们最好回想一下，弄清城市的过程，正如霍布斯鲍姆提醒我们的，不仅受到了物质和空间特征（例如工作地点和家之间的关系、人口统计学上的定居模式）的约束，而且也受到了现存城市图绘的启示。正如对社会现实的所有表征一样，这些因素拥有使它们创造物的特殊条件更持久地存在下去的能力。因为这一原因，对英国城市的现有处境做出全盘的阶级图绘，依然比对具有同等结构的美国城市做出描绘更有可能。

因此，无论戈特迪纳还是霍布斯鲍姆可能都错了——忽略了某些至关重要的问题，这些问题以城市空间和阶级形成之间的随机的但并非不受约束的关系为核心。由于支撑有工作的人的“阶级性”已经发生了极大的变化，社会结构认同的形成又一次处于一种形成状态，这种状态的前景不能由以下两种方式来直接决定：将空间当作资本主义发展的无中介的结果；将城市居民的倾向当作空间构型的无中介的结果。城市图绘是不确定的，因为它们所描绘的物质界是复杂多变的，因为对在地处境可替代的连贯一致的解读方式制造了许多意义，因为过去城市和阶级的表征依然可以加以改编以适合新的空间现实。只要想一想数量有限的可能的替代性选择：考虑到资本主义在塑造城市空间之上的构成力量，以全盘的阶级术语对城市进行描绘依然是有道理的；考虑到碎片化的住宅市场和政治管辖权的日益重要，以韦伯式的阶级术语将城市描绘为各地区（这些地区又是通过居民在市场-地方中的划分细致的消费能力区分开来的）之间的分化是明智的。而且考虑到迄今为止更加鲜明的工作地点与家之间的区分，传统美国模式一方的阶级形成的区分模式，依然提供了描绘新的空间处境的另一种可能方式。如果将新的空间复杂性引入到新的城市表征之战中，我们将从过去的同等时刻中获知仅有在地的处境不会决定这种复杂性。

假如霍布斯鲍姆享有马克思主义的局限——过于条件反射似地从物质状况转向对它们的表征，那么戈特迪纳超越城市空间物质性的企图则至少像一个世纪之前的分化理论所采取的方向一样问题重重。在前面几章中所概述的可替代选择方法——力图了解城市空间变化的因果基础及对它们进行描绘的诸种方式，继续自赞自赏。资本主义和民族国家的大规模进程，继续是城市空间安置的基本决定因素。这些是基于系统关系的结构性问题，拥有一种客观的存在，这种存在独立于所有认知或谈论它们的主张。反过来，个人和集体也继续在实际的居住地和工作地经验这些进程。他们如何经验，对结构和空间的构成具有何种影响，依然是至关重要和迫在眉睫的问题。

在马克思主义的社会理论希望有助于理解目前眼花缭乱的阶级、群体和社会运动的范围之内，最好是了解马克思主义与城市传奇式联姻的缺陷，了解一种更开放、重新空间化的马克思主义能够处理这些基本谜题的诸种方式（这些难题包括：封建主义向资本主义世界和国家的转变，工人阶级形成的多元模式，西方工人阶级在资本主义中的默许顺从）。在这样做的过程中，经典马克思主义和大多数西方马克思主义长期以来认为解决了的两个问题应当加以不可知式的理解：马克思主义理论所理解的经济决定因素所拥有的无上特权的程度如何；处于资本主义积累过程的限制之外的特定历史背景中的现象，在 G. A. 柯亨所要求的上层建筑这一术语的意义上成为上层建筑的程度如何。“在这么多落败的预言之后，假如信奉复杂性不在〔马克思主义〕的兴趣之内，那么它将以牺牲其对预测力的主张作为代价吗？”①

① Albert O. Hirschman, ‘Rival Interpretations of Market Society: Civilizing, Destructive, or Feeble?’ *Journal of Economic Literature*, 20 (Dec. 1982), 1483. 在我将“马克思主义”放入括号中的地方，赫希曼的原文是“社会科学”。我想他会原谅我的这种无礼。

主要参考书目

ABRAMS, P., and WRIGLEY, E. A. (eds.), *Towns in Societies: Essays in Economic History and Historical Sociology*. Cambridge: Cambridge University Press, 1978.

AGNEW, J. A., *Place and Politics: The Geographical Mediation of State and Society*. Boston: Allen and Unwin, 1987.

BAIROCH, P., *Cities and Economic Development: From the Dawn of History to the Present*. Chicago: University of Chicago Press, 1988.

BLACKMAR, E., *Manhattan for Rent, 1785–1850*. Ithaca, NY: Cornell University Press, 1989.

BRAUDEL, F., *Capitalism and Material Life, 1400–1800*. New York: Harper and Row, 1973.

CANNADINE, D., 'Residential Differentiation in Nineteenth Century Towns: From Shapes on the Ground to Shapes in Society', in J. H. Johnson and C. G. Pooley (eds.), *The Structure of Nineteenth Century Cities*. London: Croom Helm, 1982.

—— 'Urban Development in England and America in the Nineteenth Century; Some Comparisons and Contrasts', *Economic History Review*, 33 (Aug. 1980).

CASTELLS, M., *The City and the Grassroots: A Cross-Cultural Theory of Urban Social Movements*. Berkeley, Calif.: University of California Press, 1983.

—— *City, Class and Power*. London: Macmillan, 1978.

—— *The Urban Question: A Marxist Approach*. London: Edward Arnold, 1977.

DENNIS, R., *English Industrial Cities of the Nineteenth Century: A Social Geography*. Cambridge: Cambridge University Press, 1984.

DE VRIES, J., *European Urbanization: 1500–1800*. London: Methuen, 1984.

DODGSHON, R. A., *The European Past: Social Evolution and Spatial Order*. London: Macmillan, 1987.

ENGELS, F., *The Condition of the Working Class in England*, trans. W. O. Henderson and W. H. Chaloner. Stanford, Calif.: Stanford University Press, 1968.

FAINSTEIN, N., and FAINSTEIN, S., 'Technology, the New International Division of Labor, and Location: Continuities and Disjunctures', in Robert Beauregard (ed.), *Economic Restructuring and Political*

Response. Urban Affairs Annual, xxxiv. Newbury Park, Calif.: Sage Publications, 1989.

GINTIS, H., and BOWLES, S., 'State and Class in European Feudalism', in C. Bright and S. Harding (eds.), *State-Making and Social Movements*, Ann Arbor, Mich.: University of Michigan Press, 1984.

GIROUARD, M., *Cities and People: A Social and Architectural History*. New Haven, Conn.: Yale University Press, 1985.

GOTTDIENER, M., *The Social Production of Urban Space*. Austin, Tex.: University of Texas Press, 1985.

GOULDNER, A., *The Two Marxisms: Contradictions and Anomalies in the Development of Theory*. New York: Seabury Press, 1980.

GREGSON, N., 'On Duality and Dualism: The Case of Structuration and Time Geography', *Progress in Human Geography*, 10 (June 1986).

HALL, P., and MARKUSEN, A. (eds.), *Silicon Landscapes*. Boston: Allen and Unwin, 1985.

HARLOE, M. (ed.), *Captive Cities: Studies in the Political Economy of Cities and Regions*. London: John Wiley, 1977.

HARRIS, R., 'Residential Differentiation and Class Formation in the Capitalist City: A Review and Directions for Research', *Progress in Human Geography*, 8 (Mar. 1984).

HARVEY, D., *The Condition of Postmodernity*. Oxford: Basil Blackwell, 1989.

—— *Explanation in Geography*. New York: St Martin's Press, 1979.

—— *Limits to Capital*. Chicago: University of Chicago Press, 1982.

—— *Social Justice and the City*. London: Edward Arnold, 1973.

—— *Studies in the History and Theory of Capitalist Urbanization*, 2 vols. Baltimore: Johns Hopkins University Press, 1985.

HILTON, R. (ed.), *The Transition from Feudalism to Capitalism*. London: New Left Books, 1976.

HOBSBAWM, E., 'Labour in the Great City', *New Left Review*, 166 (Nov.–Dec. 1987).

HOHENBERG, P. H., and LEES, L. H., *The Making of Urban Europe, 1000–1950*. Cambridge, Mass.: Harvard University Press, 1985.

HOLTON, R. J., *Cities, Capitalism and Civilization*. London: Allen and Unwin, 1986.

JOYCE, P., *Work, Society, and Politics: The Culture of the Factory in Late Victorian England*. New Brunswick, NJ: Rutgers University Press, 1980.

KATZNELSON, I., *City Trenches: Urban Politics and the Patterning of Class in the United States*. New York: Pantheon Books, 1981.

—— and ZOLBERG, A. (eds.), *Working Class Formation: Nineteenth*

Century Patterns in Western Europe and the United States, Princeton, NJ: Princeton University Press, 1986.
KERN, S., *The Culture of Time and Space, 1880–1918*. Cambridge, Mass.: Harvard University Press, 1983.
LASH, S., and URRY, J., 'The New Marxism of Collective Action: A Critical Analysis', *Sociology*, 18 (Feb. 1984).
LEFEBVRE, H., *Du rural et de l'urbain*. Paris: Anthropos, 1970.
—— *Le Droit à la ville*. Paris: Anthropos, 1968.
—— *La Pensée marxiste et la ville*. Paris: Casterman, 1972.
—— *La Production de l'espace*. Paris: Anthropos, 1974.
—— *La Révolution urbaine*. Paris: Gallimard, 1970.
LOGAN, J. R., and MOLOTCH, H. L., *Urban Fortunes: The Political Economy of Place*. Berkeley, Calif.: University of California Press, 1987.
MASSEY, D., *Spatial divisions of Labour*. London: Macmillan, 1984.
McKEWON, K., *Marxist Political Economy and Marxist Urban Sociology: A Review and Elaboration of Recent Developments*. London: Macmillan, 1987.
MERRINGTON, J., 'Town and Country in the Transition to Capitalism', *New Left Review*, 93 (Sep.–Oct. 1975).
MUMFORD, L., *The City in History*. New York: Harcourt, Brace, and World, 1968.
—— *The Culture of Cities*. New York: Harcourt Brace,1938.
MURRAY, P., and SZELENYI, I., 'The City in the Transition to Socialism', *International Journal of Urban and Regional Research*, 8 (Mar. 1984).
OESTREICHER, R. J., *Solidarity and Fragmentation: Working People and Class Consciousness in Detroit, 1875–1900*. Urbana, Ill.: University of Illinois Press, 1986.
OFFER, A., *Property and Politics, 1870–1914: Landownership, Law, Ideology and Urban Development in England*. Cambridge: Cambridge University Press, 1981.
PELLING, H., *Popular Politics and Society in Late Victorian Britain*. London: Macmillan, 1968.
PICKVANCE, C. G. (ed.), *Urban Sociology: Critical Essays*. London: Methuen, 1976.
PRED, A., 'Production, Family, and Free-Time Projects: A Time-Geographic Perspective on the Individual and Societal Change in Nineteenth Century U.S. Cities', *Journal of Historical Geography*, 7 (Jan. 1981).
REYNOLDS, S., *Kingdoms and Communities in Western Europe, 900–1300*. Oxford: Oxford University Press, 1984.
SASSEN, S., *The Mobility of Labor and Capital: A Study in Inter-*

national Investment and Labor Flow. Cambridge: Cambridge University Press, 1988.

SAUNDERS, P., *Social Theory and the Urban Question*. London: Hutchinson, 1981.

SCOTT, A. J., and STORPER, A. (eds.), *Production, Work, Territory: The Geographical Anatomy of Industrial Capitalism*. Boston: Allen and Unwin, 1986.

SMITH, M. P., *City, State, and Market: The Political Economy of Urban Society*. Oxford: Basil Blackwell, 1988.

SMITH, N., *Uneven Development: Nature, Capital, and the Production of Space*. Oxford: Basil Blackwell, 1989.

SZELENYI, I., 'Structural Changes of and Alternatives to Capitalist Development in the Contemporary Urban and Regional System', *International Journal of Urban and Regional Research*, 5 (Mar. 1981).

TABB, W., and SAWYERS, W. (eds.), *Marxism and the Metropolis*, 2nd edn. New York: Oxford University Press, 1984.

THRIFT, N., and WILLIAMS, P. (eds.), *Class and Space: The Making of Urban Society*, London: Routledge and Kegan Paul, 1987.

TILLY, C., *Coercion, Capital, and European States*, AD 990–1990. Oxford: Basil Blackwell, 1990.

VANCE, J. E., 'Housing the Worker: Determinative and Contingent Ties in Nineteenth Century Birmingham', *Economic Geography*, 43 (Apr. 1967).

—— 'Housing the Worker: The Employment Linkage as a Force in Urban Structure', *Economic Geography*, 42 (Oct. 1966).

WARD, D., 'Victorian Cities: How Modern?', *Journal of Historical Geography*, 1/2 (1975).

WARDE, A., 'Industrial Restructuring, Local Politics and the Reproduction of Labour Power: Some Theoretical Considerations', *Society and Space*, 6 (Mar. 1988).

WILLIAMS, R., *The Country and the City*. New York: Oxford University Press, 1973.

WIRTH, L., 'Urbanism as a Way of Life', *American Journal of Sociology*, 44 (July 1938).

ZUNZ, O., *The Changing Face of Inequality: Urbanization, Industrial Development, and Immigrants in Detroit, 1880–1920*. Chicago: University of Chicago Press, 1982.

《世界城市研究精品译丛》总目

☑ 已出版，☐ 待出版

- ☑ 马克思主义与城市
- ☑ 保卫空间
- ☑ 城市生活
- ☑ 消费空间
- ☑ 媒体城市
- ☑ 想象的城市
- ☑ 城市研究核心概念
- ☑ 城市地理学核心概念
- ☑ 政治地理学核心概念
- ☑ 规划学核心概念
- ☐ 真实城市
- ☐ 现代性与大都市
- ☐ 虚拟空间的社会和文化价值
- ☐ 城市空间的社会生产
- ☐ 城市发展规划本体论
- ☐ 区域、空间战略与可持续发展
- ☐ 全球资本主义与劳动力地理学
- ☐ 历史地理学核心概念